Das große Handbuch der

Saucen & Dips

Einleitung, Warenkunde und Küchenpraxis:
Nina Engels und Jutta Gay
Rezepte im Rezeptteil: Sylvia Winnewisser

Fotos Innenteil und Umschlag: TLC Fotostudio;
Fotolia.com: S. 107 (© Taffi), 110/111 (© Gresei),
113 (© Eisenhans), 115 (© Christian Jung);
zumKochen, Graz (www.zumKochen.at): S. 137;
Für die Bereitstellung der Töpfe und Pfannen bedanken
wir uns bei der Firma Spring International GmbH,
Solingen (www.spring.ch).

Gesamtherstellung: KOMET Verlag GmbH, Köln

ISBN 978-3-86941-349-5

www.komet-verlag.de

Das große Handbuch der

Saucen & Dips

KOMET

Inhaltsverzeichnis

Warenkunde

Küchenpraxis

Rezepte Saucen & Dips

Rezepte
Saucen & Dips

Grundsaucen

Salatsaucen & Dressings

Gemüsesaucen

Fischsaucen

Fischsaucen

Fleischsaucen

Nudel- & Reissaucen

Nudel- & Reissaucen

Saucen zu Süßspeisen

Dips & Chutneys

Einleitung

In England gibt es drei Saucen und dreihundertsechzig Religionen, in Frankreich drei Religionen und dreihundertsechzig Saucen.

Charles-Maurice de Talleyrand-Périgord (1754–1838)

Einleitung

Wichtig für den guten Geschmack

Ein Hauch von Alchemie

Es mutet ein wenig wie Alchemie an, wenn aus ein paar Rinderknochen und Wasser, etwas Möhre, Sellerie, Lauch und Knoblauch, einigen Gewürzen, zwei, drei Stängeln Kräutern und natürlich viel Zeit ein aromatischer Fond entsteht. Anschließend köchelt es weiter, Bratensatz wird abgelöscht, mit dem duftenden Fond und einem ordentlichen Schuss kräftigen Rotweins. Jetzt sind alle Sinne des Kochs hellwach: Ein bisschen darf der köstliche Sud noch reduzieren, dann muss er schnell vom Feuer, und die eiskalten Butterstückchen werden hineingegeben, die Pfanne geschwenkt, vielleicht wird noch etwas mit dem Schneebesen eingerührt und ein letztes Mal abgeschmeckt. Dann ist die Sauce fertig, kann die anderen Speisen zu einem Gericht verbinden, ihr Aroma verfeinern und hervorheben, kann endlich verspeist werden. Der Lohn der Arbeit: eine Runde glücklicher Esser, die auch die letzten Reste der leckeren Tunke mit Brot aufdippen und spiegelblanke Teller zurücklassen.

Eine für alles

Obwohl schon immer aufwändig in der Herstellung, war die Sauce im Verlauf ihrer Geschichte nie das raffinierte „accompagnement" zu Speisen, welches sie seit Beginn des 20. Jahrhunderts ist.

Wann die Sauce erfunden wurde, ist heute nicht mehr nachzuvollziehen, aber im antiken Rom war bereits eine Würzsauce namens Garum bekannt, die aus Fisch und Salzlake in der Sonne fermentierte – was abscheulich gestunken haben muss – und pikante wie süße Speisen gleichermaßen würzte. Auch die chinesische Sojasauce ist mindestens 2500 Jahre alt, und für die Mayakultur sind Darstellungen über die Herstellung von Mole bekannt. Das alles waren Saucen, die pur genossen wurden oder als Grundlage für andere Saucen dienten, die geschmacklich auch durchaus zu überzeugen vermochten – aber auf die jeweiligen Speisen, die mit der Sauce auf den Teller kamen, wurden sie nicht abgestimmt.

Im Europa des Mittelalters und der frühen Neuzeit wurden die Saucen „raffinierter"; Kraftbrühen aus Fisch- und Fleischresten gleichzeitig und einer Unmenge an Gewürzen wurden über Tage dickflüssig eingekocht und zu jeder beliebigen Speise gereicht. Dass diese überwürzten Saucen allerdings vornehmlich dazu dienten, verdorbenes Fleisch und andere nicht mehr frische Lebensmittel geschmacklich zu verbessern, ist eher unwahrscheinlich – wer sich zu jener Zeit teure Gewürze leisten konnte, hatte auch die finanziellen Mittel, erstklassige Lebensmittel zu kaufen. Das reichliche Verwenden von Gewürzen war wohl eher als Statussymbol gedacht.

Die Französische Revolution – auch in der Küche

Lange Zeit änderte sich wenig in den europäischen Küchen. Fleisch, Fisch, Gemüse – das alles wurde gemeinsam auf Platten angerichtet und mit derselben Sauce übergossen.

Dann aber kam die Französische Revolution und mit ihr ein Koch, der auch in den französischen Küchen ein erstes Mal aufräumte: Marie Antoine Carême (1784–1833) bekochte den einstigen französischen Außenminister Talleyrand, später Napoleon Bonaparte und dann sogar den russischen Zaren Nikolaus I. und begeisterte sie durch seine neuartige Kochkunst. Und er begründete damit die Dominanz und den Ruf der französischen Küche überhaupt. Zu seinen Neuerungen zählt nicht nur, dass er die Saucen in warme und kalte und in die „sauces brunes“ und die „sauces blanches“, also die dunklen und hellen Saucen, einteilt, sondern auch, dass Fisch und Fleisch getrennt voneinander verkocht und die Zutatenlisten deutlich vermindert werden. Das tagelange Reduzieren, das die Aromen zu stark intensiviert, wird aufgegeben und Saucen stattdessen mit dem Roux, der Mehlschwitze, gebunden. Und Carême führt die sechs Grundsaucen, die „Sauces mère“, also Muttersaucen, ein, von denen sich alle anderen Saucen ableiten. Waren die Saucen nun geschmacklich erheblich verbessert, so blieb die Sauce unter Carême aber immer noch eine eigenständige Komponente, die nicht auf die servierten Gerichte abgestimmt war. Dieses Verdienst muss einem anderen großen französischen Koch zugerechnet werden.

Georges Auguste Escoffier (1846–1935)

Der Glaube, eine gute Sauce passe zu allem, wird mit Auguste Escoffier beinahe von heute auf morgen zunichtegemacht. Von nun an wird die Sauce auf das Gericht, das sie begleitet, harmonisch abgestimmt. Fonds und Essenzen werden nur noch aus einer Fleischsorte gewonnen (nämlich derjenigen, die das Gericht bestimmt), denn Escoffier legt auf den natürlichen Geschmack der Speisen wert. Den Roux verbannt er fast vollständig aus seiner Küche, sodass bereits die Konsistenz der Sauce einen neuen Charakter erhält: Sie soll fortan die einzelnen Bestandteile des Gerichts miteinander verbinden, soll deren Aromen unterstreichen, aber sie nicht dominieren. Und so wird die Sauce unter Escoffier zur Königsklasse der haute cuisine, so wichtig, dass der Meisterkoch gleich den Posten des Sauciers in seiner Küchenbrigade einrichtet, der oftmals gleichzeitig Küchenchef, Maître de Cuisine oder zumindest dessen Stellvertreter, der Souschef, ist.

Daran hat sich bis heute wenig geändert: Je nach Mode werden die Saucen mal leichter oder schwerer, bevorzugt mit Roux oder Ei, Sahne oder Butter gebunden oder wie in der Molekularküche zu Schäumen, Gelen oder Sphären verarbeitet. Aber die Grundgedanken Escoffiers blieben bestehen: dass nämlich die Sauce das natürliche Aroma hervorheben, sie Begleiter und verbindendes Element, ja Grundlage der Speisen, sein müsse. Oder wie seitdem ein holländisches Sprichwort sagt: „Die Sauce ist für die Kochkunst, was die Grammatik für die Sprache ist."

Beste Zutaten und ein bisschen Mut

Und dieses Sprichwort bringt es beinahe auf den Punkt: Die Grammatik kann man lernen, und so muss man – trotz Königsklasse und haute cuisine – kein Meisterkoch sein, um eine gute Sauce zu kreieren. Stattdessen sollte man sich auf ein paar Grundsätze besinnen, dann wird auch die Sauce gelingen: Zunächst sollte man sich mit den wichtigsten Techniken und den Grundzutaten beschäftigen, sie probieren, erschnuppern, schmecken, den Geschmack schulen. Dann kann natürlich eine Sauce nur so gut sein wie ihre Zutaten. Ein saurer Wein, minderwertiges Fleisch oder alte Gewürze können auch durch meisterliche Techniken und stundenlanges Einkochen nicht aufgewertet werden. Gute Qualität aber lässt sich nur schwer ruinieren – zumal wenn man den Mut hat, seinen Sinnen zu vertrauen und ein wenig zu experimentieren.

Kochkunst besteht darin, zu versuchen und zu testen, Rezepte zu variieren und sich zu trauen, dort etwas hinzuzufügen und ein andermal etwas wegzulassen. Man darf ruhig ein paar kleine Wagnisse eingehen und sich damit auch einmal über die vor allem geschmacklichen Anordnungen der großen, jahrhundertealten Kochtradition hinwegsetzen.

Warenkunde

Von Obst bis Karkassen, von Wein bis Butter, von Gewürzen bis Schokolade, von Gemüse bis Käse – in der Saucenküche ist (fast) keine Zutat unmöglich.

Öle & Fette

Fette sind neben Wasser wichtiger Bestandteil der meisten Saucen

Ohne Öle und Fette würde nicht nur den Gourmets etwas fehlen, denn sie sind mehr als natürliche Geschmacksverstärker. Jahrzehntelang aber galten Öle und Fette, allen voran die „gute Butter", in deutschen Küchen als Volksfeind Nummer eins. Man hatte noch die Zeit des Wirtschaftswunders vor Augen, als der wiedergewonnene Wohlstand in Form von Butter und Fett auf die deutschen Tische kam – und mit ihnen Zivilisationskrankheiten wie ein erhöhter Cholesterinspiegel und ein hohes Herzinfarktrisiko einhergingen. Vor allem die gesättigten Fettsäuren in tierischen Fetten wurden dafür verantwortlich gemacht, und man begann daher, die Butter vom Brot zu kratzen und durch gehärtetes Pflanzenfett wie Margarine zu ersetzen, mit der fortan auch gebraten und gekocht wurde. Die Nahrungsmittel sollten „light" und fettreduziert sein, doch die Deutschen wurden trotzdem dicker statt dünner – und das auch noch auf Kosten des guten Geschmacks.

Mehr als nur Geschmacksträger

Heute weiß man, dass ein ausgewogener, sinnvoller Umgang mit hochwertigen Fetten und Ölen nicht nur dem Geschmack, sondern auch der Gesundheit zuträglich ist. Zu viel Fett mag ungesund sein – zu wenig ist es aber auch. So können beispielsweise manche Vitamine vom Körper ohne gleichzeitige Fettzufuhr nicht verwertet werden. Etwa 30 % der täglichen Energiezufuhr sollen aus Fett bestehen, ein Drittel sollten dabei die gesättigten, je ein Drittel die ungesättigten und die mehrfach ungesättigten Fettsäuren einnehmen.

1. Sonnenblumenöl

2. Sesamöl

3. Rapsöl

4. Aromatisiertes Öl

Öle

Pflanzenöle sind Fette, die aus den Früchten oder Samen ölhaltiger Pflanzen gepresst werden. Sie sind bei Raumtemperatur flüssig, weil sie überwiegend aus einfach oder mehrfach ungesättigten Fettsäuren bestehen, die sich schlechter als gesättigte ordnen können. Vor allem über die mehrfach ungesättigten Fettsäuren ist bekannt, dass sie das Risiko koronarer Herzerkrankungen senken.

Eine besondere Bedeutung kommt dabei den sogenannten essenziellen Fettsäuren zu, wie den Omega-3- und Omega-6-Fettsäuren. Sie können vom Körper nicht selbst hergestellt werden, sind für den Menschen aber lebensnotwendig. Besonders reich an essenziellen Fettsäuren sind Distel-, Sonnenblumen-, Soja-, Raps- und Walnussöl. Neben dem gesundheitlichen darf der kulinarische Aspekt aber natürlich nicht vergessen werden. Öle sind hervorragende natürliche Geschmacksverstärker, können abhängig vom gewählten Öl Speisen aber auch ein eigenes, besonderes Aroma verleihen. In der Saucenküche nehmen sie eine besondere Funktion ein, denn dort binden sie Würzflüssigkeiten zu Emulsionen, etwa in Form von Mayonnaisen oder Vinaigretten.

Raffinierte Speiseöle

Raffinierte Öle kommen überall dort zum Einsatz, wo ein möglichst geschmacksneutrales Öl erwünscht ist, etwa bei Mayonnaisen. Die Öle werden dazu bei Temperaturen von über 100 °C aus Samen, Nüssen oder Früchten gepresst, anschließend werden alle Begleitstoffe, wie sekundäre Pflanzenstoffe und Geschmacksstoffe, entfernt. Das Öl wird dadurch länger haltbar, kann höhere Temperaturen vertragen, erhält eine helle Farbe und ist universell einsetzbar. Gleichzeitig verlieren die Öle alle wertvollen Bestandteile der sekundären Pflanzenstoffe wie Mineralien und Vitamine. Vor allem Erdnuss-, Sonnenblumen-, Raps- und Distelöl, aber auch Olivenöl werden häufig raffiniert angeboten.

5. Erdnussöl

6. Kürbiskernöl

7. Olivenöl

8. Distelöl

9. Walnussöl

Kaltgepresste Öle

Wenn Öle nicht raffiniert werden, entscheidet bereits die Qualität des Rohprodukts über Geschmack, Geruch, Vitamingehalt und Farbe des späteren Öls. Kaltgepresste Öle dürfen nur durch Druck und Reibung hergestellt werden, also ohne Wärmebehandlung bei der Pressung; die Rohstoffe selbst werden z. T. mit Wärme behandelt, etwa vorher geröstet. Werden auch die Rohstoffe selbst nicht wärmebehandelt, so darf sich das Öl „nativ“ nennen. Es wird lediglich gefiltert. Kaltgepresste Öle werden schneller ranzig als raffinierte – sie sollten in dunklen Gefäßen, evtl. sogar im Kühlschrank, aufbewahrt werden.

Aromatisierte Öle

Dafür werden eher geschmacksneutrale Öle mit Gewürzen und Kräutern aromatisiert, z. B. Knoblauch, Chili, Rosmarin oder Basilikum. Man kann sie ohne großen Aufwand selbst herstellen: den gewünschten Zusatz in eine Flasche geben, mit Öl auffüllen und eine Zeit lang stehen lassen.

Olivenöl

Das aus dem Fruchtfleisch und den Kernen der Oliven gewonnene Öl ist eines der wichtigsten Speiseöle überhaupt – und das schon seit der Antike. In südeuropäischen Ländern sind Oliven in Form von Öl Grundnahrungsmittel. Spanien, Italien und Griechenland sind Haupterzeuger des leuchtendgrünen bis zartgelben Öls, das in verschiedenen Qualitäten erhältlich ist: Wird es nur als Olivenöl gekennzeichnet, hat man es mit einem raffinierten oder kaltgepresstem, verschnittenem Öl zu tun. Ein „natives“ Olivenöl ist ein kaltgepresstes, nur gefiltertes Öl, das bei einem zweiten Pressgang gewonnen wird. Die Erstpressung – als „extra vergine“ im Italienischen, „huile vierge“ im Französischen oder im Deutschen bisweilen Jungfernöl bzw. natives Olivenöl extra bezeichnet – ist dagegen die beste Qualitätsstufe. In der Saucenküche wird das Olivenöl vor allem in der mediterranen Küche zum Verfeinern und für Salatsaucen verwendet. Auch bei Mayonnaisen, wie in einer Aioli, ist Olivenöl ein Hauptbestandteil.

Erdnussöl

Wird aus getrockneten Erdnusskernen gewonnen. Im Gegensatz zu raffiniertem Erdnussöl hat das kaltgepresste ein fein-nussiges Aroma. Weil der Geschmack dennoch sehr mild ist, ist es universell einsetzbar, und wegen seines hohen Rauchpunktes ist es ideal zum Braten und Frittieren.

Distelöl

Aus dem Samen der Färberdistel gepresst, ist das Distelöl von sattgelber Farbe und hat mit 78 % unter den Pflanzenölen den höchsten Anteil an Omega-6-Fettsäuren. Ein ideales Salat- und Bratöl, das aber – unraffiniert – nicht zu stark erhitzt werden sollte.

Sonnenblumenöl

Blassgelb und mild im Geschmack ist es ein hervorragendes Universalöl. Sein leichtes Aroma nach Sonnenblumenkernen ist nur an sehr zarten Speisen wahrnehmbar – weshalb sich das kaltgepresste Öl sehr gut zum Braten,

Kochen und für Salate eignet. Zum Backen sollte es nicht verwendet werden, da man es hier meist zu deutlich herausschmeckt.

Walnussöl

Das feinste Walnussöl kommt aus Frankreich, aus der Dordogne und dem Périgord. Das edle, recht teure Öl hat einen feinen herbnussigen Geschmack und verfeinert ausgezeichnet Vinaigretten. Leider wird es rasch ranzig und sollte im Kühlschrank aufbewahrt werden.

Kürbiskernöl

Die besten Qualitäten kommen aus der österreichischen Steiermark. Das grün-rote, nussigerdige Öl wird aus gerösteten Kürbiskernen gepresst und ist ein ideales Salatöl, verfeinert aber auch Kartoffel- und Sauerkrautgerichte.

Sesamöl

Es gibt helle und dunkle Sesamöle: Erstere werden aus getrockneten Samen gepresst und schmecken leicht nussig. Raffiniert sind sie zudem sehr hitzebeständig. Das dunkle Öl wird dagegen aus gerösteten Sesamsamen gewonnen, ist in der Farbe hell- bis tiefbraun und von einem intensiven herb-nussigen Aroma. Vor allem in der asiatischen Küche verfeinert es Saucen zu Fleisch und Gemüse.

Haselnussöl

Ein edles Öl, das aus getrockneten Haselnüssen hauptsächlich in Frankreich gepresst wird. Für Gebäck, zu Fisch und Geflügel und für feine Salate ist es ideal, sollte aber nicht erhitzt werden, da es dann sein gutes Aroma verliert. In eine heiße Sauce daher erst einrühren, wenn diese nicht mehr kochen muss.

Fette

Im Unterschied zu den flüssigen Ölen bestehen die festen Speisefette zu einem Großteil aus gesättigten Fettsäuren und nur zu einem kleinen aus einfach und mehrfach ungesättigten. Es sind meist tierische Produkte, mit Ausnahme von Kokos- und Palmfett. Diese sind sehr hitzebeständig und dienen daher in erster Linie zum Frittieren. Die gehärtete Margarine galt jahrzehntelang als „Butter der Armen" und ersetzt sie teilweise immer noch – obwohl sie in keiner Weise an deren Geschmack heranreicht und ihr wegen chemischer Zusätze und der Entstehung sogenannter Trans-Fettsäuren Gesundheitsrisiken nachgesagt werden. In der Saucenküche haben all diese pflanzlichen Fette nichts zu suchen – sie würden die zeitaufwendige Arbeit des Saucenkochens geschmacklich zerstören. Ohne die tierischen Fette, vor allem die Butter, kommt dagegen die Saucenküche kaum aus.

Butter

Butter ist ein Streichfett, das ausschließlich aus Milchfett hergestellt wird. Butter darf in Deutschland nur 16 % Wasseranteil besitzen, zudem darf sie keine milchfremden Zusätze wie Emulgatoren, Stabilisatoren, Farbstoffe oder Aromen enthalten.

Um 1 kg Butter zu erhalten, braucht man 22–25 Liter Kuhmilch, die im ersten Arbeitsschritt per Hand oder in der Zentrifuge entrahmt wird. Dieser Rahm, der etwa 40 % Fett enthält, wird pasteurisiert, je nach Buttersorte mit Milchsäurebakterien angesäuert und reift dann einige Stunden. Im Butterfertiger wird der Rahm ständig bewegt, bis sich das Milchfett zu Butterkörnern sammelt und von der Buttermilch trennt. Während man die Buttermilch abfließen lässt, werden die Butterkörner gewaschen, verknetet, schließlich geformt und verpackt.

Das feine Milchrahmfett wird in drei Grundvarianten angeboten. Wird bereits die Milch mit Milchsäurebakterien angereichert, handelt es sich um Sauerrahmbutter. Süßrahmbutter wird dagegen ohne Zusatz von Milchsäurebakterien hergestellt. Bei mild gesäuerter Butter handelt es sich um Süßrahmbutter, die erst nach der Reifung mit Bakterien gesäuert wird.

Die Süßrahmbutter gilt dabei nicht nur als die delikateste Sorte, die auch am längsten reift, sie ist auch diejenige, die in der Saucenküche – etwa zum Montieren (siehe S. 171) oder zum Herstellen des Roux (siehe S. 172) – am häufigsten zum Einsatz kommt. Butter verträgt keine zu hohen Temperaturen und ist etwa zum Braten nur bei mittleren Temperaturen geeignet.

Butterschmalz

Als Butterschmalz bezeichnet man das Butterreinfett, das übrig bleibt, wenn Butter geschmolzen und dann von Milcheiweiß, Milchzucker und Wasser getrennt wird. Butterschmalz ist im Gegensatz zur Butter hoch erhitzbar, verleiht Speisen aber dennoch den unvergleichlichen Buttergeschmack. Butterschmalz kann man selbst herstellen, man spricht dann vom Butter klären (siehe S. 174). In der indischen Küche verwendet man ein spezielles Butterschmalz, das Ghee, das länger erhitzt wird als westliches Butterschmalz. Es hat ein fein-nussiges Aroma.

Schmalz & Schweinespeck

Schmalz ist ein aus dem Unterhautfettgewebe von Gänsen oder Schweinen oder dem Schweinespeck ausgeschmolzenes Fett. Es wird zumeist zum Braten, zum Verfeinern von Schmorgerichten und Eintöpfen oder als Brotaufstrich verwendet. Eine besondere Variante ist das Griebenschmalz, in dem auch kross geröstete Schweinespeckstückchen, die Grieben oder im Bayerischen Grammeln, mitverarbeitet werden. Schmalz wird, wie geräucherter Schweinespeck oder italienischer Pancetta, in der Saucenküche vor allem zum Aromatisieren verwendet.

1. Butter

2. Margarine

3. Butterschmalz

Salz – mehr als reine Würze

Geschichte und Renaissance des weißen Goldes

„Der Mensch kann ohne Gold, aber nicht ohne Salz leben."

(Cassiodorus, römischer Staatsmann und Gelehrter, ca. 485–590 n. Chr.)

Salz wurde in der Saucenküche lange Zeit als Allerweltswürze kaum gewürdigt. Man benutzte es – viel mehr gab es dazu auch nicht zu sagen. Inzwischen findet Salz wieder deutlich mehr Beachtung und ist in seinen vielen Geschmacksnuancen von Feinschmeckern wiederentdeckt worden.

Ob Fleur de Sel, Meersalz, Steinsalz, Himalayasalz oder Lavasalz – zum einen ist es die Körnung und zum anderen sind es die weiteren Stoffe neben der chemischen Verbindung NaCl, also Natriumchlorid, die die ideale Verwendung und die geschmacklichen Unterschiede der jeweiligen Salzsorten ausmachen. So geben manche Meersalzsorten delikaten Fischsaucen eine extra Portion Aroma, andere wiederum halten sich mit zusätzlichen Aromen zurück und dienen eher als „Grundwürze". Eines sollte beim Würzen mit Salz jedoch immer beachtet werden: Erst wenn die Sauce reduziert ist, sollte sie mit Salz final abgeschmeckt werden – sonst läuft man Gefahr, eine versalzene Sauce zu bekommen.

Viel mehr als Würze

Salz ist viel mehr als reine Würze. Es ist ein wichtiger Konservierungsstoff und für Menschen lebensnotwendig. Da Salz aber nicht überall verfügbar war, bekam das sogenannte „weiße Gold" fast schon mythischen Charakter. Es war lange Zeit eines der kostbarsten Handelsgüter, wurde mit Gold aufgewogen und war Ursache für den Reichtum vieler Städte und gleichzeitig Auslöser zahlreicher Kriege. Die zentrale Bedeutung des Salzes lässt sich noch immer an vielen Sprichwörtern, lebendigen Bräuchen und unserer Sprache ablesen. Zum Einzug schenkt man Brot und Salz, um Wohlstand und ein langes Leben zu wünschen. Das sprichwörtliche Salz in der Suppe macht das Leben erst lebenswert. Verliebten Köchen sagt man nach, aus Gedankenlosigkeit schnell mal ein Essen zu versalzen. Und dass römische Soldaten einst mit dem „salarium" entlohnt wurden, um sich Salz kaufen zu können, hat seine Spuren im englischen „salary“ und im deutschsprachigen „Salär“ hinterlassen.

Die Geschichte des Salzanbaus

Kein Wunder, dass die sogenannten Salzstraßen, auf denen das Salz vertrieben wurde, zu den allerersten Handelsstraßen überhaupt gehörten. Viele dieser Straßen sind für das Mittelalter eindeutig belegt, jedoch ist sich die Forschung darüber einig, dass es die Handelswege schon in vorchristlicher Zeit gab. Die Wege spannten ein Netz zwischen den Salinen oder Salzbergwerken und Siedlungen, später Städten, die keine eigenen Salzvorkommen hatten. Das auf den Handelsstraßen vertriebene Salz war tatsächlich sowohl Meer- als auch Steinsalz.

Der trockene Salzabbau aus unterirdischen Bergwerken ist bereits seit der Bronzezeit, also seit mindestens 1200 v. Chr., belegt. Im Mittelalter dann, ab ca. 1200 n. Chr., gibt es erste Belege für den „nassen“ Salzabbau. Stollen wurden hierfür geflutet, das Salz in Wasser gelöst und die sogenannte Sole nach draußen geleitet. In Salinen wurde das Salz von anderen Stoffen, zum Beispiel Gips, getrennt und erneut kristallisiert.

Fleur de Sel

Die „Blume des Salzes“ wird von Hand geschöpft. Bestes Fleur de Sel kommt aus der Camargue und der Bretagne. Die zarten Salzkristallblättchen sind besonders zum Nachwürzen bei Tisch geeignet.

Graues Meersalz

Auch sel gris. Es bildet sich auf dem Boden der Salzgärten und enthält relativ viel Ton- und Erdreste. Das Salz weist eine hohe Restfeuchte auf und ist sehr würzig und aromatisch.

Grobes Meersalz

Große, meist reinweiße und gereinigte Salzkristalle mit wenig Restfeuchte. Je nach Herkunftsort mit weiteren Mineralien, zum Beispiel Magnesium. Wird in der Küche in Salzmühlen zerkleinert.

Feines Meersalz

Auch sel fin. Gereinigt und gemahlen, oft mit Zusätzen wie Streuhilfen, Fluor oder Jod versehen. Geschmacklich neutraler als grobes Meersalz, ist es in der Küche vielfältig einsetzbar.

Steinsalz

Auch Kristallsalz. Das unterirdische Salz stammt aus in prähistorischer Zeit getrockneten Meeren. Wird entweder trocken abgebaut oder nass durch Flutung und Herstellung einer Sole.

Himalayasalz

In Mode gekommenes, durch Eisenrückstände rostrot oder rosa gefärbtes Steinsalz, das hauptsächlich in Pakistan abgebaut wird. Es ist fein oder grob erhältlich und mild-würzig im Geschmack.

Schwarzes Hawaii-Salz

Auch Lava-Salz oder hawaiian black salt. Das feinblättrige Meersalz erhält die schwarze Farbe durch beigemischte Aktivkohle. Es ist mild-würzig im Geschmack und ein echter Hingucker.

Jodsalz, Fluorsalz

Tafelsalz wird häufig mit dem essenziellen Spurenelement Jod versehen, zur Kariesprophylaxe immer öfter auch mit Fluor. Gesundheitlich meist zu empfehlen, geschmacklich neutral.

Kräutersalze und Räuchersalze

Durch Kräutermischungen oder durch Räuchern aromatisiertes Salz, meist Meersalz. Kräutersalz kann man selbst und individuell herstellen, eignet sich auch zum Nachwürzen bei Tisch.

Gemüse

Wichtige Aromageber in der Saucenküche

Neben den Karkassen gehört Gemüse zu den wichtigsten Aromagebern von Saucen bzw. deren Grundlagen. Das gilt insbesondere für Wurzelgemüse und Pilze, denn sie sind ein wesentlicher Bestandteil von Fonds und Reduzierungen.

Wurzelgemüse
Knollengemüse

Knollengemüse sind in zweierlei Hinsicht in der Saucenküche von Bedeutung: Sie aromatisieren einerseits Saucengrundlagen wie Fonds und Reduzierungen, andererseits sorgen sie als Mirepoix, also als gewürfeltes Röstgemüse, in Schmorgerichten oder als feine Pürees in der fertigen Sauce auch für eine leichte Bindung und schöne Sämigkeit. Je stärker das Gemüse vor der Weiterverarbeitung zerkleinert wird, desto stärker gibt es seine Geschmacksstoffe beim Garen ab. Es hängt also vom Verwendungszweck und von der geschmacklichen Intensität eines Gemüses ab, ob es grob oder fein gehackt, in Scheiben geschnitten oder als Coulis weiterverarbeitet wird.

Möhre

Auch Karotte, Mohrrübe, gelbe Rübe. Von grünlich-weiß über gelb und orangerot bis hin zu tiefviolett gibt es die langen, aromatischen Pfahlwurzeln. Besonders gesund sind die farbigen Varianten, da sie reichlich Beta-Carotin enthalten. Möhren sind ein wichtiger Bestandteil von Bouquet garni und Mirepoix. Sie aromatisieren so Fonds und Schmorgerichte mit ihrer würzigen Süße.

Sellerie

Meist würzt der geschälte und gewürfelte Knollensellerie Fonds oder Schmorgerichte, aber auch die grünen Stängel des Staudenselleries geben in Scheiben geschnitten ihre nussige Würze ab. Das weiße Fleisch des Knollenselleries muss nach dem Schälen rasch verarbeitet werden, damit es nicht oxidiert. Als Coulis gibt er Saucen eine feine Bindung.

Pastinake

Einst europaweites Grundnahrungsmittel, fand man die Pastinake im 20. Jahrhundert kaum noch auf europäischen Tellern. Erst die Vollwertküche entdeckte das aromatisch-würzige Gemüse wieder. Vor allem geröstet gibt es Gerichten ein feines Aroma und einen herrlichen Duft.

Kartoffel

Obwohl die Kartoffel erst im 16. Jahrhundert nach Europa kam, hat sie sich schnell zu einem der wichtigsten Gemüse überhaupt entwickelt. In der Saucenküche wird sie wegen ihres hohen Stärkegehalts zum Binden eingesetzt, zum Aromatisieren eignet sie sich dagegen weniger.

Petersilienwurzel

Im Bouquet garni kann sie die Blattpetersilie ersetzen, wo sie ein milderes Aroma als das Blatt verströmt. Wichtiger aber ist sie für das Mirepoix, denn geröstet würde sich das Aroma der Blattpetersilie schnell verflüchtigen. Petersilienwurzel-Pürees verleihen Saucen Sämigkeit.

Fenchel

Eine mildere Fenchelwürze als der gleichnamige Samen ergeben die Knollen, die ebenso wie das Fenchelgrün roh, gekocht und geschmort verwendet werden können. In Scheiben geschnitten insbesondere zur Herstellung von Fischfonds geeignet.

Steckrübe

Auch Kohlrübe. Lange Zeit war sie von deutschen Speisekarten beinahe ganz verschwunden, weil sie in den Hungerwintern nach dem Zweiten Weltkrieg beinahe einziges Nahrungsmittel war. Erst allmählich gelingt es, die Knolle mit dem herb-süßen Aroma wieder in der feinen Küche anzusiedeln, wo sie zu Pürees oder Gemüse verarbeitet wird. Auch im Bouquet garni oder als Mirepoix wird sie geschätzt.

Rote Bete

Mit ihrem tiefroten Fruchtfleisch und dem unvergleichlich süßlich-erdigen Geschmack ist die Rote Bete eines der unterschätztesten Gemüse überhaupt. In der Saucenküche wird sie – fein püriert oder entsaftet – fast ausschließlich zum Färben verwendet.

Zwiebeln & Lauch

Zwiebeln und Lauch gehören in der Küche zu den wichtigsten Geschmacksgebern – das gilt auch für die Saucenküche. Sie sind wie die Wurzelgemüse Bestandteil von Fonds und Schmorgerichten, geben aber auch Saucen, die keinen oder wenig Bratensatz haben, eine geschmackliche Basis, indem sie beispielsweise mit Weiß- oder Rotwein reduziert werden.

Speisezwiebel

Es gibt die Speisezwiebel in braun, rot und weiß. Die braune ist die gebräuchlichste Zwiebel und weist von den drei Sorten die schärfste Würze auf. Die rote Zwiebel ist dagegen milder und verleiht etwa Rotweinreduktionen eine noch intensivere Farbe. Die weiße Speisezwiebel ist ebenfalls mild und kann mit einer leichten Süße punkten.

Schalotten

Kleine braunhäutige Zwiebelart, die innen weiß bis rötlich ist und meist mehrere Zehen unter der Außenhaut hat. Sie ist mild-würziger als die Speisezwiebel und besitzt ein feineres Aroma.

Lauch- & Frühlingszwiebeln

Lauch- und Frühlingszwiebeln geben ein ebenso aromatisches Aroma wie die Zwiebel, ohne dabei ihre Schärfe zu haben. So sind sie gerne im Bouquet garni für Fisch- und Geflügelfonds enthalten, also Aromageber für eher helle Saucen.

Pilze

Die meisten Pilze sind hervorragende Aromaten – zumal sich die Geschmacksstoffe in getrockneter Form oft noch einmal konzentrieren. Wer die Möglichkeit – und ausreichende Erfahrung – hat, sollte Pilze in Wald und Wiese selbst suchen, denn die wild gewachsenen sind wesentlich geschmackvoller als die Zuchtpilze. Doch auch diese runden Fonds und Reduktionen erst richtig ab.

Champignons

Auch Egerling oder Angerling. In Deutschland ist der Champignon die Nummer eins unter den Speisepilzen. Seine Kappe ist weiß oder hellbraun. Seine Lamellen an der Kappenunterseite sind bei weißen, jungen Champignons zartrosa, werden aber mit zunehmendem Alter braun. Die braune Sorte hat zunächst weiße, später dunkelbraune Lamellen. Wenn die Lamellen schwarz sind, sind die Pilze nicht mehr sehr frisch. Beide Sorten sind

Basis für eine helle Pilzreduktion und verfeinern helle Saucen zu Geflügel oder Kalbfleisch.

Steinpilze

Hervorragende Wildpilze mit weißem, festem Fleisch und – je nach Art – hellbrauner, grünlich-brauner, dunkelbrauner oder fast schwarzer, schön gerundeter Kappe. Für Wild-, Rindfleisch- und Pastasaucen ideal, hervorragendes Aroma auch in getrocknetem Zustand.

Pfifferling

Auch Eierschwamm. Goldgelber Pilz mit zunächst knopfförmiger Kappe, die sich später zu einem Trichter auswächst. Seine kräftige Würze veredelt Saucen zu Rind- und Wildfleisch.

Morcheln

Der wabenartige, kegelige Kopf der verschiedenen Morcheln auf einem meist kurzen Stiel ist unverwechselbar. Essbar sind die Käppchen-, die Spitz- und die Speisemorchel mit schwarzem bzw. braunem Hut. Alle sind selten frisch erhältlich, haben aber auch getrocknet ein ausgezeichnetes Aroma. Morcheln stehen unter Naturschutz. Ihr erdiges Aroma passt gut zu rotem Fleisch und Geflügel.

Kräuterseitling

Fast ausschließlich in seiner Kulturform erhältlich mit dickem, weißem Stamm und kleiner hellbrauner Kappe. Sein Aroma ist sehr zart und daher für Saucen zu feinem Gemüse geeignet.

Trüffel

Sind wohl die kostbarsten Pilze überhaupt. Unterschieden wird sehr grob in Schwarze Trüffel, wegen der Septemberernte auch als Sommertrüffel bezeichnet, und Weiße Trüffel, die von Oktober bis Dezember geerntet werden. Die delikaten Kostbarkeiten würzen Pastasaucen, Öle und Saucen zu Filet.

Fruchtgemüse

Als Fruchtgemüse bezeichnet man Gemüse, die wie Obst aus befruchteten Blüten entstehen. Zu ihnen gehören unter anderem Aubergine, Avocado, Olive, Paprika und Tomate, aber auch Kürbisgewächse wie Kürbis, Gurke und Zucchini. Das wohl wichtigste Fruchtgemüse der Saucenküche ist dabei die Tomate, denn sie aromatisiert nicht nur Fonds und Reduktionen, sie ist auch eigenständige Basis einer ganzen Vielzahl von Saucen.

Tomaten

In einer Fülle an Arten und Sorten zählt ihr fruchtiges, meist rotes Fruchtfleisch zu den weltweit wichtigsten Küchengenüssen. Für die Saucenküche sind die runde Strauchtomate, die länglich-ovale Eiertomate und die gedrungen-ovale, stark gerippte Cœur de bœuf, die Ochsenherztomate, von Bedeutung. Sie alle sind von intensiv fruchtigem Aroma, sind relativ leicht zu schälen, und insbesondere die Eier- und Ochsenherztomate haben viel

Fruchtfleisch. Ebenfalls sehr gut für Saucen geeignet, weil sie einen intensiven Geschmack haben, sind die gelben Tomaten, bei denen es sich nicht etwa um Neuzüchtungen, sondern um sehr alte Tomatensorten handelt. Grüne Tomaten, sogenannte Tomatillos, werden zu kalten Saucen und Dips verarbeitet.

Paprika

Rund 2000 Sorten umfasst die Gemüsepaprika. Sie ist in weißlich-grün und dunkelgrün, gelb, orange, rot und sogar dunkelviolett erhältlich. Vor allem Gemüsesaucen gibt die Paprika ein fruchtig-süßliches Aroma.

Oliven

Grün, also unreif geerntet, oder schwarz, entweder eingefärbt oder aber vollreif geerntet, kommen Oliven in den Handel. Für Saucen eignen sich die grünen und echten schwarzen, da die gefärbten ihre Farbe an die Sauce abgeben würden. Man erkennt die reifen schwarzen Oliven daran, dass sie niemals entsteint verkauft werden. Das fruchtig-würzige Aroma ist vor allem für mediterrane Saucen, gerne in Kombination mit Tomaten, geeignet.

Karkassen von Fischen & Meeresfrüchten

Viel zu schade zum Wegwerfen

Aus Karkassen von Fischen und Meeresfrüchten lassen sich köstliche Fonds herstellen Karkassen (frz. carcasse = Gerippe) – darunter versteht man bei Fischen und Meeresfrüchten Gräten, Flossen und Köpfe von Fischen sowie das Gehäuse und die Köpfe von Krustentieren. Ausgekocht in Fonds liefern sie die Basis für unzählige Saucen. Doch nicht jeder Fisch und jedes Krustentier ist geeignet – und vor jeder Zubereitung steht die Qualität der Zutaten.

Qualitätsmerkmale

Wie auch bei Fisch und Meeresfrüchten ist Frische das wichtigste Qualitätsmerkmal von Karkassen. Nur ganz frische Ware sollte und darf verwendet werden. Dies ist die Grundbedingung, um einen geschmacklich einwandfreien und gesundheitlich unbedenklichen Fond herzustellen. Ein guter Indikator für die Frische der Ware ist dabei die eigene Nase: Wie auch frischer Fisch sollten seine Karkassen angenehm und frisch nach Meer riechen. Unangenehmer Geruch sollte immer von Kauf und Zubereitung abhalten. Fangfrische

Ware hat zudem glänzende Augen, hellrote bis braunrote feuchte Kiemen und feste, pralle Haut. Um dies zu testen, eignet sich der Drucktest: Nach dem Draufdrücken mit dem Finger sollte die Delle sofort wieder verschwunden sein. Gut zu wissen: Die meisten Fischläden erhalten dienstags und freitags frische Ware. Das bedeutet, dass montags und donnerstags gekaufter Fisch tendenziell am wenigsten frisch ist. Fisch mitsamt seiner Karkassen, der an diesen Tagen gekauft wird, sollte tatsächlich noch am gleichen Tag verarbeitet werden.

Welche Sorten?

Nicht jede Sorte Fisch und auch nicht alle Krustentiere sind für die Herstellung von Fonds gleichermaßen geeignet. Bei Fisch ist magerer Seefisch die beste Wahl, Seeteufel, Dorade, Petersfisch oder Rotbarsch zum Beispiel und fast alle Plattfische wie Seezunge, Rotzunge oder Steinbutt. Die Karkassen von sehr fetten Fischen wie Makrele oder Hering sind zur Herstellung von Fonds nicht geeignet. Bei Süßwasserfischen und auch bei Fischen, die sowohl im Meer als auch im Fluss leben, wie zum Beispiel Lachs, läuft man generell Gefahr, dass der Fond tranig bis leicht modrig schmeckt. Von Forelle, Saibling und Lachs lässt sich zwar ein Fond herstellen, sicherheitshalber sollten jedoch die Haut samt Fettschicht und auch die Köpfe anders als bei den aufgeführten Weißfischen nicht dafür verwendet werden. Auch aus geräucherten Fischen lässt sich ein Fond herstellen. Er schmeckt würzig nach Geräuchertem und kann für manche deftige Saucen eine Grundlage bieten.

Bei den Krustentieren verwendet man zur Fondherstellung hauptsächlich Hummer-, Kaisergranat- und Flusskrebskarkassen. Von Riesengarnelen aus asiatischen Aquakulturen sollte man bei der Fondherstellung Abstand nehmen.

Wie kommt man an die Karkasse?

Entweder lässt man den Fischhändler die Filets aus den Fischen schneiden und bittet ihn, die Karkassen mit einzupacken, oder aber man filetiert seinen Fisch selbst. Am feinsten gerät ein Fond aus reinen Gräten von Weißfischen. Es können bei Weißfischen aber auch Köpfe, Flossen und Haut verwendet werden. Allerdings sollten bei den Köpfen die Kiemen entfernt werden. Auch Innereien haben, bis auf den Rogen, bei der Fondzubereitung nichts verloren. Die Karkassen werden grob zerkleinert, dann 10–20 Minuten gewässert oder gründlich unter kaltem Wasser abgespült. Sichtbares Fett wird entfernt. Die Karkassen werden schließlich mit Wasser oder Weißwein aufgefüllt und zusammen mit Gemüsewürfeln, Kräutern und Gewürzen 20–30 Minuten lang ausgekocht. Diese Kochzeit sollte nicht überschritten werden.

Bei den Krustentierkarkassen geht man ähnlich vor. Auch diese werden vor dem Auskochen gründlich unter fließendem kalten Wasser gereinigt. Sobald sie abgetropft sind, werden sie klein gehackt, portionsweise in wenig Öl angebraten und schließlich mit Weißwein oder Wasser aufgefüllt und mit Gemüse, Gewürzen und Kräutern ausgekocht.

Rundfisch filetieren

1. *Den Fisch gegebenenfalls küchenfertig vorbereiten (ausnehmen und schuppen), dann mit dem Filetiermesser hinter den Kiemen senkrecht bis zur Mittelgräte einschneiden.*

2. *Das Messer auf der Mittelgräte in die Waagerechte bringen und auf ihr vorsichtig bis zum Schwanz entlangfahren. Das Messer dabei locker über die Gräte führen, um nicht in ihr zu verhaken.*

3. *Das Filet abnehmen, den Fisch wenden und auf der anderen Seite genauso vorgehen. Um ggf. die Haut zu lösen, den Fisch auf die Hautseite legen, mit dem Messer darunterfahren und ablösen.*

Plattfisch filetieren

1. *Am Schwanz mit dem Filetiermesser die Haut anlösen, dort fest zugreifen, mit der anderen Hand die Haut abziehen. Beidseitig durchführen, dann die Eingeweide an der Bauchseite entfernen.*

2. *Mit einer scharfen Küchenschere überstehende Gräten, die Seitenflossen und Hautrückstände entfernen. Gegebenenfalls auch den Kopf und andere nicht erwünschte Partien entfernen.*

3. *Mit dem Filetiermesser an der Mittelgräte entlangfahren und das Filet vorsichtig in einem Stück vom Grätenaufbau lösen. Entsprechend auch die drei anderen Filets ablösen.*

Karkassen von Geflügel, Fleisch & Wild

Aromalieferanten für köstliche Fonds

Fonds sind die Grundlage von Jus und Glace – und liefern Geschmack für unzählige Saucen. Zudem sind sie einfach in der Herstellung, und anders als bei gekauften Fonds weiß man genau, was drin ist. Die Argumente sprechen für sich – auch wenn Knochen, Parüren, Sehnen und Haut auf den ersten Blick nicht sonderlich ansprechend sind. Wer nicht selbst zum Hackbeil greifen möchte, kann auch den Metzger darum bitten – aber zum Wegwerfen sind die Reste definitiv zu schade.

Fonds lassen sich dunkel oder hell herstellen. Für dunkle Saucen benötigt man dunkle Fonds, für helle Saucen dementsprechend helle. Während bei hellen Fonds die Zutaten in Flüssigkeit ausgekocht werden, werden sie bei dunklen Fonds vorher angeröstet. Dadurch entstehen die typisch kräftigen Röstaromen, die man auch später in Fond und Sauce schmeckt.

1.

Rinderfond

Die besten Rinderfonds werden nicht nur aus Knochen, sondern auch aus Fleischresten gekocht. Entweder werden Knochen verwendet, an denen noch Fleisch anhaftet, zum Beispiel Rippenknochen, oder zu den Knochen wird auch etwas Kochfleisch dazugegeben. Kochfleisch ist immer durchwachsen und hat einen hohen Anteil an Bindegewebe.

Die Rinderknochen werden klein gehackt, denn nur so wird möglichst viel Aroma extrahiert, und dann zu einem hellen oder dunklen Fond weiterverarbeitet.

1. Kalbsfond

2. Rinderfond

3. Geflügelfond

4. Wildfond

Kalbsfond

Für die Herstellung eines schmackhaften Kalbsfonds sind Rippen- und Rückenknochen und auch Kalbsfüße die beste Wahl. Da gerade die Füße sehr viel Kollagen enthalten, gelieren die aus ihnen hergestellten Fonds nach Erkalten. Durch Erwärmen werden sie wieder flüssig.

Geflügelfond

Zur Herstellung eines Geflügelfonds können entweder ein Suppenhuhn oder aber klein gehackte Hühnerkarkassen verwendet werden. Besonders schmackhaft werden Fonds, wenn Flügel mit ausgekocht werden. Aus ihnen kann sowohl heller als auch dunkler Fond hergestellt werden, je nachdem, ob die Karkassen in kaltem Wasser aufgesetzt oder erst dunkel angeröstet werden. Auch aus Gänse-, Enten- oder Putenkarkassen lässt sich Fond herstellen. Natürlich hat generell Frische der Ware oberste Priorität – doch bei Geflügelkarkassen gilt dies noch mehr als bei anderen. Sie verderben ebenso wie Geflügelfleisch noch schneller als andere Fleischsorten und müssen daher immer sehr zügig verarbeitet werden.

Wild- & Lammfond

Bei ihnen gilt das Gleiche wie auch bei Rindskarkassen: Etwas anhaftendes Fleisch verbessert den Geschmack deutlich. Idealerweise werden daher Rücken- oder Rippenknochen ausgekocht. Davor müssen diese, um möglichst viel Geschmack auskochen zu können, ebenfalls klein gehackt werden.

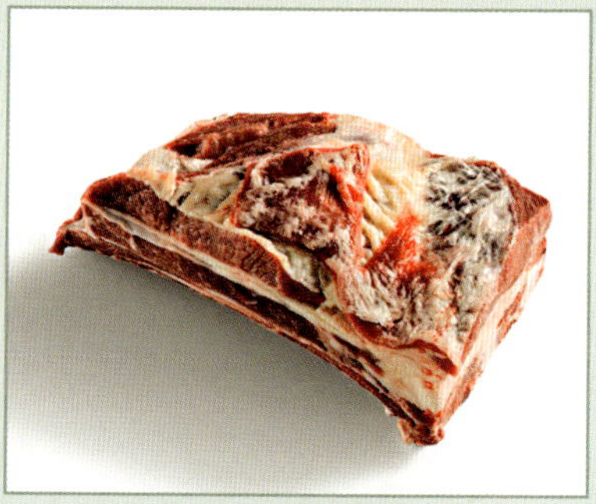

Rinderknochen/Rippe

Hier ein Stück Querrippe mit Knochen. Auch Spannrippe genannt. An den Rippen- und Rückenknochen haftet besonders viel Fleisch. Klein gehackt und ausgekocht, ergeben sich damit besonders schmackhafte helle oder dunkle Fonds.

Kochfleisch vom Rind

Falls nur blanke Knochen zur Fondherstellung vorhanden sind, kann man auch einfach ein wenig Kochfleisch dazugeben. Es ist immer durchwachsen und hat einen hohen Bindegewebsanteil. Kochfleisch kommt zum Beispiel aus Brust oder Hochrippe.

Suppenhuhn

Suppenhühner sind 12–15 Monate alte weibliche Tiere. Vor der Zubereitung muss der Bürzel entfernt werden. Er kann tranig schmecken. Klein gehackt werden sie mit Gemüse und Gewürzen in Wasser ca. 1,5 bis 2 Stunden ausgekocht. Erkaltet lässt sich das Fett leicht abschöpfen.

Kalbsfüße

Die weißlichen bis roséfarbenen Füße ergeben einen schmackhaften Fond, der nach Erkalten geliert. Am besten lässt man sich die Füße vom Metzger zerkleinern.

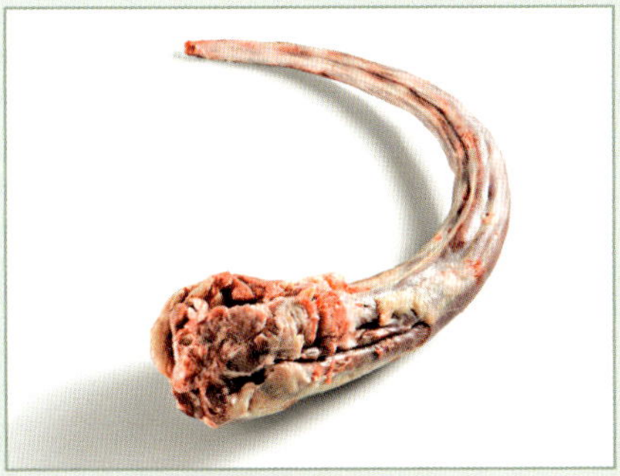

Ochsenschwanz

Auch der Ochsenschwanz eignet sich sehr gut zur Fondherstellung. Der Schwanz muss möglichst klein gehackt werden, damit er viel Aroma abgibt.

Wildkarkassen

Hier ein Rippenbogen vom Hirsch. Das an den Rippen anhaftende Fleisch gibt zusätzliches Aroma. Wie auch beim Rind und Kalb sind Rippen- und Rückenknochen besonders geeignet.

Milchprodukte & Käse

Mildern, verfeinern, abrunden, entschärfen, würzen und binden

Die Aufgaben, die die Milch und ihre Produkte in der Küche übernehmen, sind äußerst vielfältig.

Milch

Kein anderes Lebensmittel ist so vielseitig und einzigartig wie die Milch. Die unspektakulär erscheinende weiße Flüssigkeit – von allen höheren Säugetieren geliefert, aber meist als Kuhmilch im Handel – ist chemisch betrachtet nicht viel mehr als eine Fett-in-Wasser-Emulsion, also feinste in Wasser schwimmende Milchfetttröpfchen, in der zudem Milcheiweiß, Kohlenhydrate, Vitamin A, B1, B2, C, D, und E, Carotin sowie Mineralien wie Kalzium, Kalium und Phosphor gelöst sind. Dieses Gemisch aber ist nicht nur Ausgangsprodukt für eine Vielzahl anderer Lebensmittel wie Quark, Butter (siehe S. 25/26) und Käse, sie ist als Naturprodukt ein ausgezeichneter Nährstofflieferant und übt gleichzeitig einen günstigen Einfluss auf andere Lebensmittel aus. So mildert sie beispielsweise den strengen Eigengeschmack von Wild- und Hammelfleisch, Nieren und Leber oder Fisch, nimmt Gerichten die Schärfe oder verfeinert die Konsistenz von Lebensmitteln. In der Saucenküche ist sie einerseits Basis der Sauce Béchamel und anderer heller (Dessert-)Saucen, andererseits wird sie zum Verdünnen, Ausgleichen und Abrunden eingesetzt.

Homogenisiert, pasteurisiert, ultrahocherhitzt, entrahmt oder natürlich

Im Handel kommt Milch in unzähligen Varianten vor, die mit dem Naturprodukt Milch meist leider nur noch wenig gemein haben. Damit sich der Rahm nicht absetzen kann, wird die meiste Milch homogenisiert, d. h. die Fetttröpfchen werden alle auf die gleiche Größe zerteilt. Sie wird erhitzt (pasteurisiert), um Keime abzutöten, und ultrahocherhitzt, um sie länger haltbar zu machen (H-Milch). Um die Milch zudem kalorienarm, sprich fettfreier zu machen, wird sie entrahmt, sodass eine Kuhmilch, die bis zu 5 % Fett enthalten kann, als Magermilch nur noch 0,5 % Fett aufweist.

1. Milch

2. Joghurt

3. Sahne

4. saure Sahne

Durch all diese Behandlungen gehen der Geschmack ebenso wie Vitamine, Mineralien und Spurenelemente in zunehmendem Maße verloren.

Man bekommt allerdings nach wie vor auch die naturbelassene Rohmilch – entweder direkt beim Bauern oder im Handel unter dem Begriff „Vorzugsmilch". Sie wird nicht erhitzt und enthält noch all ihre Nährstoffe. Auch frische, traditionell hergestellte Vollmilch – am besten in Bioqualität –, die nur kurz erhitzt wurde, ist noch ein sehr hochwertiges Produkt, das kaum Nährstoff- und Geschmackseinbußen erlitten hat.

Gerade für die Saucenküche sollte man auf Vorzugsmilch oder frische Vollmilch zurückgreifen.

Sahne

Wird Milch nicht homogenisiert, sammelt sich ein Teil ihres Milchfetts in einer dicken Schicht als Sahne (in Österreich als Obers) an der Oberfläche. Industriell wird sie durch das Zentrifugieren der Vollmilch gewonnen, die sich dann in Sahne und Magermilch scheidet.

Süße Sahne

Der Begriff süße Sahne dient lediglich als Abgrenzung zur sauren Sahne, ihr wurden keine Süßungsmittel zugefügt. Aus Sahne wird einerseits durch kräftiges Schlagen Butter hergestellt, andererseits gibt es sie in verschiedenen Fettstufen. Der reine Rahm hat nach dem Zentrifugieren oder Abschöpfen einen Mindestfettgehalt von 10 %, erst dann darf sich ein Milchprodukt Sahne nennen. Die Bezeichnung der Sahneprodukte hängt immer von ihrem Fettgehalt ab: Schlagsahne enthält mindestens 30 %, österreichischer Schlagobers 36 %, Schlagsahne extra bis zu 40 % und Crème double mindestens 40 %, in der Schweiz mindestens 45 % Fett. Im Handel wird auch frische Sahne immer pasteurisiert angeboten, teilweise wird sie durch das Ultrahocherhitzen haltbar gemacht und manchmal mit Stabilisatoren versetzt, damit sie nicht weiter aufrahmt.

In der Saucenküche wird Sahne zum Verfeinern und ab einem Mindestfettgehalt von 30 % zum Binden verwendet.

Saure Sahne

Um saure Sahne oder Sauerrahm zu erhalten, wird Sahne mit Milchsäurebakterien versetzt. Sie erhält dadurch eine festere Konsistenz und eine säuerlich-frische Note, weshalb sie meist als weniger fett wahrgenommen wird. Es gibt sie in folgenden Varianten: saure Sahne oder Sauerrahm mit mindestens 10 %, Crème légère mit etwa 20 %, Schmand mit 20–30 % und Crème fraîche mit 30 % Fettgehalt. Auch die saure Sahne, vor allem in Form von Crème fraîche, wird zum Abrunden von kalten wie warmen Saucen verwendet. Crème fraîche nimmt man außerdem zum Binden.

Joghurt

Joghurt ist mit Milchsäurebakterien angedickte Milch mit einem säuerlich frischen Aroma. Man unterscheidet zwischen den „guten" rechtsdrehenden L(+)-Bakterien, die der Mensch gut verstoffwechseln kann, und den linksdrehenden D(-)-Milchsäurebakterien, die weniger gesund, aber auch nicht schädlich sind. Joghurt gibt es in unterschiedlichen Fettstufen, als Magermilchjoghurt mit maximal 0,5 % Fett, fettarmen Joghurt mit 1,5–1,8 %, Joghurt mit mindestens 3,5 % und Rahmjoghurt ab 10 % Fett. Das Milchprodukt, das in Südeuropa und im Nahen Osten eine lange Tradition hat, wurde erst nach dem Ersten Weltkrieg in der ganzen Welt bekannt und kam dort auch der Saucenküche, insbesondere der kalten, zugute. Dessert-, Salatsaucen und Dips werden durch Joghurt schmackhafter und bekommen eine frische Note, und selbst Mayonnaisen werden bekömmlicher.

Käse

Als Käse bezeichnet man Milcherzeugnisse, bei denen entweder mithilfe bakterieller Milchsäuerung (Sauermilchkäse) oder durch die Zugabe von Lab (Süßmilchkäse) das Milchprotein Casein von der Molke getrennt wird, und aus ersterem ein – meist nach längerer Reifung – neues Nahrungsmittel entsteht. Durch ein Salzbad wird jeder Käse (außer Frischkäse) zur Rindenbildung und zur Festigung der Laibe angeregt. Anschließend erfolgt die Reifung, eventuell das Schmieren und gegebenenfalls die Anreicherung mit Schimmelpilzen. Man unterteilt die Käse in fünf Käsegruppen: Frischkäse, Weichkäse, halbfester Schnittkäse, Schnittkäse und Hartkäse. Käse wird in Europa, wenn nicht anders gekennzeichnet, aus Kuhmilch, sonst auch aus Schafs-, Ziegen- oder Büffelmilch hergestellt. Der Fettgehalt eines Käses wird immer für den Trockenanteil (i. Tr.) angegeben, also der Fettgehalt, den die reine Trockenmasse nach Entzug allen Wassers hat. Eine absolute Angabe ist nicht möglich, weil durch Reifung und Lagerung des Käses ständig Wasser verdunstet.

Frischkäse

Dies ist ein Käse, der durch Milchsäurebakterien und gegebenenfalls etwas Lab hergestellt wird, aber zur Verzehrfertigkeit nicht oder nur sehr kurz reifen muss.

Quark

Im süddeutschen Sprachraum auch Topfen. Quark ist ein Frischkäse, für den Milch mit Milchsäurebakterien und/oder Lab fermentiert. Die Milch gerinnt, das feste Casein trennt sich von der flüssigen Molke, die man abtropfen lässt. Der Käsebruch wird passiert, und dem fertigen Quark wird je nach gewünschter Fettstufe Sahne zugefügt. Die Fettstufen reichen von 10 % bei Magerquark bis hinauf zu 85 % Fett i. Tr. in der Doppelrahmstufe. In der Saucenküche dient Quark vor allem als Grundlage für Dips.

Doppelrahmfrischkäse

Was man im deutschen Sprachgebrauch landläufig nur als Frischkäse bezeichnet, ist meist ein Frischkäse der Doppelrahmstufe. Er weist zwischen 60 und 87 % Fett i. Tr. auf. Durch seinen milden Geschmack ist er als Basis für kalte (Dessert-)Saucen und Dips ideal, auch warme Saucen lassen sich durch ihn verfeinern und sogar binden.

Mascarpone

Mascarpone ist ein Frischkäse mit 80 % Fett i. Tr., der aus Crème fraîche und Sahne hergestellt wird. Er ist speziell bei der Herstellung von Dessertsaucen und -cremes beliebt, da seine Konsistenz sehr cremig und leicht süßlich ist.

Blauschimmelkäse

Der Legende nach soll ein französischer Hirtenjunge, als er einmal einer Frau nachstellte, sein Frühstück in einer Höhle vergessen haben. Als er Wochen später beim Schafehüten

hungrig wurde, entsann er sich dieses Frühstücks. Er ging in die Höhle, und obwohl ihn die grüne Farbe des Käses abschreckte, biss er vor lauter Hunger hinein. Beeindruckt von dem vollwürzigen Aroma gab er sein Wissen weiter, und der Roquefort war geboren.

Die Blauschimmelkäse bilden keine eigene Käsegruppe, sie werden jeweils den genannten zugeordnet. Die meisten Blauschimmelkäse zählen zu den halbfesten Schnittkäsen und dienen mit ihrem ausgeprägten Geschmack der Aromatisierung von Sahnesaucen – gerne in Verbindung mit Früchten –, oder dem Würzen von Vinaigretten, die beispielsweise zu Blattsalaten gereicht werden.

Hartkäse

Die Gruppe der Hartkäse wird manchmal noch in die Hartkäse (30–50 % Fett i. Tr.), zu denen etwa Gruyère, Emmentaler und Bergkäse zählen, und die Extrahartkäse (35–45 % Fett i. Tr.), wie Parmigiano reggiano oder dem schweizerischen Sbrinz, unterteilt. Mit beiden Arten werden helle Sahne- und Milchsaucen – etwa zu Pasta – verfeinert oder Dressings aromatisiert.

Eier, Blut, Mehl, Brot, Lebkuchen & Stärke

Bindemittel und Texturgeber

Das gelungene Binden einer Sauce ist sehr wichtig, gibt es einer Saucenbasis doch erst den letzten Schliff (siehe S. 170 ff.). Dabei entscheiden die Art der Sauce und die gewünschte Konsistenz, welches Bindemittel zum Einsatz kommt. Neben den hier beschriebenen ist vor allem Butter (siehe S. 25/26) ein hervorragendes Bindemittel.

Eier

Wenn in der Küche und in Kochbüchern schlicht von Eiern die Rede ist, dann sind damit immer Hühnereier gemeint. Sie werden in Deutschland in den Gewichtsklassen S für klein (bis 53 g), M für mittel (bis 62 g), L für groß (bis 72 g) und XL für extra groß (ab 73 g) angeboten – die meisten Kochbuchangaben beziehen sich auf Eier der Klasse M. Zudem müssen Eier in Deutschland so gekennzeichnet werden, dass man ihre Herkunft und die Art der Hühnerhaltung nachvollziehen kann. Die Zahl am Anfang zeigt die Art der Haltung und sollte für den Kauf entscheidend sein: 0 bedeutet Biohaltung, 1 bedeutet Freilandhaltung. Nur solche Eier sollten zur Herstellung von Saucen verwendet werden.

Der Frischegrad lässt sich leicht durch zwei Methoden kontrollieren:

1. Das Ei vorsichtig auf einen flachen Teller aufschlagen. Bei einem frischen Ei ist der Dotter fest und schön gewölbt, das Eiklar bildet einen festen Hof um den Dotter, der wiederum von dünnflüssigem Eiklar umgeben ist. Bei einem alten Ei ist der Dotter flach und das Eiklar im Ganzen flüssig.
2. Das rohe Ei in ein weites wassergefülltes Becherglas geben. Ist das Ei frisch, liegt es auf dem Boden. Je älter das Ei ist, desto mehr richtet es sich im Glas auf.

Zum Binden mit Ei verwendet man nur das Eigelb. Es bindet helle warme und kalte Saucen (siehe S. 181).

Blut

Bedauerlicherweise wird Schweine- oder Geflügelblut nur noch sehr selten zum Binden von Saucen verwendet – dabei erhält die Sauce dadurch nicht nur eine gute Sämigkeit, Blut ist auch gesund, gleicht es doch beispielsweise Eisenmangel aus. Verwendet wird es ausschließlich für dunkle Fleischsaucen (denen es einen schönen Rotton verleiht) und dort vor allem bei Schmorgerichten. Blut ist beim Metzger erhältlich, oft aber nur auf Bestellung.

Mehl, Brot & Lebkuchen

Das Binden von Saucen durch Mehl, Brot oder Lebkuchen basiert jeweils auf demselben Prinzip: Die Stärketeilchen des Mehls quellen bei entsprechender Kochzeit auf und verändern so die Festigkeit der Sauce. Alle mit Mehlprodukten gebundenen Saucen müssen noch etwa 20 Minuten kochen, damit die Stärkekörner richtig quellen können und der Mehlgeschmack verschwindet.

Als Mehl kann sowohl helles Weizenmehl vom Typ 405 oder feines Reismehl verwendet werden. Es kann mit Butter (siehe S. 172) oder mit Wasser angerührt der Sauce beigegeben werden oder bei Schmorgerichten eingestäubt werden. Mehl kann sowohl hellen als auch dunklen Saucen Sämigkeit verleihen, allerdings keinen, die à la minute serviert werden müssen.

Brot dient dem Binden kalter wie warmer Saucen. Für kalte Saucen – etwa Gemüsesaucen – wird grundsätzlich geriebenes oder gehacktes Weißbrot oder Toast verwendet. Warme, dunkle Saucen können auch mit Pumpernickel- oder Graubrotbröseln gebunden werden. Letzteres gilt auch für Lebkuchen: Je nach Geschmack und Rezept verwendet man den zerbröselten wenig gesüßten Saucenlebkuchen oder das handelsübliche Weihnachtsgebäck.

Stärke

Stärke ist ein gutes, traditionelles Bindemittel für heiße Saucen, insbesondere Frucht- und Dessertsaucen. Es handelt sich dabei immer um sogenannte Polysaccaride, die aus verschiedenen Pflanzen gewonnen werden. Stärkemehle sind geruchs- und geschmacksneutral, müssen aber vorsichtig dosiert werden, da sie schnell ein unliebsames stumpfes Gefühl auf den Zähnen hinterlassen.

Kartoffelstärke & Maisstärke

Hierzulande die handelsüblichsten Stärkemehle, die schon nach kurzem Aufkochen gut und dauerhaft binden. Kartoffelstärke sollte für Frucht-, Gemüse- und Bratensaucen, Maisstärke für milchige Saucen genutzt werden.

Pfeilwurzstärke

Darf eine Sauce nicht mehr aufkochen, so lässt sie sich hervorragend mit dem Stärkemehl der Pfeilwurze, auch Maranta, binden. Im Gegensatz zu anderen Stärkemehlen bleibt die Sauce durch Pfeilwurz klar, sodass sie bei der Herstellung von Gelees hilft. Dickt doppelt so stark wie Weizenmehl, also wohl dosieren!

3.

1. Mehl

2. Lebkuchen

3. Toastbrot

4. Pumpernickel

Gewürze

Das A und O in der Saucenküche

Gewürze und ihre Verwendung sind das A und O der Küche und dürften so alt sein wie das Kochen selbst. Durch Auswahl und richtige Dosierung macht man mit ihnen aus einer Sauce eine Delikatesse. Natürlich sind Gewürze in erster Linie dazu da, den Eigengeschmack der Hauptzutaten optimal hervorzuheben. In der Saucenküche können sie aber auch Kontrapunkte zur Hauptzutat setzen und gerade dadurch diese besonders schmackhaft machen. Doch nicht nur geschmacklich sind Gewürze vor allem in der gehobenen Küche unentbehrlich: Gewürze haben auch färbende Eigenschaften, können den Appetit anregen, bei der Verdauung der Speisen helfen, Speisen haltbarer machen oder allgemein der Gesundheit zuträglich sein.

Bereits 5000 Jahre v. Chr. beschrieben die Sumerer die Wirkungen von Lorbeer, Kümmel und Thymian, 2000 Jahre später folgten die Chinesen mit Aufzeichnungen über Kräuter und Gewürze als Arznei. Zu diesem Zeitpunkt wurde auch im Alten Ägypten Kräuterkunde betrieben und Wissen darüber zusammengefasst. Natürlich wurden Kräuter und Gewürze auch schon im antiken Rom und Griechenland verwendet. Die Gewürze kamen zu dieser Zeit über den langen und beschwerlichen Landweg – dementsprechend teuer waren sie auch. Besonders die Römer liebten Gewürze jedoch trotz aller damit verbundenen Kosten. Später kamen Gewürze per Schiff – doch blieben sie weiterhin ein kostbares Handelsgut.

Kolumbus und Vasco da Gama stachen auch deshalb in See, weil sie den Weg zu den Gewürzinseln finden wollten – denn durch Gewürzhandel war Reichtum garantiert. Kolumbus gelangte bekanntlich nicht nach Indien, sondern nur nach Amerika – von dort brachte er beispielsweise die Chilischoten mit. Vasco da Gama allerdings erreichte 1498 auf dem Seeweg Indien – und erlangte damit Zutritt in die Welt der Gewürze. Für fast 100 Jahre hatten von da an die Portugiesen den Gewürzhandel in Ostasien inne und erlangten damit unschätzbaren Reichtum.

Ungetrübter Genuss

Heutzutage sind Gewürze glücklicherweise für jedermann erschwinglich. Doch damit das Gewürzvergnügen gänzlich ungetrübt bleibt, lohnt es sich, bei Lagerung und Haltbarkeit ein paar Dinge zu beachten. Gemahlene Gewürze verlieren schneller ihr Aroma als ganze Samenkörner oder Rindenstücke. Während gemahlene Gewürze nur rund 6 Monate lang haltbar sind, sind ganze Gewürzsamen länger aromatisch. Bei Pfeffer, Kardamom, Muskatnuss und Zimtstangen sind es in etwa 2 Jahre; Anis, Dillsamen, Korianderkörner und Gewürznelken können sogar 4 Jahre lang gelagert werden – immer dunkel und luftdicht, damit die Aromen nicht zerstört werden oder sich verflüchtigen.

Pfeffer – ein besonderes Gewürz

Unter den Gewürzen nimmt Pfeffer eine Sonderstellung ein. In fast allen Küchen der Welt gehört er zu den wichtigsten Gewürzen – doch nicht alle scharfen Pflanzen, die den Begriff „Pfeffer" im Namen tragen, haben botanisch etwas mit ihm gemein.

Echter Pfeffer

Am bekanntesten sind die runden schwarzen, weißen, grünen oder roten Pfefferkörner. Eher unbekannt, aber auch zur Familie gehörend, sind der Lange Pfeffer, auch Bengalischer Pfeffer genannt und der Kubebenpfeffer, der auch Schwanzpfeffer genannt wird. Schwarze Pfefferkörner sind die unreif geernteten, getrockneten ganzen Früchte. Sie werden in der Saucenküche am häufigsten eingesetzt und besitzen eine deutliche Schärfe. Weißer Pfeffer ist vollreif geernteter Pfeffer, bei dem die Schale mittels Fermentation entfernt wurde. Dies macht ihn milder, aber im Geschmack auch rauchiger, womit er für manche Gerichte und Gaumen eher ungeeignet ist. Grüner Pfeffer ist unreif geerntet und wird meist in Essig eingelegt verkauft. In Pfeffersaucen wird er häufig verwendet. Roter Pfeffer ist besonders unreif geerntet und wird meist ähnlich wie grüner Pfeffer sauer-salzig eingelegt. Langer Pfeffer

sieht eher aus wie dicker, langer, schwarzer Kümmel, ist aber eine alte molukkische echte Pfefferform, die von Kennern geschätzt wird. Im Geschmack ist er noch etwas schärfer als schwarzer Pfeffer. Kubebenpfeffer ist weniger scharf, dafür aromatischer, mit bitteren Nuancen und Pimentaromen. Er ist Bestandteil der marokkanischen Gewürzmischung Ras-el-Hanout, ist aber auch in der indonesischen Küche beliebt.

Nur Pfeffer im Namen

Zu den Gewürzen, die als Pfeffer bezeichnet werden, aber botanisch gesehen keiner sind, zählen neben dem rosa Pfeffer auch Cayenne- und Szechuanpfeffer. Rosa Pfeffer stammt von bestimmten Sumachsträuchern. Cayennepfeffer besteht aus getrockneten und gemahlenen Chilischoten, Szechuanpfeffer wird aus Gelbholzbäumen gewonnen.

Cayennepfeffer

Gewonnen aus eher milden, rauchig-scharfen Chilischoten mit bitteren Nuancen. Verwendung in vielen Currysaucen, aber auch in europäischen Saucen zu Fleisch, Fisch, Gemüse und sogar Süßem.

Langer oder Bengalischer Pfeffer

Sehr scharfe Pfeffersorte mit gleichzeitig süß-säuerlichen Aromen. Hervorragend für indische und afrikanische Currys, aber auch in fruchtigen Saucen zu Fleisch, Fisch und Süßem.

Die beliebten echten Pfeffersorten schwarz, weiß, grün und rot. Schwarzer Pfeffer findet in fast allen Saucen, sogar in vielen süßen, Verwendung, grüner, weißer und roter meist in herzhaften und sahnigen.

Szechuanpfeffer

Kein echter Pfeffer. Von mild-prickelnder Schärfe mit zitronigen Aromen. Bestandteil des Fünf-Gewürz-Pulvers. Besonders für dunkle chinesische Saucen zu Fleisch, Geflügel und Gemüse geeignet.

Chili & Gewürzpaprika

Bereits 1492 entdeckte Christoph Kolumbus die scharfen Chilischoten in der Neuen Welt und brachte sie nach Europa. Allerdings hielt er die scharfen Schoten für Verwandte des Pfeffers, weshalb sie noch heute bisweilen als Spanischer Pfeffer bezeichnet werden. Tatsächlich aber gehören sie zur Gattung der Paprika.

Zu Kolumbus' Zeiten war Pfeffer ein so begehrtes Gewürz, dass er in Gold aufgewogen wurde, und es verwundert nicht, dass sich die Chilischoten mit ihrer Entdeckung rasch über die ganze Welt verbreiteten. Heute sind sie aus den Küchen der Welt nicht mehr wegzudenken – den höchsten Pro-Kopf-Verbrauch an Chilischoten hat allerdings Indien.

Gewürzpaprika

Auch der Gewürzpaprika, wie wir ihn vor allem aus Ungarn und Spanien kennen, stammt von den mittelamerikanischen Sorten ab, die Kolumbus selbst entdeckte. Nachdem sie über Spanien in der ungarischen Puszta angekommen und die Schoten in dem trocken-warmen Klima so gut gediehen, wurden sie bald zum Nationalgewürz des Landes, ohne das kein Gulasch mehr denkbar wäre.

Die Schoten des Gewürzpaprikas sind größer als die kleinen Chilis und liegen in ihrer Größe zwischen diesen und der Gemüsepaprika. Es gibt drei generelle Schärfegrade: Delikatesspaprika ist die mildeste, sehr fruchtige Sorte, wird nur aus ausgewählten Früchten hergestellt und hat nach dem Mahlen ein leuchtendes Feuerrot. Auch der Edelsüße Paprika wird aus handverlesenen Früchten hergestellt. Weil bei ihm aber die Samen mitvermahlen werden, ist er schärfer und etwas dunkler in der Farbe. Rosenpaprika schließlich ist feurig-scharf und von einem matten Braunrot. Hierzu werden die gesamten Schoten gemahlen. Fleisch-, Geflügel- und Fischgerichte, Eierspeisen, aber auch Kräuterquark und Marinaden profitieren von dem Gewürz. Paprika harmoniert gut mit Kümmel, Zwiebeln und Knoblauch.

Edelsüßes Paprika

Delikatesspaprika

Rosenpaprika

Anis

Traditionell werden mit Anis Desserts, süßes Gebäck, Brot und Fischgerichte gewürzt, aber auch Gemüse – wie Möhren, Rotkohl oder Rote Bete – veredelt die Frucht.

Annatto

In der karibischen und mittelamerikanischen Küche wird Annatto für deftige Fleischeintöpfe und Schmorgerichte verwendet, denen der Samen nicht nur eine herrliche Farbe, sondern auch ein zart säuerliches Aroma verleiht.

Bockshornklee

Die Bockshornkleesamen werden in jedem Currypulver verwendet. Aber auch Gerichte, wie Rinder- und Schweinebraten, Linsensuppe, Gemüse- und Pilzsuppen bekommen ein besonderes Aroma durch den Samen.

Fenchelsamen

Brot und Gebäck werden traditionell im Mittelmeerraum mit Fenchel gewürzt, aber auch Fleisch, wie Mailänder Salami oder Salsiccia, mit Fenchelfrüchten gespickten Schweinebraten oder Fischgerichte.

Ingwer

Auch wenn die Hauptnutzung des Ingwers noch immer in der asiatischen, vor allem Thaiküche liegt, wird er zunehmend auch in europäischen Gerichten verwendet. Fleischschmorgerichte können sehr gut zusammen mit 2 bis 3 Scheibchen Ingwer gekocht werden.

Kakaobohnen

Wurden Kakao und Schokolade in der europäischen Gastronomie bis vor wenigen Jahren ausschließlich in der süßen Küche verwendet, so weiß die mittelamerikanische Küche seit jeher um die Harmonie zwischen Fleischgerichten und Kakaobohnen. Mexikanische Mole – eine kakaobohnenbasierte Sauce – ist nur ein Beispiel dafür.

Kapern

Auch als größere Kapernäpfel im Handel. Eingelegte Knospen des Kapernstrauchs. Salzig-würzig. Gegart in vielen mediterranen Saucen zu Geflügel, Rind, Kalb oder Fisch. Auch kalt in Salsa Verde oder Pistou.

Kardamom

Das Aroma sitzt hauptsächlich in den schwarzen Samen im Inneren. Würzig-intensiv-lieblich. Hauptsächlich in Currysaucen, aber auch häufig mit Frucht zu Gemüse, Fleisch und Desserts.

Knoblauch

Getrocknet, frisch, gekocht oder roh in Verwendung. Hauptsächlich für deftige, mediterrane Saucen. Zu Fleisch, Gemüse, Geflügel, Fisch und Meeresfrüchten. Auch in Dressings, Dips, Fonds.

Koriandersamen

Würzig und sehr aromatisch. In sehr vielen Gewürzmischungen, z. B. Curry. In fast allen Currysaucen, auch in Joghurtsaucen. Passt sehr gut in Saucen zu Fisch, Meeresfrüchten und Gemüse.

Kreuzkümmel

Auch Cumin. Aromatisch-süßlich, leicht bitter. Zentrales Gewürz im indischen und arabischen Raum. In vielen Gewürzmischungen. In Curry- und Joghurtsaucen zu Fisch, Fleisch, Gemüse, Geflügel.

Kümmel

Süßliches, würziges und intensives Aroma. Meist zur Begleitung fetter, schwer verdaulicher oder sehr aromatischer Speisen wie Schweinebraten, Hammelfleisch oder Kraut in Saucen auf Bierbasis.

Kurkuma

Neben der Verwendung in Currymischungen und Speisefarben bereichert die Gelbwurz vor allem die Küche Asiens. Dabei schätzt gerade die indische Küche Farbe und Aroma gleichermaßen, etwa in Reis, Kartoffeln und Blumenkohl.

Meerrettich

Charakteristisch scharfe Wurzel. Kalt und warm in der Küche verwendet. Klassisch zu Tafelspitz als Meerrettichsauce oder Apfelkren und mit Schlagsahne zu geräucherten Forellen.

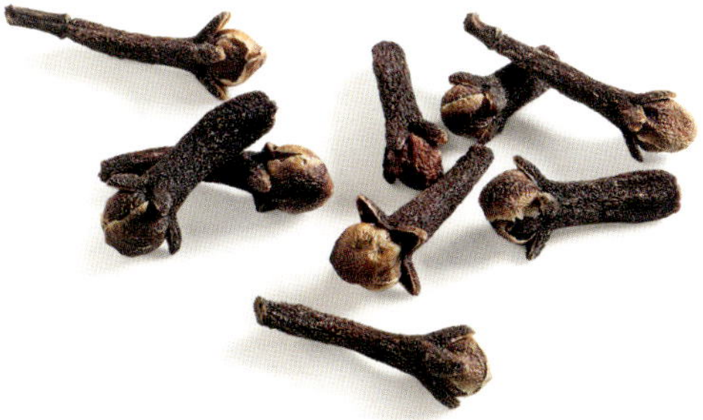

Muskatnuss und -blüte

Blüte auch Macis. In den Molukken beheimatet. Die Blüte ist feiner im Aroma, die Nuss sollte stets frisch gemahlen werden. Muskat passt zu Kartoffel-, Eier- und Fleischgerichten.

Nelke

Auch Gewürznelke. Blüte des Nelkenbaumes. Wird ganz oder gemahlen verwendet. Ganz in verschiedenen Fonds, gemahlen oder zerstoßen in verschiedenen Currysaucen, meist zu Lamm oder Rind.

Piment

Auch Nelkenpfeffer. Aroma von Nelke, Pfeffer, Zimt und Muskat. Bester Piment kommt aus Jamaika. Piment findet vor allem in Marinaden Verwendung.

Safran

Getrocknete Narbenfäden einer Krokusart. Als Fäden oder gemahlen erhältlich. Stark gelb färbend, herb-bitter im Aroma. Findet hauptsächlich in Saucen zu Fisch und Meeresfrüchten Verwendung.

Sesam

Sesam ist Grundlage für Süßspeisen, allen voran die Sesamspezialität Halwa, und Gebäck, kann in Pesto verarbeitet werden oder Salatdressings verfeinern. Sesam, Sojasauce, Mirin, Zucker und Ingwer geben eine herrliche japanische Sauce zu blanchierten Bohnen.

Sternanis

Samen eines südchinesischen Baumes. Anisartig-würziges Aroma. Sternanis findet vor allem in der Weihnachtsbäckerei, in asiatischer Küche zu Fleischgerichten und in Chutneys Verwendung.

Vanille

Schoten einer Orchidee. Beste Qualität aus Tahiti. Süßlich-samtiges Aroma, vor allem im Mark. Für viele Dessertsaucen, immer öfter auch zu Fisch oder Geflügel auf Sahne- und Butterbasis.

Wacholderbeeren

Getrocknete Beeren eines Nadelstrauchs. Sehr intensiv-würziges, leicht bitteres Aroma. Müssen vorsichtig dosiert werden. Meist in Fonds und Wildsaucen auf Rotweinbasis.

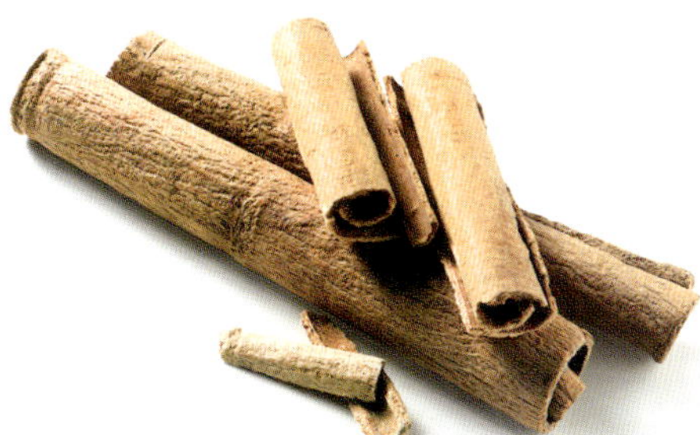

Zimtpulver

Gemahlene Rinde des Zimtbaumes. Süßlich-feines Aroma. Verwendung: herzhaft und süß, vor allem in der arabischen und indischen Küche und natürlich für Dessertsaucen.

Zimtstange

Rinde des Zimtbaumes. Intensives süßliches Aroma. Wirkt sanft dosiert für fast alles geschmacksverstärkend. In vielen Currysaucen, z. B. zu Kohl oder Lamm, auch in Dessertsaucen.

Gewürze rösten

Damit getrocknete Gewürze ihre ganze Kraft und ihr volles Aroma entwickeln können, sollten sie in der Regel unmittelbar vor ihrer Verwendung geröstet werden. Das geschieht gewöhnlich in einer Pfanne ohne Fett. Darin werden die Gewürze im Ganzen so lange unter ständigem Rühren geröstet, bis ihr Duft klar wahrnehmbar ist. Anschließend die Gewürze sofort in ein anderes Gefäß umfüllen, damit sie nicht in der noch heißen Pfanne verbrennen und für den Gebrauch zu bitter werden.

Auch gemahlene Gewürze kann man rösten, nur muss dabei noch vorsichtiger vorgegangen werden, damit sie nicht verbrennen. Sobald sie duften, müssen sie umgehend aus der Pfanne genommen werden. Wenn die Gewürze sofort in einem Gericht, das mit Fett zubereitet wird, weiterverarbeitet werden, können sie auch in dem entsprechenden Fett geröstet werden.

Getrocknete Gewürze im Ganzen verwenden oder zerkleinern

Ob man Gewürze im Ganzen verwendet oder zerstoßen, gemahlen oder zerdrückt weiterverarbeitet, hängt in erster Linie von dem zu kochenden Gericht ab. Es ist üblich, Beizen – z. B. für Fleisch – mit ganzen Gewürzen anzusetzen und später den Sud, nachdem das Fleisch mariniert ist, durch ein Sieb abzuseihen. Dazu gibt man die gerösteten Gewürze auf ein Küchenbrett, drückt die einzelnen Samen mit dem Blatt eines Kochmessers leicht an, damit die ätherischen Öle besser entweichen können, und gibt sie in Beizflüssigkeit. Auch ein paar Nelken oder ein Lorbeerblatt werden z. B. gerne im Ganzen dem Rotkohl beigemengt. Sobald viele Gewürze im Ganzen mitgegart, vor dem Servieren aber entfernt werden sollen, benutzt man ein sogenanntes Gewürzsäckchen oder Gewürzei.

Mitgaren im Gewürzsäckchen & Gewürzei

Bei dem Gewürzsäckchen handelt es sich um ein feines Musselinsäckchen, in das die leicht zerdrückten Gewürze eingefüllt werden. Das Säckchen wird zugeschnürt, ins Kochgut gegeben und vor dem Servieren herausgenommen. Nach demselben Prinzip funktioniert das Gewürzei. Es ist aber aus Edelstahl und kann an den Topfrand gehängt werden.

Gewürze zerstoßen & mahlen

Sobald Gewürze im Gericht verbleiben sollen, müssen die ganzen Samen, Früchte oder Rinden nach dem Rösten zerkleinert werden. Dazu eignet sich ein breites Messerblatt, ein Messer und Mörser oder eine elektrische Kaffeemühle. Die Arbeit mit dem Mörser erfordert ein wenig Kraft, für deren Aufwendung man durch einen schönen Duft während der Arbeit belohnt wird. Eine elektrische Kaffeemühle, die dann ausschließlich für Gewürze verwendet werden sollte, ist schnell und effektiv. Bei beiden Varianten kann der Mahlgrad, also die Körnung der Gewürze, selbst bestimmt werden.

Es gibt auch Gewürzmühlen, die wie Pfeffermühlen funktionieren. Man füllt eigene Gewürzmischungen ein, mit denen am Tisch nachgewürzt wird.

Kräuter

Aus der Saucenküche nicht wegzudenken

In der Saucenküche spielen Kräuter – und hier besonders die frischen Kräuter – eine zentrale Rolle. Sie aromatisieren nicht nur kalte Dressings und Dips, sondern auch heiße Saucen – und für jede Sauce ist auch buchstäblich mindestens ein Kraut gewachsen. Dabei sind selbstständiges Experimentieren und das Vertrauen auf den eigenen Geschmack in der Saucenküche explizit erwünscht.

Gerade in der letzten Zeit ist auch die Trennung zwischen Kräutern für den Süßbereich und Kräutern fürs Herzhafte aufgeweicht. Das Resultat vieler dieser Experimente schmeckt vorzüglich. So sind neben den klassischen Kräutern für süße Dessertsaucen wie Minze und Zitronenmelisse auch Rosmarin, Thymian und Lavendel im Kommen. Und in allen Bereichen wird mit asiatischen Kräutern experimentiert.

Frische Freilandkräuter sind qualitativ am hochwertigsten, also auch am aromatischsten; gleichzeitig sind sie deutlich sensibler, was Lagerung und Kochzeit angeht als ihre getrockneten Varianten oder gar Gewürze. Damit die Aromen der Kräuter auch optimal genutzt werden können, sollten daher ein paar Dinge beim Einkauf, bei der Lagerung und der Verwendung beachtet werden.

Qualität und Verwendung

Am besten werden von der Sonne verwöhnte Freilandkräuter gekauft und diese frisch und noch am Tag des Einkaufs verwendet. Auf getrocknete Kräuter sollte nur in Ausnahmefällen zurückgegriffen werden. Bis auf einige wenige Ausnahmen, wie zum Beispiel Lavendel, Rosmarin, Thymian, Oregano und Bohnenkraut, sind Kräuter eher nicht zum Trocknen geeignet. Die allermeisten, wie beispielsweise Bärlauch, Kerbel, Schnittlauch, Salbei, Minze, Estragon und Basilikum, verlieren beim Trocknen einen Großteil ihres Aromas.

Ähnliches gilt fürs Mitkochen: Bis auf wenige, robustere Ausnahmen (z. B. Rosmarin, Salbei, Thymian, Lavendel, Bohnenkraut und Majoran) werden die Aromen der Kräuter bei längerer Kochzeit zerstört. So sollten Basilikum, Sauerampfer, Bärlauch, Estragon, Dill, Petersilie, Kresse, Schnittlauch, Borretsch, Beifuß, Minze und Zitronenmelisse niemals längere Zeit mitgekocht werden, sondern zum finalen Abschmecken erst kurz vor Ende der Garzeit untergerührt werden. Eine Ausnahme bilden die sogenannten Bouquets garnis, die in der

Fondzubereitung und auch bei saucenreichen Schmorgerichten eine Rolle spielen können. Hierbei werden auch sensiblere Kräuter, wie zum Beispiel Petersilie, zu Sträußen gebunden und eine Weile mitgegart, bevor sie wieder entfernt werden. In diesem Zusammenhang sind die Kräuter eher dazu da, unangenehme Gerüche zu binden, als tatsächlich zu aromatisieren. Dieses geschieht schließlich auch hier wiederum bei saucenreichen Schmorgerichten ganz zum Schluss. Fonds werden grundsätzlich nicht mit frischen Kräutern angereichert, da sie der Weiterverarbeitung dienen.

Kräuter richtig aufbewahren, trocknen & konservieren

Kräuter kurzfristig aufbewahren

Frische, geschnittene Kräuter halten sich bei der richtigen Aufbewahrung zwei bis vier Tage im Kühlschrank. Es gibt einige Methoden, die sich über Jahrzehnte in den Küchen durchgesetzt haben, aber alles andere als optimal sind. Eine davon ist, die Kräuter als Sträußchen in ein Glas Wasser zu stellen. Das sieht zwar hübsch aus, doch beginnen die Stängel binnen weniger Stunden, im Wasser zu faulen. Auch die Methode, sie feucht in einem Plastikbeutel zu verschließen, ist nicht die beste Lösung. Dabei kondensiert das Wasser meist an der Plastiktüte. Kommt das Kraut damit in Berührung, fault es an diesen Stellen schneller. Für eine Aufbewahrung von wenigen Stunden reicht es aus, die Kräuter, in ein feuchtes Küchentuch gewickelt, in den Kühlschrank zu legen.

Wenn sie länger gelagert werden sollen, legt man sie locker – nach Sorten strikt getrennt – noch leicht feucht auf ein trockenes Küchenkrepp in eine Plastikbox, verschließt diese und lagert sie im Kühlschrank.

Noch besser ist es, eine Plastikbox mit dicken Kieseln halb zu füllen und so viel Wasser einzugießen, dass die Kiesel zur Hälfte im Wasser liegen. Darauf liegt ein Mulltuch und auf diesem die Kräuter. Die Box wird luftdicht verschlossen in den Kühlschrank gestellt.

Kräuter trocknen

Sobald zu große Mengen Kräuter gekauft wurden oder geerntet werden müssen, damit der Topf nicht überquillt, und sie sich zum Trocknen eignen, kann man sie gut für den Winter konservieren.

Außer Lorbeer, Oregano und Bohnenkraut, die durch Trocknung ihr Aroma intensivieren, verlieren die meisten Kräuter durch die Trocknung an Duft, Geschmack und natürlich auch Farbe. Je weicher die Krautstängel und je zarter die Blätter, desto weniger gut sind die Kräuter zum Trocknen geeignet. Aber wie bei allem in der Kräuterküche gilt: experimentieren und sich selbst ein Urteil bilden.

Zum Trocknen die Kräuter nur, wenn sie sandig sind, waschen, ansonsten lediglich ausschütteln und zu dünnen Sträußchen zusammenbinden. Nie zu dichte und zu große Sträuße binden, denn dann werden sie nicht gut belüftet. Die Sträuße kopfüber an einen trockenen, 20–25 °C warmen, aber schattigen und luftigen Ort hängen und so lange trocknen, bis die Blätter rascheln. Die Blätter von den Stängeln streifen und in ein dunkles, gut verschließbares Glas füllen. Nach 2–3 Tagen noch einmal schauen, ob sich im Glas Kondenswasser gebildet hat. In dem Fall müssen die Kräuter, um sie vor Schimmel zu schützen, auf einem feinmaschigen Gitter noch einmal nachgetrocknet werden. Anderenfalls können die Kräuter nun in der Handfläche gerebelt, zu Kräutermischungen wie Herbes de Provence gemischt oder einzeln abgefüllt werden. Dazu eignen sich am besten lichtundurchlässige, gut verschließbare Dosen oder auch Gläser.

Von dem Trocknen im Backofen oder in der Mikrowelle sei abgeraten, denn dadurch verlieren die Pflanzen noch mehr ihrer Geschmacksstoffe.

Kräuter einfrieren

Sehr viele Kräuter lassen sich hervorragend einfrieren, abgesehen von so empfindlichen Blättchen wie Basilikum, der bereits ab 4 °C, also schon im Kühlschrank, erfriert. Am besten bereits hacken und portions- oder blättchenweise einfrieren. Die Kräuter vor dem Einfrieren kurz kalt abbrausen und trocken schütteln.

Kräutereiswürfel:

1. Eiswürfelbehälter zu zwei Dritteln mit gehackten Kräutern nach Sorten getrennt oder in feinen Mischungen füllen und mit Wasser auffüllen.

2. Kräuter im Eisfach durchfrieren lassen. Die Würfel aus dem Behälter lösen und am besten einzeln fest in Alufolie einwickeln. Das Beschriften nicht vergessen. Weiter einfrieren.

Salbei- oder Kaffirlimettenblätter blattweise einfrieren:

1. Eine Gefrierbox mit Backpapier auslegen und mit Kräuterblättern nicht zu dicht belegen.

2. Eine weitere Schicht Backpapier auflegen und so viele Lagen schichten, bis alle Blättchen verbraucht sind. Anschließend einfrieren. Man kann die Blätter dann gut einzeln entnehmen.

Kräuter im Ganzen einfrieren:

1. Triebspitzen können, locker in Plastikboxen gelegt, auch im Ganzen gefroren werden. Petersilie lässt sich außerdem im Bund frieren. Sobald sie durchgefroren ist, wird sie herausgenommen. Die Blättchen werden in den Handflächen gerebelt und anschließend in Tütchen oder kleinen Boxen wieder eingefroren.

2. Zitronengras lässt sich, in Stücke geschnitten und fest in Alufolie gewickelt, einfrieren.

In Öl, Essig & Salz konservieren

Wenn man sorgfältig arbeitet, kann man frische Kräuter in Öl, Essig und Salz für mehrere Monate haltbar machen. Wichtig ist es, keimfreie, trockene und gut verschließbare Gläser oder Flaschen zu verwenden. Die Kräuter sollten kalt abgebraust und mit Küchenpapier vorsichtig, aber gut getrocknet werden.

Wenn man in Öl oder Essig einlegt, werden die Blättchen von den Stängeln gezupft und in die Gläser gefüllt. Anschließend mit hochwertigem Olivenöl oder Weinessig auffüllen, sodass die Blätter vollständig bedeckt sind. Es darf kein Blatt unbedeckt sein, da sich sonst bald Schimmelpilze bilden würden. Während des Befüllens die Gläser oder Flaschen immer wieder ein wenig rütteln, sodass die Luft zwischen den Blättchen vollständig entweichen kann. Anschließend das Glas oder die Flasche verschließen und an einem dunklen Ort aufbewahren. Wenn man einige von den Blättern entnommen hat, immer wieder mit Öl oder Essig aufgießen, damit die verbliebenen Blätter weiterhin bedeckt sind.

Um mit Salz zu konservieren, die Kräuter mit Meersalz im Verhältnis 4:1 schichten. Das Glas anschließend gut verschließen, kräftig schütteln und an einem dunklen Ort aufbewahren. Vorsicht beim Verwenden, die Kräuter sind sehr salzhaltig.

Würzöle & Würzessige herstellen

Wer nur ein feines Kräuteraroma, nicht aber die Pflanzen selbst konservieren möchte, kann Würzöle und -essige herstellen. Der Fantasie sind bei der Zusammenstellung absolut keine Grenzen gesetzt.

Als Basis am besten ein hochwertiges natives Olivenöl extra oder erstklassige Weißwein- und Rotweinessige verwenden. Beim Finden seiner Aromafavoriten sollte man ein bisschen experimentieren.

Die Kräuter müssen bei Kräuteressig oder -öl immer mit Essig bzw. Öl bedeckt sein und gegebenenfalls wieder aufgefüllt werden. Wenn die Flasche sauber und die Zutaten frisch waren, halten sich Essig und Öl mehrere Monate.

Rosmarin-Knoblauch-Öl

1. *Eine Flasche gründlich spülen und mit kochendem Wasser keimfrei machen. Anschließend gut austrocknen lassen. Zwei Zweige Rosmarin (sie sollten etwa halb so lang wie die Flasche sein) waschen und trocken schütteln. Flasche und Rosmarin dürfen keine Nässe mehr aufweisen. 1 Knoblauchzehe schälen. Wenn sie nicht im Ganzen durch den Flaschenhals passt, einmal halbieren. Fleur de sel (**siehe S. 30**) und Olivenöl bereitstellen.*

2. *Die Flasche zur Hälfte mit Olivenöl füllen. Die Rosmarinzweige mit der Schnittfläche nach unten in die Flasche schieben, sodass sie den Boden berühren. Den Knoblauch dazugeben und einige Körnchen Fleur de sel einrieseln lassen.*

3. *Die Flasche mit Olivenöl auffüllen. Dabei ist wichtig, dass das Öl den Rosmarin vollständig bedeckt. Die Flasche während des Befüllens ab und zu rütteln, sodass keine Luftbläschen mehr an dem Rosmarin hängen bleiben. An einem dunklen Ort aufbewahren.*

Kräuter verarbeiten

Kräuter waschen, trocknen & zerkleinern

Gewöhnlich sind Kräuter sauber, sie müssen nur von Staub befreit werden. Dazu werden sie unter fließend kaltem oder lauwarmem Wasser gewaschen und anschließend vorsichtig trocken geschüttelt oder vorsichtig trocken getupft. Nun kann man sie weiterverarbeiten.

Ganze Stängel

Für Fonds oder Schmorgerichte verwendet man häufig ein Bouquet garni. Dazu werden Kräuterstängel im Ganzen benötigt.

Blätter abstreifen

Die meisten Kräuter verwendet man ohne den härteren Stängel. Blätter zarter Kräuter wie Estragon oder Basilikum werden an den Stilansätzen abgezupft oder mit Daumen und Zeigefinger abgezwickt. Die Blätter robuster Kräuter wie Thymian oder Rosmarin lassen sich vom Stängel abstreifen, indem Daumen und Zeigefinger den Stängel von unten nach oben entlangfahren.

Blätter zupfen

Zarte Kräuter wie Basilikum, Kerbel oder Estragon können einfach mit den Fingern grob zerzupft werden, bevor sie in Salate oder Saucen eingestreut werden.

Kräuter hacken

Die verbreitetste Form der Verarbeitung ist das Feinhacken von Kräutern. Dazu braucht man ein großes, sehr scharfes Kochmesser, denn die Kräuter müssen geschnitten, nicht zerdrückt werden, um nicht schon beim Hacken einen Großteil ihrer Aromen zu verlieren. Die Kräuter werden auf ein Küchenbrett gelegt; mit kräftigen Wiegebewegungen von der Messerspitze zum Griff hin grob oder fein hacken. Es gibt auch spezielle Wiegemesser und Blitzhacker zum Kräuterhacken. Erstere können für robuste Kräuter wie Rosmarin verwendet werden, von Letzteren sei abgeraten, da sie die Blattstruktur und damit das Aroma erheblich schädigen.

Die Chiffonade

Unter Chiffonade versteht man lange, aber feine Streifen von Blättern. Sie werden gerne in Butter oder Sahne gedünstet und als Einlage für Suppen oder als Garnitur verwendet. Hierzu eignen sich Kräuter mit großen Blättern wie Basilikum, Bärlauch oder Sauerampfer. Die Blätter werden aufeinandergelegt und längs zu einer festen Rolle zusammengewickelt. Anschließend schneidet man mit einem scharfen Messer feine Scheiben ab.

Im Mörser zerreiben

Vor allem bei der Herstellung von Pestos werden Kräuter im Mörser zu einer sämigen Paste zerrieben. Dazu die Kräuter grob hacken und mit etwas Salz und Nüssen, Kernen oder Samen (was das jeweilige Rezept verlangt) zerreiben. Dabei nach und nach Olivenöl einträufeln, das konserviert sofort die Aromen. Anschließend mit Parmesan und Salz sowie Pfeffer abschmecken.

Pürieren & Extrakte herstellen

Zum Würzen, vor allem aber Färben, z. B. von Nudelteig, kann man Kräuterpürees und -extrakte verwenden. Die Kräuterblätter (bei sehr zarten Kräutern auch die Stängel) werden dazu kurz in kochendem milden Salzwasser blanchiert, kalt abgeschreckt, zum Abtropfen in ein Sieb gegeben und anschließend mit dem Pürierstab fein püriert. Dieses Püree dient dem Würzen. Für einen Färbeextrakt das Püree leicht erhitzen. Anschließend zunächst durch ein feinmaschiges Sieb streichen und danach durch ein feines Mulltuch pressen. Der entstandene Extrakt ergibt eine sehr gleichmäßige Farbe und hat nur noch wenig Aroma.

Bärlauch

Besonders zart vor der Blüte. Scharf-aromatisches Knoblaucharoma. Roh in Pestos, Dressings und Dips, gekocht in heißen Saucen auf Butter- und Sahnebasis zu Pasta, Fleisch, Fisch und Gemüse.

Bärwurz

Bärwurz kann wie Dill, Fenchel, Liebstöckel oder Petersilie verwendet werden. Die Wurzeln werden in Bayern zum gleichnamigen Schnaps gebrannt, sie ergeben aber auch ein aromatisches Wurzelgemüse oder aromatisieren Suppen und Fonds, Käse oder Kräuterquark.

Beifuß

Der Beifuß regt die Fettverdauung an, und so ist er vor allem ein ideales Gewürz fetter Fleisch- und Fischgerichte. Ente oder die traditionelle Martinsgans sollten nicht ohne Beifuß zubereitet werden. Aber auch Eintöpfe, Käse- und Hülsenfruchtgerichte oder Aal werden schmackhafter und besser verdaulich.

Borretsch

Aus dem Samen wird ein würziges Öl gewonnen, das zum Verfeinern von Speisen genutzt wird. Vor allem aber die Blätter werden, in Julienne geschnitten, in Salaten und Saucen verwendet.

Brennnessel

Das würzige, säuerliche Kraut schmeckt hervorragend als Rahmgemüse, aber auch in Butter gedünstet. Salaten verleiht sie ebenso eine neue Geschmacksnuance wie Suppen. Ein Brennnesseltempura eröffnet ebenfalls ganz neue Genüsse.

Dill

Kräftig-würziges und erfrischendes Aroma. Klassisch in Dressings auf Öl- oder auch Joghurtbasis zu (Gurken-)Salaten, aber auch beliebt in Saucen zu Fisch und Meeresfrüchten.

Duftgeranie

Die frisch-fruchtigen Blätter – vor allem die der zitronigen Arten – heben den Geschmack von Salaten, Saucen, Marinaden und Eintöpfen. Auch für Süßspeisen, Speiseeis, aromatisierten Essig und Tees sind sie geeignet. Die Blüten schmecken im Salat, sind aber auch kandiert auf Torten eine Augenweide.

Kerbel

Liebliches, anisartiges Aroma. In Saucen auf Butter- oder Sahnebasis, aber auch kalt in Joghurtdips. Passt besonders gut zu Fisch, Huhn, Eiern, Pasta und Schweinefleisch.

Kresse

Scharf-aromatischer Geschmack, lässt sich gut selbst auf Watte anpflanzen. Kalt in kräftigen Salatdressings und Joghurt-Sahne-Dips, heiß meist in sahnigen Saucen zu Fisch, Eiern und Gemüse.

Liebstöckel

Auch Maggikraut. Charakteristisch würzig-aromatisch. Meist für deftige und fruchtige Schmorsaucen zu Fleisch und Hülsenfrüchten, aber auch sanft dosiert als feine Nuance zu Fisch.

Löwenzahn

Die jungen Blätter und Blüten werden im Salat verwendet. Ältere Blätter können wie Spinat gedünstet, die Blütenknospen sogar geröstet und als Suppen- oder Salatbeigabe verwendet werden. Aus den Blättern lässt sich auch ein Pesto herstellen..

Majoran

Auch Wurstkraut. Kräftig aromatisch, leicht süßlich-herb. Verwandt mit dem mediterranen Oregano. Hauptsächlich für Schmorsaucen und kräftige Saucen zu Fleisch, Kartoffeln, Hülsenfrüchten.

Pfefferminze

In der Küche wird sie vor allem in England geschätzt, wo aus der Englischen Minze oder der Englischen Grünen Minze die typische Minzesauce zu Lamm oder auch Minzegelee hergestellt werden. Aber auch dumpf schmeckende Gemüsespeisen, etwa Erbsenpüree, lassen sich mit der Pfefferminze würzen und erhalten durch sie einen frischeren Geschmack.

Petersilie

Glatt oder kraus. Würzig und leicht bitter. Zentrales Kraut der europäischen Saucenküche, verliert durch Kochen und Trocknen sein Aroma. Für Dips, Dressings und herzhafte Saucen aller Art.

Sauerampfer

Charakteristisch säuerlich, astringierend und erfrischend. Klassisch roh in der Frankfurter Grünen Sauce zu Fleisch, Wurst oder Eiern, aber auch heiß in sahnigen Weißweinsaucen zu Fisch.

Schnittlauch

Frischer, sehr aromatischer, feiner und milder Knoblauchgeschmack. Sehr häufig in kalten Saucen, Dips und Dressings, vor allem zu Salaten, Eiern, Gemüse, Rindfleisch und Süßwasserfisch.

Mediterrane Kräuter

In der Saucenküche spielen die mediterranen Kräuter eine herausragende Rolle. Ob kalt wie in Pestos, lange mitgegart wie in variantenreichen Tomatensugos oder kurz untergerührt: Ohne mediterrane Kräuter geht in der Saucenküche fast gar nichts. Zum einen sind es die vollmundigen Aromen, zum anderen die kräftigere und robustere Konsistenz, die die mediterranen Kräuter unschlagbar machen.

Am wichtigsten sind sicherlich Thymian, Rosmarin, Salbei, Lorbeer und Basilikum – wobei Letzterer die Ausnahme der Regel ist: Basilikum darf weder lange mitgegart noch getrocknet verwendet werden; beides zerstört sein feines Aroma.

Thymian, Rosmarin, Lorbeer, Salbei, Oregano und Lavendel sind diejenigen Kräuter, die Hitze vertragen und in Saucen und Fonds mitgekocht werden können. In getrocknetem Zustand können Thymian, Rosmarin, Lorbeer, Lavendel und Oregano wunderbare Aromen entfalten – allerdings sind auch sie im direkten Vergleich zu ihren frischen Varianten immer nur zweite Wahl. Weder getrocknet verwendet noch mitgekocht werden sollten Minze und Basilikum. Beide Kräuter sind von zarter Beschaffenheit und entfalten ihre feinen Aromen lediglich sanft erwärmt oder ganz roh verwendet, wie zum Beispiel in Pesto.

Basilikum

Die Zubereitungsmöglichkeiten beim Basilikum sind gewaltig. Saucen, Fleischgerichte, Salate, Öl und sogar Süßspeisen – es ist beinahe alles möglich.

Lavendel

Gegrilltes Fleisch schmeckt gut mit Kräutern der Provence oder selbst hergestelltem Lavendelsalz. Ansonsten gut geeignet für Konfitüren, Desserts, Sorbets, parfümierte Schlagsahne und Tees.

Lorbeer

Blätter des Lorbeerstrauchs mit intensivem, fruchtig-scharfem Aroma. Würzt fruchtige Tomatensaucen, aromatisiert Fonds und kann auch in Chutneys Verwendung finden. Wird lange mitgekocht.

Oregano

Pastasaucen und Pizza sind die klassischen Einsatzgebiete des Oregano, aber das Kraut ist vielseitiger. Oreganoquark auf frischem Roggenbrot ist ein würziger Start in den Tag, und Salate, Fleisch- sowie Gemüsegerichte werden durch ihn kraftvoller.

Rauke / Rucola

Alle Raukenarten sind hervorragend für Salate geeignet, lassen sich aber auch zu Pesto verarbeiten und als Belag für Pizza oder für Nudelgerichte verwenden.

Rosmarin

Die Nadeln sind intensiv-würzig, leicht harzig und bitter. Meist für Saucen auf Tomaten- oder Rotweinbasis zu Fleisch (besonders Lamm) und Pasta. Auch für Dessertsaucen entdeckt.

Salbei

Die italienische Küche kann auf den Salbei nicht verzichten, würzt er dort doch die Saltimbocca alla romana ebenso wie Kalbsinvoltini oder Gnocchi, die in Salbeibutter geschwenkt werden. Er macht auch einfachste Gerichte zu einem Hochgenuss.

Thymian

Aromatisch, würzig. Auch in den Varianten Zitronen- und Feldthymian beliebt mit leicht unterschiedlichen Geschmacksnuancen. Für vielerlei Saucen und Fonds zu Fisch, Fleisch, Geflügel und Gemüse.

Asiatische Kräuter & Knollen

Auch einige asiatische Kräuter haben die Eigenschaft, lange mitgegart werden zu können, ohne dabei ihre Aromen einzubüßen. Kaffir-Limettenblätter, Zitronengras und Schnittknoblauch sind hier besonders hervorzuheben. Thai-Basilikum und Korianderblätter dagegen sollten nur frisch oder in heißen Saucen kurz untergerührt verwendet werden, da sich ihre Aromen sonst ebenfalls verflüchtigen.

Eine Besonderheit in der asiatischen Saucenküche sind die würzenden Knollen Ingwer und Galgant sowie die scharfen Chilischoten. Alle drei Gewürze werden in der Regel frisch gerieben oder gehackt verwendet. Sie können sowohl mitgegart als auch roh zum Einsatz kommen und sind fester Bestandteil der typisch thailändischen Currypasten, die aus frischen Zutaten hergestellt werden und unzähligen Currysaucen ihr Aroma verleihen. Während Ingwer und auch Chilischoten in der westlichen Küche längst angekommen sind und selbst in süßen Saucen zum Einsatz kommen, fristet Galgant weiterhin eher ein Schattendasein. Die Wurzel ist mit dem Ingwer verwandt und weist ein ähnliches Aroma auf – allerdings ist sie weniger scharf und hat dezent bittere Elemente.

1. Ingwer

2. Galgant

3. Chilischoten

Curryblätter

Blätter des Currybaums, meist getrocknet im Handel. Nicht Bestandteil des Currypulvers. Fruchtig-herb und leicht bitter im Geschmack. Meist für Currysaucen zu Gemüse, Käse und Hülsenfrüchten.

Kaffir-Limettenblätter

Auch tiefgekühlt im Handel. Zitronigfrisches, intensives Aroma, köstlich in Saucen besonders zu Fisch, Gemüse und Geflügel. Klassisch in Thai-Saucen und Fonds, aber auch zu Süßspeisen.

Koriandergrün

Würzig-erdig, leicht bitter. Hauptsächlich in der mexikanischen, asiatischen und arabischen Saucenküche zu Fisch, Geflügel und Gemüse. Roh in Dips, kurz untergerührt in vielerlei Currysaucen.

Perilla

Auch Shiso. In Korea gehört Perilla an den traditionellen Kohl Kimchi. Das würzige Aroma passt aber auch sehr gut zu Rindfleischsuppen. In Bier- oder Tempurateig ausgebacken sind Perillablätter eine delikate Vorspeise.

Pilzkraut

Es werden Blätter, Triebe wie auch Blüten verwendet, roh in Salaten, gedünstet wie Blattspinat oder in anderen Gemüsegerichten, in Sahnesauce oder als Pesto, das dann ein feines Pilzaroma hat.

Rau Om

Thailändischen Currys, vietnamesischen Suppen und Gemüsegerichten verleiht Rau Om einen sehr sanften, süßlichen Kreuzkümmelgeschmack. Milder sind noch die Blüten, die unter anderem sehr gut zu Obstsalat mit gerösteten Mandeln passen.

Thai-Basilikum

Dunkelrote Stängel, dunkelgrüne feste, rot geäderte Blätter. Kräftiges, anisartiges, leicht scharfes Aroma. Zu vielen Currysaucen, besonders zu Fisch, Meeresfrüchten und Gemüse.

Zitronengras

Auch Lemongras. Kräftiges, frisches, zitroniges Aroma. Entweder wird das innere Weiße der Stängel fein gehackt oder die Stängel werden besenartig eingeschnitten und nach dem Garen entfernt.

Essig & Senf

Aromatisieren, würzen und schärfen

Seit Jahrtausenden kennen die Menschen den Essig. Er diente als Durstlöscher und als Konservierungsmittel, war in der Antike und im Mittelalter Heilmittel und wurde in der Neuzeit zum Schönheitsmittel. Durch all die Jahrtausende hindurch war er aber auch delikates Würzmittel. Als eine seiner wichtigsten Grundlagen diente schon damals der Wein.

Traditionelle Herstellung

Sauer gewordener, also noch einmal vergorener Wein – das ist im Grunde das Geheimnis des Essigs. Kommt Wein mit Luft in Berührung, so bilden sich nach einer Weile Bakterien, die den im Wein enthaltenen Alkohol in Essig umwandeln. Aber auch andere weingeisthaltige Flüssigkeiten, wie Bier, Apfelwein, Traubenmost oder Reiswein, können zu Essig umgewandelt werden.

Das traditionelle Herstellungsverfahren nennt sich nach seiner Heimatstadt „Orléans-Verfahren". Wein wird in offenen Holzfässern, in denen sich Essigbakterien meist von selbst ansiedeln, bei 21 °C gelagert. Nach einigen Tagen entwickelt sich auf der Oberfläche eine feste, dicke Hautschicht, die sogenannte Kahmhaut oder auch Essigmutter. Sie besteht aus den alkoholverwertenden Bakterien, die den Weingeist in Essigsäure umwandeln. Ist der Alkohol vollständig umgewandelt, wird der Essig unter der Haut vorsichtig abgelassen und darf – je nach Essigsorte – nun in frischen Fässern noch einige Zeit reifen.

Auf diese sehr aufwendige traditionelle Weise entstehen die hochwertigen Essigsorten, deren Geschmack einzigartig ist und die in der Regel recht teuer sind. Es gibt darüber hinaus mehrere Schnellverfahren zur industriellen Essigproduktion.

Essigsorten

Weinessig

Weinessig wird ausschließlich aus Wein hergestellt und muss mindestens eine Säure von 6 % haben. Die Qualität des Essigs beginnt dabei mit dem Grundprodukt: Für hochwertigen Essig werden erstklassige Weine – rote oder weiße – verwendet. Das erklärt auch die hohen Preise für einen guten Weinessig. Auch die Farbe des Essigs hängt vom verwendeten Wein ab. Besondere Weinessigspezialitäten sind beispielsweise Sherry- oder Champagneressig: Ersterer hat die Farbe von flüssigem Karamell, ist süßlich-aromatisch und kommt meist erst nach längerer Reifung in Sherryfässern in den Handel, sodass er sehr teuer ist. Champagneressig ist fein-herb und sehr hell.

1. Aceto balsamico

2. Aceto balsamico bianco

3. Obstessig

4. Branntweinessig

5. Weinessig

6. Aromaessig

7. Reisessig

Aceto balsamico

Nicht aus Wein, sondern aus Traubenmost wird dieser edle Essig hergestellt, der in seiner Vollendung eher wie Likör als Aperitif denn als Saucenzutat verwendet wird. In der norditalienischen Stadt Modena erfunden, darf der echte Aceto balsamico mindestens 12 Monate, meist aber noch wesentlich länger, in Eichenfässern reifen. Das Resultat ist eine sämige, zart-süße, dunkelrote, fast braune Delikatesse, die einen recht hohen Preis hat. Die industriell hergestellten Ersatzbalsamessige vermitteln zumindest noch einen Grundgeschmack des echten Balsamessigs. Die helle Variante heißt Aceto balsamico bianco.

Apfel- bzw. Obstessig

Der aus Apfelwein hergestellte Essig ist von mild-süßem, fruchtigem Geschmack und von goldgelber Farbe. Ihm werden oft gesundheitsfördernde Eigenschaften nachgesagt, die aber wissenschaftlich nicht bewiesen sind. Auch aus anderen vergorenen Früchten werden unter der Bezeichnung Obstessig verschiedene Essige hergestellt. Himbeeressig dagegen ist immer Weinessig, der im Nachhinein mit Himbeeren aromatisiert wurde.

Reisessig

Aus Reiswein oder fermentiertem Reis hergestellter, goldgelber bis dunkelbrauner Essig, der vor allem in der asiatischen Küche zum Einsatz kommt. So wird Sushireis etwa mit ihm gesäuert, aber auch vielen japanischen oder chinesischen Saucen gibt er seine säuerliche Würze.

Verwendung in der Küche

Es lohnt, auf die echten, klassisch hergestellten Essige zurückzugreifen. Ihr Geschmack, mit dem sie gerade Saucen veredeln, ist ungleich feiner. Unersetzbar ist ein guter Essig für Vinaigretten, mit ihm steht und fällt deren Qualität. Doch auch andere Saucen und Gerichte, ja selbst Desserts, profitieren von einer guten Essigsäure. Die Verwendung des jeweiligen Essigs hängt von dem zu kochenden Gericht ab: Rotweinessig passt gut zu rotem Fleisch, etwa zum Lösen von Bratensatz; Weißweinessig eignet sich zur Herstellung von Mayonnaisen und Hollandaisen ebenso wie für Salatsaucen. Sherryessig gibt beispielsweise Blattsalaten eine ganz neue Note, und mit Aceto balsamico lassen sich ebenso eine Salatsauce würzen wie frische Erdbeeren aromatisieren.

Essig sollte kühl und vor Licht geschützt gelagert werden, dann ist er fast unbegrenzt haltbar. Zudem lässt er sich sehr gut mit Kräutern und Gewürzen aromatisieren.

Hinweis: Essigessenz ist übrigens synthetisch hergestellte, konzentrierte Essigsäure. Sie darf nur stark verdünnt verwendet werden, hat aber auch dann kein gutes Aroma, weshalb sie aus der (Saucen-)Küche am besten verbannt wird.

Senf

Die mild-würzige, süße oder pfeffrig-scharfe, meist gelbe Würzpaste wird aus den Samen verschiedener Kreuzblütengewächse hergestellt. Man unterscheidet weiße, braune und schwarze Senfsaat, wobei die weiße die mildeste, die schwarze die schärfste Würze entwickelt. In der Regel werden für Tafelsenf grob bis fein gemahlene Senfsamen mit Wasser, Essig, Salz und je nach Rezept diversen anderen Gewürzen und Kräutern vermischt. Es gibt unendlich viele verschiedene Sorten, so etwa den sehr scharfen Dijon-Senf aus schwarzen Samen, süßen, milden bayerischen oder Weißwurstsenf und Mostrich, der mit Most statt Essig angerührt wird.

In der Saucenküche dient Senf zum Aromatisieren und Würzen kalter wie warmer Saucen, Vinaigretten und Dips. Da Senf auf starke Hitze mit Schärfe- und Aromaverlust reagiert, sollte man ihn warmen Speisen erst kurz vor dem Servieren beimischen und sie anschließend nicht mehr kochen lassen.

Obst, Säfte & Sirup

Basis und Aromageber für Saucen, Vinaigretten und Dips

Früchte aus aller Herren Länder füllen Marktstände, die Körbe in Feinkostgeschäften und selbst die Regale der Discounter. Allein ihr Anblick lässt beim Betrachter das Wasser im Munde zusammenlaufen. Es ist ihre Frische und das fruchteigene Zusammenspiel von Süße und Säure, die sie gerade für die Saucenherstellung so ideal machen. Dessertsaucen und pikanten Chutneys oder Relishs dienen sie als Basis, aber auch eine kräftige Fleischreduktion oder eine Salatvinaigrette werden durch eine Fruchtnote abgerundet. Der Probierfreude sollten hier keine Grenzen gesetzt werden.

Dient Obst als Saucenbasis, so werden meist die ganzen Früchte verwendet; sie werden in Form von Pürees oder Kompotts weiterverarbeitet. Ist dagegen nur ein leichtes Fruchtaroma gewünscht, so kann man auch gut auf Fruchtsäfte, Konzentrate oder sogar Sirup, also eine Fruchtsaft-Zucker-Lösung, zurückgreifen. Gerade bei der Verwendung von Sirupen muss dabei aber beachtet werden, dass die Sauce keine zu starke Süße erhält.

Die Definition, welcher Art ein jeweiliges Obst zuzuordnen ist und ob es überhaupt zu Obst oder wie Melone und Rhabarber zu Gemüse gehört, ist nicht immer eindeutig. So werden Hagebutten beispielsweise mal dem Kern-, mal auch dem Beerenobst zugerechnet.

Kernobst

Die Früchte von Rosengewächsen, die ein Kerngehäuse mit mehreren kleinen Kernen besitzen, werden dem Kernobst zugerechnet. Dazu gehören Äpfel, Birnen, Quitten und Hagebutten. Viele Kernobstarten lassen sich bei sachgerechter Behandlung über mehrere Monate lagern, ohne dass nennenswerte

Qualitätsverluste auftreten. Gerade die beiden ersten zählen heute zu den beliebtesten Obstarten überhaupt, ihre Kultivierung kann auf eine 2000 Jahre alte Geschichte zurückblicken. In die Saucenküche werden Äpfel, Birnen und Quitten wegen ihrer frischen Säure bzw. dem sehr ausgewogenen Süße-Säure-Verhältnis geschätzt. Äpfel enthalten zudem viel Pektin und eignen sich dadurch teilweise als Saucenbinder. Mit Hagebutten lassen sich herb-fruchtige, sämige Saucen für die pikante wie die süße Küche erzeugen.

Steinobst

Sammelbegriff für Früchte, die einen einzelnen, verholzten Kern in der Mitte und drumherum saftiges Fruchtfleisch haben. Zu den meist in gemäßigten Zonen vorkommenden Obstsorten zählen Pflaumen, Pfirsiche, Kirschen und Aprikosen. Aber auch Holunderbeeren, tropische Früchte wie die Mango oder sogar der Sanddorn als Schein-Steinfrucht gehören zum Steinobst. Die vollreifen Früchte besitzen meist einen hohen Anteil an Fruchtzucker, sodass sie intensiv süß schmecken. Für fruchtige warme wie kalte Dessertsaucen sind sie ideal – der Klassiker der heißen Kirschsauce zu Bergischen Waffeln ist wohl jedem bekannt. Aber auch für würzige Saucen eignen sich Steinfrüchte gut: Holunder passt beispielsweise zu Wildgerichten, pikante Mangochutneys zu indischen Gerichten oder zu Gegrilltem, Kirsch- oder Pflaumensaucen zu kräftigem Käse. Reines Steinobstmark gibt Vinaigretten eine herrlich fruchtige Note.

Beerenobst

Botanisch gesehen gibt es kein Beerenobst, dieser Begriff bezeichnet vielmehr Obst, das klein, rund bis oval und weich ist und das oftmals eigentlich zu den Steinfrüchten oder zu den sogenannten Sammelnussfrüchten zählt. Als Erdbeere, Himbeere, Brombeere, Stachelbeere, Johannisbeere, Heidelbeere, Cranberry, Preiselbeere, Berberitze und Weintraube werden sie aber aus kulinarischer Sicht zusammengefasst – und das passt ganz gut, denn sie werden oft zusammen verwendet, und das auch in der gleichen Art und Weise. Das Säure-Süße-Verhältnis ist bei reifen Früchten sehr ausgewogen. Vor allem Dessertsaucen, ob nun zu Süßspeisen oder zu Käse, dienen sie als Basis. Weil die meisten Beeren viele Kerne haben, sollte man sie passiert weiterverarbeiten.

Zitrusfrüchte

Mehr als alle anderen Früchte sind die Zitrusfrüchte in der herzhaften Saucenküche etabliert. Das beginnt bei der Herstellung von Fonds oder Jus, wenn Zitronen- oder Orangenschale zum Bouquet garni gehören bis hin zum Abschmecken von Saucen mit etwas Zitronensaft. Auch als Saucenbasis dienen Zitrusfrüchte – etwa als Orangensauce zu Ente oder Zitronensauce zu Scaloppine. Limettensaft und -zesten verfeinern gern asiatische Saucen, Pomeranzen, also Bitterorangen, geben dagegen gerade

süßen Saucen eine interessante, leicht bittere Note. Selbst zum Saucenbinden stark zuckerhaltiger Saucen kann man die Kerne von Zitrusfrüchten – eingebunden in ein Mullsäckchen – nutzen, weil sie stark pektinhaltig sind.

Tropenfrüchte

Früchte aus südlichen Gefilden werden meist als Tropen- oder Südfrüchte zusammengefasst. Es handelt sich stets um höchst unterschiedliche botanische Gewächse, aber ihre kulinarische Bedeutung ist immer dieselbe – die herausragende fruchtige Süße der vollreifen Früchte von Maracuja, Ananas, Papaya, Granatapfel, Feige, Kiwi und Co. zaubert ein wenig Exotik in die europäische Küche und besticht häufig durch einen sehr intensiven Geschmack. Sie sind sehr delikat als fruchtige Dessertsaucen, wie etwa pikante, mit Senf vermischte Chutneys, aber auch als außergewöhnliche Geschmacksnote in warmen Fleischsaucen.

Nüsse & Kerne

Botanisch nennen sie sich Schalenobst, zählen zu den Samen oder sogar zu den Steinfrüchten, aber landläufig kennt man Haselnuss, Mandel, Aprikosenkern, Paranuss, Walnuss oder Pinienkern als Kerne oder Nüsse. In der Saucenküche dienen sie vor allem als Aromageber, machen aber auch Saucen wie etwa ein Pesto sämiger.

Zucker, Sirup & Schokolade

Nicht nur für Naschkatzen, sondern auch in der Saucenküche unentbehrlich

Zucker, Sirup und Schokolade erfüllen in der Saucenküche drei wesentliche Aufgaben: Sie süßen, sie aromatisieren bzw. intensivieren das Aroma der Gerichte, und sie helfen bei der Saucenbindung.

Zucker

Chemisch betrachtet ist Zucker Saccharose in Kristallform und wurde früher nur aus Zuckerrohr gewonnen. Bis zur Entdeckung der Neuen Welt war dies eine selten angebaute Pflanze und Zucker demnach eine Kostbarkeit. Das Klima der Karibik und die billige Sklavenarbeit der Kolonien begünstigten den Zuckerrohranbau, und Zucker wurde erschwinglicher. Doch erst durch die Entdeckung des deutschen Chemikers Markgraf, aus einfachen Rüben Zucker herzustellen, wurde Zucker ab 1747 zu einem Allerweltsgut und zu einem heute sehr günstigen Grundnahrungsmittel. Zucker ist, solange er nicht verunreinigt ist, unbegrenzt lange haltbar.

Weißer Kristallzucker

Er ist in Europa die gebräuchlichste Form des Haushaltszuckers und wird hier aus Zuckerrüben, in anderen Ländern auch aus Zuckerrohr, gewonnen. Dafür werden die Rüben fein geschnetzelt und die Saccharose mit Wasser ausgewaschen. Der zunächst dünnflüssige Saft wird durch Verdampfung eingedickt, bis der Zucker kristallisiert. Anschließend wird er raffiniert, weshalb er auch Raffinade genannt wird. Bei Braunem Zucker handelt es sich meist um mit Sirup eingefärbte Raffinade. Kristallzucker wird zum Süßen verwendet, und aus ihm wird Karamell gekocht, das wiederum als Aromat und zum Binden von Saucen verwendet wird.

Kandis

Große, grobe Stücke Zucker, die langsam aus konzentrierten Zuckerlösungen auskristallisieren. Es gibt weißen und braunen Kandis. Letzterer entsteht aus karamellisierter Zuckerlösung. Kandis spielt insbesondere in der Teekultur eine Rolle. Als Nebenprodukt der Kandisherstellung fällt Kandisfarin mit kleineren Kristallen ab, der zur Herstellung von Gebäck verwendet wird, z. B. zum Bestreuen.

Vollrohrzucker/Ursüße

Wer auch bei der Verwendung von Zucker die Gesundheit nicht ganz außer acht lassen möchte, sollte Vollrohrzucker oder Ursüße verwenden, der aus Zuckerrohrsaft hergestellt wird und malzig schmeckt. Im Unterschied zu raffiniertem Zucker enthält Ursüße durch den großen Melasseanteil erhebliche Mengen an Mineralstoffen wie Magnesium, Kalzium und Eisen. Wird Vollrohrzucker teilweise raffiniert, entsteht Muscovadezucker, ein hell- bis dunkelbrauner Zucker mit einem Restmelasseanteil von bis zu 1 %. Genutzt werden diese Zuckersorten wie Kristallzucker, allerdings haben sie ein deutlich malziges Aroma, das mit der jeweiligen Speise harmonieren muss.

Palmzucker

Palmzucker wird aus den Blütenständen der Atta-, Nipa- und Zuckerpalme gewonnen. Palmsaft wird bis zur Kristallisation gekocht und der heiße Brei in flache Förmchen zum Erstarren gefüllt. Palmzucker hat eine vergleichbar geringe Süßkraft, weshalb er sich auch für die herzhafte Küche, vor allem für scharfe Saucen, bestens eignet. Die sehr harten Palmzuckerplätzchen lassen sich am besten mit einer Haushaltsreibe zerkleinern.

1. Honig

2. Ahornsirup

3. Zuckerrübensirup

Honig

Kaum ein Lebensmittel ist so einzigartig wie reiner Bienenhonig: Er ist das älteste Süßungsmittel, als Lebensmittel unverderblich, reich an Vitaminen, Spurenelementen und Mineralien und ein anerkanntes Heil- und Schönheitsmittel. Es gibt unzählige verschiedene Honigsorten – Klee-, Akazien-, Tannen-, Linden-, Rapshonig etc. –, die im Aroma so stark variieren, dass ihre Verwendung immer auf das jeweilige Gericht abgestimmt werden muss. Man sollte grundsätzlich reinen, nicht erhitzten Bienenhonig kaufen. Wenn dieser fest wird, kann man ihn im nicht zu heißen Wasserbad wieder verflüssigen. Vinaigretten werden durch Honig sanfter und pikante Saucen sowie Dessertsaucen erhalten eine aromatischere Süße, müssen aber, gerade bei kräftigen Honigsorten, entsprechend vorsichtig abgeschmeckt werden. Frisch angerührter Honigsenf, eventuell mit Feigenmus aromatisiert, ist ein idealer Begleiter zu Käse.

der Sirup, desto besser die Qualität. Ahornsirup verleiht Vinaigretten und Saucen aller Art eine malzig-nussige Süße.

Sirup

Ahornsirup

Der eingedickte Saft des Zuckerahorns ist vor allem im Nordosten der USA und in Kanada verbreitet. Zur Gewinnung wird der Stamm des Ahornbaumes angebohrt und ein Teil des Pflanzensafts entnommen. Dieser wird eingekocht und karamellisiert zu einem honiggelben bis goldbraunen, intensiv und vollmundig schmeckenden Sirup. Die Qualität von Ahornsirup wird in den USA in die Güteklassen A–C eingeteilt, wobei A die beste Qualität ist. In Europa gibt es fünf Abstufungen zwischen AA und D. Generell gilt: je heller der Sirup, desto besser die Qualität. Ahornsirup verleiht Vinaigretten und Saucen aller Art eine malzig-nussige Süße.

Rübenkraut

Auch Zuckerrübensirup. Der zähflüssig eingekochte, fast schwarze Saft der Zuckerrübe ist vor allem im Rheinland weit verbreitet. In der Saucenküche gibt der Sirup dunklen Schmorgerichten Farbe, Süße und Aroma. Bekanntestes Beispiel ist der Rheinische Sauerbraten, dessen Sauce das Rübenkraut verfeinert.

Schokolade

Aus dem fermentierten, getrockneten Samen des Kakaobaumes wird Schokolade hergestellt. Hochwertige Schokoladen sollten nur aus Kakaomasse, Kakaobutter, Zucker, Milchpulver bei Milchschokolade und gegebenenfalls Gewürzen hergestellt werden. Künstliche Aromen wie Vanillin oder Emulgatoren wie Lecithin sind eher unerwünscht. Man unterscheidet Schokolade nach dem Anteil an Kakaomasse. Kuvertüre ist eine Schokolade, die einen höheren Fettanteil in Form von Kakaobutter beinhaltet und daher zum Kochen und Backen hervorragend geeignet ist. Zum Kochen von Dessertsaucen wie zum Aromatisieren würziger Saucen (wie etwa einer Sauce zu Wildgerichten) sollte man erstklassige Schokoladen oder Kuvertüren mit einem Kakaoanteil von 65–80 % verwenden. Weiße Schokolade ist übrigens eine Masse aus Kakaobutter und Zucker, Kakao ist in ihr nicht enthalten. Sie eignet sich nur für Dessertsaucen.

Fertige Würzsaucen

Schnell, einfach, aber dennoch raffiniert: Sojasauce, Ketchup & Co.

In beinahe allen Küchen der Welt haben sich Fertigsaucen als Würzmittel etabliert. Sie haben sich, ebenso wie die Gewürze, in viele Länder verbreitet und sind aus der Cross-over-Küche nicht wegzudenken.

Sojasauce

Chiangyu heißt sie in China, Shoyu nennt man sie in Japan, die mittel- bis dunkelbraune Würze, die pur oder zum Verfeinern anderer Speisen genutzt wird. Seit über 2500 Jahren ist die Herstellung von Sojasauce für China belegt, nach Japan wurde ihr Rezept im 6. Jahrhundert vermutlich durch buddhistische Mönche importiert, die Zutaten und der Reifungsprozess aber auf japanische Bedürfnisse zugeschnitten.

Zur Herstellung von Sojasauce werden Sojabohnen (für die japanische Sauce auch gerösteter Weizen) zerkleinert, gedünstet und mit einer Schimmelpilzkultur geimpft. Der Trockenmaische wird zum Fermentieren Salz und Wasser zugefügt, anschließend muss sie reifen. Helle chinesische Sojasauce reift etwa 6 Monate, sie ist sehr salzig und von hellbrauner Farbe. Für die dunkle chinesische Sojasauce wird die Reifezeit verlängert, zudem wird ihr als Süß- und Farbstoff Melasse beigemischt. Als die feinsten werden mittlerweile die japanischen Sojasaucen angesehen. Sie reifen mindestens 12 Monate, mitunter aber auch bis zu 5 Jahre, sind immer von dunkelbrauner Farbe und weniger salzig als ihre chinesischen Verwandten.

In der chinesischen und japanischen Küche ist die Sojasauce universell einsetzbar. Sie ersetzt in Pfannengerührtem, Suppen und Saucen das Salz, wird pur zu Sushi gegessen, ist Basis für weitere Würzsaucen wie Hoisin oder verfeinert z. B. die Teriyaki-Sauce.

Auch andere asiatische Küchen kennen Sojasaucen: So verwendet man in Indonesien etwa das pikante Ketjap asin und das süße Ketjap manis zum Würzen von Saucen und Pfannengerührtem.

1. HP-Sauce

2. Worcestershiresauce

3. Tomatenketchup

4. Chilisauce

5. Dunkle Sojasauce

6. Helle Sojasauce

7. Fischsauce

Fischsaucen

Auch Fischsaucen sind ein fester Bestandteil der asiatischen Küchen. Sie werden entweder aus kleinen, gesalzenen Fischen (Fischsauce), aus gesalzenen Austern (Austernsauce) oder Shrimps (Shrimpssauce) fermentiert oder es werden getrocknete Garnelen mit Salz zu Garnelenpaste verrührt.

Fischsaucen sind solo eher nicht zu verwenden, sie dienen aber zum Würzen der meisten asiatischen Speisen und sind vor allem ein hervorragender Salzersatz.

Chilisaucen

Die unzähligen scharfen Chilischoten sind Basis für eine ebensolche Vielzahl an Chilisaucen, die sowohl in den Küchen Mittel- und Südamerikas als auch in denen Asiens gerne zum Einsatz kommen. Sie alle haben die Aufgabe, Gerichten eine fruchtig-pfeffrige Schärfe zu verleihen.

Worcestershiresauce, HP-Sauce & Ketchup

Sie sind die bekanntesten „westlichen" Würzsaucen und haben alle drei ihren Ursprung in den britischen Kolonien. Die raffinierte Würze Indiens und Malaysias versuchten die Briten auch in der nordeuropäischen Heimat einzuführen, mochten dabei aber nicht die aufwendigen Zubereitungen etwa der indischen Currys oder des malaiischen ketjap in Kauf nehmen. Also mischten sie nicht nur Currypulver zusammen, sondern köchelten und experimentierten, bis die für sie adäquaten Würzmischungen erreicht waren.

Die Worcestershiresauce war eine Erfindung des Unternehmens Lea & Perrins, das 1837 aus Essig, Melasse, Zucker, Salz, Sardellen, Tamarindenextrakt, Zwiebeln, Knoblauch und verschiedenen Gewürzen die dunkle Sauce fermentierte, die heute als Universalwürze die englische Küche – und dort vor allem Marinaden, Saucen und Dips zu Fleisch – bereichert.

Auch die HP-Sauce verfeinert vor allem Fleischsaucen. Sie wurde 1869 in Nottingham von dem Kolonialwarenhändler Frederick Gibson Garton gebraut und später HP nach den Houses of Parliament benannt, da dort angeblich in einem Restaurant Gartons Sauce angeboten wurde. Sie besteht unter anderem aus Essig, Tamarindenextrakt und verschiedenen Gewürzen.

Auch der Tomatenketchup kam aus den britischen Kolonien nach England, wurde dort aber zunächst als Rezept weitergegeben, das bereits ab dem 17. Jahrhundert in der britischen Küche populär wurde – damals spielte die Tomate allerdings noch keine Rolle in dem Produkt. Die wurde erst in den USA ab 1812 die Basis eines Ketchups – das heute als eigenständige Sauce oder als Würze anderer Saucen und Speisen kaum noch aus den Küchen des Westens wegzudenken ist. Heute werden das berühmteste Ketchup, Heinz-Ketchup, wie auch die original Lea & Perrins-Worcestershiresauce und die original HP-Sauce alle von der US-amerikanischen H. J. Heinz Company hergestellt.

Wein & Schaumwein

Edle Tropfen für edle Saucen

Weine mit all ihren Aromen, mit dem Zusammenspiel von Säure und Süße und ihrer Farbe, spielen eine enorm wichtige Rolle in der Saucenküche. Welchen man dabei verwendet – weiß, rot oder schäumend – hängt ganz vom Gericht ab.

Ein wichtiges Kriterium bei der Auswahl eines Weines muss dessen Qualität sein. Nur ein Wein, den man auch gerne trinken würde, sollte verkocht werden. Alte, abgestandene Reste oder saure Tropfen gehören demnach auch nicht in Speisen, denn beim Kochen mit Wein geht es schließlich darum, seine Aromen in die Sauce zu bannen. Er sollte dazu kräftig eingekocht und reduziert werden, um den Fruchtgehalt im Wein zu konzentrieren, den Alkohol zu reduzieren und alle Aromen zur Geltung zu bringen. Hier gilt die Faustregel, dass Rotwein beim Garen etwa um die Hälfte, Weißwein um zwei Drittel reduziert werden sollte. Würde nun aber ein minderwertiger Wein verwendet, würden auch die schlechten Geschmacksnoten konzentriert in der Sauce vereint.

So wenig man einen minderwertigen Wein benutzen sollte, so sehr wäre wiederum die Verkochung eines herausragenden großen Weins Verschwendung. Dessen Vielschichtigkeit wäre nach dem Kochen kaum noch in der Sauce zu erschmecken und sollte daher vielleicht besser pur das Gericht begleiten.

Bei der richtigen Wahl des Kochweins kommt es wiederum darauf an, was für ein Gericht man kocht: Eine Weinsauce braucht einen hochwertigeren Wein als ein Schmorgericht, in dem der Wein eines von vielen Aromen ist.

Übrigens: Ein eigentlich guter, aber korkiger Wein kann zum Kochen benutzt werden. Korkgeschmack ist der einzige schlechte Geschmack, der sich beim Kochen tatsächlich verflüchtigt und nicht intensiviert.

Weißwein

Zu Weißweinen werden die Trauben grüner, gelber und teilweise rötlicher Rebsorten verarbeitet, die während der Weinbereitung keinen oder nur einen kurzen Kontakt zu den Traubenschalen hatten und daher deren Farbstoffe nicht annehmen konnten. Bei der Weißweinbereitung kommt es darauf an, Aromen und Süße bei der gleichzeitigen Bewahrung einer gewissen Säure im Wein zu vereinen. Da die in heißen Gebieten angebauten Weißweine nur selten über Frische und Feinheit verfügen, gelten die kühleren Regionen Europas und Amerikas als die besten Weißweinregionen. Weißweine werden trocken, halbtrocken, lieblich und süß ausgebaut.

Weißweinaromen sind meist zarter als die des Rotweins, und so werden sie vor allem für Saucen verwendet, die keine dominierenden Geschmacksnoten aufweisen und zarte Speisen begleiten. Saucen zu Fisch und Meeresfrüchten, Kalbfleisch und weißem Geflügel, zu Gemüse, die eine feine Säure vertragen, oder Sahnesaucen werden mit Weißwein aromatisiert. Wie intensiv die Weißweinaromen sein dürfen, hängt dabei ganz von den begleitenden Speisen ab: je zarter deren Aromen, desto neutraler sollte der Wein sein. Eine Sauce zu gedämpftem Fisch beispielsweise wird mit einem leichten Weißen, zu geräuchertem Fisch mit kräftig-aromatischem Weißwein hergestellt.

Rotwein

Rotweine werden aus Rebsorten mit dunkelschaligen Trauben produziert. Die Trauben werden gemaischt, wobei die Schalen der Trauben in der Maische verbleiben und so der rote Farbstoff aus ihnen gelöst werden kann. Bis vor wenigen Jahrhunderten wurden Rotweine fast ausschließlich süß ausgebaut. Dieser Trend hat sich komplett gewandelt, sodass man nun fast ausschließlich trockene Rotweine findet – von den Dessert- und Likörweinen (siehe S. 110) einmal abgesehen. Häufiger als Weißweine reifen rote oftmals im sogenannten Barrique, einem Eichenfass, das aus dem Holz 100- bis 150-jähriger Bäume hergestellt wird und dessen Dauben über Holzfeuer gebogen werden. Das rauchig-würzige Aroma wird teils an den Wein abgegeben, es entstehen Noten, die an Vanille und Zimt erinnern. Rotweinrebsorten lieben warme bis heiße Regionen. Die sonnige Hitze verleiht ihnen Noten von leicht-fruchtig bis hin zu kräftig-tanninschwer. Rotweine sind von Natur aus intensiver im Geschmack als Weißweine und passen daher gut zu Saucen zu dunklem Fleisch und Wildgerichten. Aber auch Kalb und Geflügel harmonieren mit Rotwein, und auch Dessertsaucen zu Süßspeisen oder Käse passen gut zu ihm.

Edelsüße Weine

Edelsüße Weine sind meist kleine Kostbarkeiten. Werden reife Weißweintrauben unter klimatisch guten Bedingungen von dem Botrytis-Pilz befallen – der an unreifen Trauben verheerende Schäden anrichtet –, so entsteht die sogenannte Edelfäule, aus der sich herausragende edelsüße Weine erzeugen lassen. Es sind fruchtige, sehr aromatische Weine mit einem teilweise relativ geringen Alkoholgehalt, aber einer üppigen, nicht aufdringlichen Süße. Zu den edelsüßen Weinen zählen unter anderem die deutsche Beeren- und Trockenbeerenauslesen sowie etwa die französischen Sauternes (deren Alkoholgehalt aber meist höher ist als der der Erstgenannten). Edelsüße Weine aus Rotweinrebsorten sind äußerst selten, da der Pilz die Traubenschale zerstört und mit ihr die Farbstoffe. In der Saucenküche werden edelsüße Weine fast ausschließlich zu Dessertsaucen verarbeitet.

Schaumweine

Der wichtigste – und lange Zeit der einzige Vertreter – der Schaumweine ist der Champagner, eine regionale Spezialität, die nur aus der französischen Champagne kommen darf. Schaumweine dürfen sich nur solche Weine nennen, die bei 20 °C einen Kohlensäuredruck von 3 bar aufweisen – und diese Kohlensäure sollte bei der zweiten Gärung, nämlich der in der Flasche, entstanden sein. Hersteller von Qualitätsschaumweinen, sei es nun Champagner, Crémant (wie die übrigen französischen Schaumweine genannt werden), deutscher Sekt, spanischer Cava oder italienischer Spumante, setzen immer auf Flaschengärung. Dazu werden fertige Weine verschnitten, in Flaschen gefüllt und mit einer Zucker-Hefe-Lösung versetzt, sodass in den verkorkten Flaschen eine weitere Gärung eintritt. Aber es gibt auch mindere Schaumweine, die in Tanks gären. Für Qualitätsschaumweine darf keine fremde Kohlensäure zugeführt werden; solche mit Kohlensäure imprägnierten Weine müssen gekennzeichnet werden.

Sowohl in der pikanten wie in der süßen Saucenküche werden Schaumweine verarbeitet, wobei heiße Saucen lediglich von dem Aroma, nicht aber dem Moussieren der Kohlensäure profitieren. Die Gasbläschen können lediglich in kalten Saucen erhalten bleiben.

Reiswein

In der asiatischen – und insbesondere der japanischen – Küche spielt der Reiswein eine wichtige Rolle. Hierzulande kennt man ihn unter dem Namen Sake als ein alkoholisches Getränk mit 15 oder mehr Vol.-% (in Japan kennt man seine unterschiedlichen Qualitäten unter verschiedenen Namen) oder als süßen Reiswein Mirin mit etwa 14 Vol.-%. Letzterer wird ausschließlich als Gewürz benutzt (etwa in der Teriyaki-Sauce), Sake aber wird kalt oder warm als Getränk genossen oder zum Verfeinern von Speisen genutzt. Das Verfahren seiner Herstellung hat weniger etwas mit dem Keltern eins Weines als mit dem Bierbrauen gemein. Sake kann klar sein oder von milchig-wässriger Farbe.

Dessertweine, Liköre & Bier

Wohldosiert verwendet ein großer Genuss

Wermut und Fenchel, Armagnac und Reh, Sherry und Petersfisch – es gibt eine Vielzahl von Speisen, deren feine Aromen durch einen Likör(-Wein), Branntwein oder Obstbrand deutlich gehoben werden. Gute Träger dafür sind entsprechende Saucen.

Likör- & Dessertweine

Als Likörweine werden Weine bezeichnet, die mit Alkohol – etwa neutralem Alkohol, Branntwein oder Tresterschnaps – aufgespritet wurden, denen also Alkohol zugeführt wurde. Dies stoppt den Gärungsprozess, der

bei diesen Weinen sonst unkontrolliert verlaufen könnte. Likörweine können viel Restsüße enthalten oder trocken ausgebaut werden. Immer aber müssen sie einen Alkoholgehalt von 15–22 Vol.-% besitzen. Zu den bekanntesten Vertretern zählen Sherry, Madeira und der französische Banyuls. Oft werden Likörweine mit Dessert- bzw. Süßweinen verwechselt. Bei ihnen wird die alkoholische Gärung auf natürliche Art gestoppt. Der sehr hohe Zuckeranteil im Most wird so lange in Alkohol umgewandelt, bis die Weinhefen durch den hohen Alkoholanteil absterben. Da die Hefen aber absterben, bevor der gesamte vorhandene Zucker in Alkohol umgewandelt werden konnte, verfügen Dessertweine über eine hohe Restsüße. Der Alkoholgehalt von Dessertweinen liegt zwischen 12,5 und 22 Vol.-%. Zu den bekanntesten Vertretern zählen Portwein und Marsala, aber natürlich auch Muskateller, Tokajer, edelsüße Eisweine, Beeren- und Trockenbeerenauslesen. Generell dienen Likör- und Dessertweine, die wie immer in der Saucenküche stets von hoher Qualität sein sollten, zum Aromatisieren pikanter wie süßer Saucen. Weil ihr Bukett meist jedoch sehr intensiv ist, sollten sie sparsam verwendet werden.

Saucen zu Wildbret, Rind- und Kalbfleisch bekommen einen einzigartigen Geschmack durch Madeira und Marsala, Sherry oder Portwein, aber auch Innereien, feine Meeresfrüchte, Kalb, Geflügel und zahlreiche Gemüse lassen sich hervorragend mit süßen und trockenen Likörweinen veredeln. Darüber hinaus sind diese Weine in der Dessertküche für fruchtige, sahnige und schaumige Saucen unverzichtbar. Man stelle sich nur eine Zabaione ohne den aromagebenden Marsala vor.

Wermut

Auch Wermut zählt zu den aufgespriteten Weinen. Neben dem Zufügen von Alkohol zum Stoppen der Gärung wird ihm aber auch eine Reihe von Kräutern, darunter natürlich das namengebende Wermutkraut, und Gewürzen beigemischt, die ihm eine angenehm herbe Note geben. Es gibt trockenen und süßen Wermut, Ersterer ist für die Saucenküche besser geeignet.

Wermut

Wermut in einer Buttersauce passt hervorragend zu Fenchelgemüse, aber auch – vor allem mit Fenchel zusammen – zu Fisch und Meeresfrüchten. Gemeinsam mit Thymian lässt sich außerdem eine herrliche Sauce zu Poularde oder Kalbfleisch kreieren. Auch mit Leber harmoniert Wermut.

Liköre

Mindestens 100 g Zucker müssen in einem Liter Likör gelöst sein, damit er als solcher gilt, Creme-Liköre müssen sogar mindestens 250 g Zucker pro Liter beinhalten. Dazu kommen die unterschiedlichsten Aromageber – beispielsweise Früchte, Kräuter oder Gewürze – und natürlich Alkohol, dessen Gehalt meist zwischen 15 und 40 Vol.-%, aber auch darüber oder darunter liegen kann. Darüber hinaus werden Likören zum Teil Eier oder Sahne beigemischt.

Wegen ihres hohen Zuckergehalts werden Liköre zumeist in der Dessertküche verwendet, das gilt auch für die sogenannten Bitterliköre wie Aperol oder Angostura, wobei Letzterer auch häufig Fleischsaucen würzt. Werden Liköre in herzhaften Gerichten verwendet, kommen sie meist in sehr geringen Mengen vor.

Bier

Bier als Kochzutat? Das ist für manch einen Hobbykoch doch sehr ungewohnt. Dabei können ein frisches Kölsch, Pils oder Altbier, ein Hefeweizen oder Schwarzbier sowohl pikanten Speisen als auch Desserts spannende Noten verleihen. Und das gilt auch für die

Saucen. Die Grundzutaten (und nach deutschem Reinheitsgebot einzigen Zutaten) eines jeden Bieres sind Wasser, Malz (meist aus Gerste) und Hopfen. Aus Wasser und Malz wird die Maische hergestellt, aus der unter anderem durch Erhitzen die sogenannte Würze entsteht. Diese wird dann mit dem Hopfen gekocht und verarbeitet, bis daraus die Anstellwürze entsteht, die wiederum mit Hefekulturen versetzt wird. Die Art der Hefe entscheidet darüber, ob ein untergäriges Bier wie Pils entsteht, das bei Temperaturen von 8 °C bis 14 °C gärt, oder ein obergäriges wie Alt und Kölsch, das Temperaturen zwischen 18 °C und 24 °C benötigt. Nach der alkoholischen Gärung muss das Bier noch einige Wochen reifen.

Durch den herb-bitteren Geschmack des Bieres sollte eine Sauce sehr vorsichtig mit Bier aromatisiert und alle weiteren Bitterstoffe vermieden werden. Aber zu einem kurzgebratenen Schweineschnitzel passt eine Kölsch-Schalotten-Reduktion recht gut, und eine Biersabayon ist eine wunderbare Nachspeise. Selbst Salatdressings gibt ein mild-süßes Hefeweizen ein ungewöhnliches Aroma.

Hochprozentiges

Nur auf den ersten Blick eine ungewöhliche Kochzutat

Branntweine und Fruchtgeiste

Generell werden in Deutschland alle durch Destillation hergestellten Spirituosen, die mehr als 15 Vol.-% Alkohol enthalten, als Branntweine bezeichnet. Dient dabei Wein als Grundlage, entstehen Weinbrände. Obstbrände werden aus Fruchtmaische hergestellt (und auch gerne als Wasser bezeichnet), Rum aus Zuckerrohr- und Whisky/Whiskey aus Getreidemaische. Von den Bränden werden die Geiste unterschieden, bei denen nicht sehr süße, zerkleinerte Früchte mit Neutralalkohol versetzt und dann gebrannt werden.

Weinbrände & Whisky

Der aus der Gascogne stammende Armagnac gilt wohl als der feinste Weinbrand überhaupt, aber auch der in der Stadt Cognac erzeugte Cognac, deutsche Weinbrände oder Brandys aus Spanien (das wohl die längste Weinbrandtradition in Europa hat) sind exzellente Geschmacksgeber. Mit Weinbrand abgelöschter Bratensatz von Fleisch ergibt beispielsweise die Basis für eine hocharomatische Sauce. Dasselbe gilt für gute schottische Whiskys und irische Whiskeys, die einer Fleischsauce ein ganz eigenes Aroma geben. Diese mal kräftig-torfigen, mal rauchigen, auch elegant-süßen oder fruchtigen Spirituosen geben insbesondere Saucen zu rotem Fleisch und Wild sehr delikate Geschmacksnoten.

Weinbrände und Whiskys dagegen aromatisieren Dessertsaucen mit einem leicht herben Touch, was gerade zu zuckriger Süße einen guten Kontrast bildet und mit dunkler Schokolade perfekt harmoniert.

Obstbrände & -geiste

Eine fruchtige Schärfe verleihen Obstbrände (auch Obstwasser oder einfach Obstler) sowie Obstgeiste jeder pikanten wie süßen Sauce. Als Grundlage der Brände dient meist Kern- oder Steinobst wie Äpfel, Birnen (vor allem Williams Christ Birnen), Mirabellen und Zwetschgen oder Kirschen. Die Früchte werden gemaischt, gären und werden anschließend destilliert. Der Mindestalkoholgehalt muss bei 37,5 Vol.-% liegen. Obstbrände können sortenrein oder aus verschiedenen Fruchtsorten destilliert werden.

Obstgeiste werden dagegen meist aus Beerenobst hergestellt, die weniger Zucker enthalten und sich daher nicht gut vergären lassen. Die Früchte werden mit Neutralalkohol angesetzt, die Aromen lösen sich darin, und anschließend wird gebrannt. Insbesondere Himbeeren, aber auch Schlehen, Holunder-, Vogelbeeren oder Hagebutten, werden verarbeitet.

Fruchtige Dessertsaucen werden gerne mit den fruchtigen Spirituosen versetzt, aber auch zu Schokolade passen diese Spirituosen gut, ebenso wie zu Fisch und weißem Fleisch.

Küchenpraxis

Küchenhelfer und Werkzeuge, Fonds und Reduktionen, Coulis und Jus, montieren und binden, legieren und entfetten – hier erfahren Sie alles Wichtige rund um die Saucenküche.

Fachbegriffe aus der Saucenküche

Von „Ablöschen" bis „Wiegen"

Ablöschen

S. auch Steps auf dieser Seite. Auch Deglacieren oder Deglasieren. Zu in der Pfanne oder im Bräter angebratenem Fleisch, Fisch oder Gemüse wird Flüssigkeit hinzugegossen – meist Fond, Wein oder Brühe. Bei der Saucenherstellung wird das Gargut oftmals vorher aus der Pfanne genommen und warm gehalten. Der aromatische Bratensatz, der viele Röststoffe enthält, wird durch Schaben und Rühren mit dem Kochlöffel vom Boden der Pfanne gelöst. Gerade für schnelle Saucen aus der Pfanne ist der diese Zubereitungsart unverzichtbar.

1. *Gargut und überschüssiges Bratfett aus der Pfanne entfernen und Fond hinzugießen.*

2. *Die Mischung aufkochen lassen und so den Bratensatz loskochen.*

3. *Mit dem Kochlöffel so lange schaben und rühren, bis sich der Bratensatz vollständig in der Flüssigkeit aufgelöst hat und ncht mehr am Pfannenboden haftet.*

Abrühren
Lebensmittel von unterschiedlicher Konsistenz werden durch Rühren, oftmals in Kombination mit Erhitzen, zu einer homogenen Masse verbunden. Bei der Saucenherstellung ist dies häufig das Abrühren mit Eigelb oder Butter.

Abschlagen
Andicken durch Erhitzen unter ständigem Rühren, bis die Sauce bindet, aber nicht kocht. Süße oder salzige Zabaione und auch Vanillesauce werden zum Beispiel abgeschlagen, damit die verwendeten Eier optimal binden können. Oftmals wird die Masse danach kalt geschlagen, d. h. sie wird ohne Hitze und manchmal sogar im Eiswasserbad so lange weitergerührt, bis sie vollständig erkaltet ist.

Abschrecken
Auch Refraichieren. Lebensmittel nach dem Garen kurz mit eiskaltem Wasser abspülen, bisweilen auch in Eiswasser tauchen. Dies geschieht, um ein Nachgaren zu verhindern und um den grünen Pflanzenfarbstoff Chlorophyll zu erhalten. So behält Gemüse wie Bohnen oder Brokkoli eine ansprechende, leuchtend grüne Färbung.

Abziehen
Mit diesem Begriff werden zwei verschiedene Küchentechniken beschrieben. Zum einen ist damit das Entfernen von Haut- oder Schalenteilen gemeint – bei Paprikas und Tomaten ebenso wie bei Fischen. Zum anderen versteht man darunter das Andicken von Saucen durch Mehl oder Stärke. Entweder werden Mehl oder Stärke in kaltem Wasser angerührt und zur Sauce gegossen oder diese wird durch Mehlbutter oder eine Mehlschwitze gebunden. Im Gegensatz zum Binden durch Ei muss alles mit Stärke Gebundene sprudelnd und ausreichend lange kochen. Nur so wird die gewünschte Konsistenz erreicht und der Mehlgeschmack neutralisiert.

Abziehen, zur Rose
Andicken einer Masse, bis sie sich auf einem Kochlöffelrücken beim Daraufpusten in Form von Rosenblättern wellt. Die Konsistenz ist dementsprechend sehr cremig.

Anschlagen

Gerade bei der Saucenherstellung ist ein Steifschlagen – meist von Sahne oder Eiweiß – oftmals nicht erwünscht. Stattdessen soll beides nur angeschlagen werden, d. h. es wird nur so viel Luft in die Masse hineingearbeitet, bis sie cremig und luftig ist, aber noch fließend.

Anschwitzen

Gargut – in der Saucenherstellung meist Zwiebeln und anderes Gemüse – wird in einer Pfanne oder einem Topf mit Öl oder Butter bei leichter Hitze etwas angegart. Dabei soll das Gargut leicht schwitzen – also etwas Wasser verlieren –, aber auf keinen Fall bräunen, denn Röstaroma ist dabei unerwünscht.

Anziehen

Auch Angehen lassen und Anlaufen. Von der Bedeutung sehr ähnlich wie Anschwitzen – allerdings zeitlich kürzer. Auch hier wird Gargut – meist Zwiebeln oder anderes Gemüse – in Öl oder Butter in einer Pfanne erwärmt. Während das Anschwitzen bei leichter bis mittlerer Hitze erfolgt und 10 Minuten oder länger dauern kann, liegt beim Anziehen die Temperatur häufig höher und ist dementsprechend kürzer – denn ein Bräunen des Garguts ist ebenfalls nicht erwünscht.

Aufschäumen

Zum einen ist damit das Erhitzen von Butter gemeint, bis Bläschen hochsteigen und Schaum entsteht, ohne dass die Butter bräunt. Zum anderen das Vermischen zweier Substanzen, um Schaum und damit Volumen zu erzeugen – zum Beispiel Luft, die in Sahne hineingearbeitet wird, oder aber geschlagene Sahne, die in eine Sauce gerührt wird, um diese luftiger zu machen.

Aufsetzen

Gargut in Flüssigkeit auf den Herd stellen. Man unterscheidet dabei zwischen kalt und warm aufsetzen. Wird das Gargut in kalte Flüssigkeit gelegt – zum Beispiel bei der Fondherstellung –, so laugt es aus und seine Aromen gehen in die Flüssigkeit über. Setzt man Gargut warm auf, so gibt man es in siedende Flüssigkeit, sodass die Geschmacksstoffe hauptsächlich im Gargut selbst verbleiben und dieses beim Verzehr aromatisch ist.

Aufwellen

Auch Aufwallen oder Aufstoßen. Kurzfristiges Aufkochen einer Flüssigkeit – gerade nur so stark, dass sie nicht sprudelnd kocht. Sobald Wellen entstehen, wird die Temperatur reduziert. Diese Technik wird häufig bei Saucen mit Milchprodukten angewandt, da deren Proteine bei zu starker Hitze ausflocken würden.

Aufziehen

Sahne und/oder Butter werden mit dem Schneebesen in Saucen gerührt, um diese in der Konsistenz noch feiner, üppiger und cremiger zu machen. Butter wird dabei in kalten Stücken zur Sauce gegeben und keinesfalls vorher erwärmt.

Ausbeinen

Auch Ausbrechen, Auslösen oder Desossieren. Fleisch, Geflügel oder Wild vom Knochen lösen. Bei rohem Fleisch oder Geflügel spricht man eher von „Ausbeinen", bei gegartem eher von „Ausbrechen". In der Saucenküche spielt diese Technik bei der Fondherstellung eine wichtige Rolle.

Auslassen

Auch Ausbraten. Lebensmittel mit dicker Fettschicht werden in einer Pfanne oder einem Topf erhitzt, sodass sich das Fett verflüssigt und austritt. Fast immer handelt es sich dabei um Speck, der für vielerlei Saucen ausgelassen wird.

Ausweinen lassen

Manche Gemüsesorten, wie zum Beispiel Auberginen, Rettich oder auch Gurken, enthalten Bitterstoffe, die ihnen häufig vor der Weiterverarbeitung entzogen werden. Das Gemüse wird in Scheiben geschnitten, eingesalzen und nach einiger Zeit abgespült und trocken getupft weiterverwendet.

Blanchieren

Auch Abbrühen, Abwällen, Überbrühen oder Überkochen. Der Begriff kommt von franz. „blanche" = weiß und leitet sich von der weißen Färbung ab, die das Fleisch überzieht, sobald man es in kochende Flüssigkeit gibt. Unabhängig vom jeweiligen Gargut meint Blanchieren aber einfach nur das kurze Kochen von Gargut, um es kurz zu garen, von unangenehmen Geschmacksstoffen zu befreien oder aber um Schalen, zum Beispiel bei Tomaten oder Mandeln, leichter entfernen zu können.

Blondieren

Gemeint ist damit das Anfärben oder leichte Anbräunen von Gargut, meist Zwiebeln oder Mehl. Der Geschmack der späteren Sauce erhält so leichte Röstaromen.

Braten

Man unterscheidet zwischen Kurzzeitbraten in der Pfanne und dem Langzeitbraten im Ofen – meist für größere Fleischstücke. Hitzequellen sind im ersten Fall heißes Fett, im zweiten Fall heiße Luft und heißes Fett bzw. Flüssigkeit. Das Gargut wird meist bei hohen Temperaturen an- und dann bei niedrigeren gar gebraten.

Chambrieren

Frz. „chambre“ = Zimmer. Lebensmittel, zum Beispiel eine kalte Sauce wie Pesto, auf Zimmertemperatur erwärmen, damit sich die Aromen besser entfalten können. Außerhalb der Saucenküche wird meist Käse chambriert.

Coulis

Ein flüssiges Püree, meist aus Früchten oder Gemüse. Es wird entweder als Basis für Saucen verwendet oder gibt fertigen Saucen zusätzlichen Geschmack oder Bindung.

Degorgieren

Frz. „degorgeé“ = ausschlämmen. Gemeint ist das Ausschlämmen von schädlichen Stoffen durch Wässern. Meist werden Innereien degorgiert, aber auch Muscheln, manche Fische und Karkassen werden vor der eigentlichen Verarbeitung in kaltem Wasser eingetaucht, um unerwünschte Stoffe zu entfernen.

Dekantieren

Viele Rotweine und ganz besonders rote Portweine entfalten erst durch den Kontakt mit Luft ihre vollen Aromen. Sie müssen „atmen“, was durch langsames Umfüllen in dünnem Strahl und der bauchigen Form der Dekanter ermöglicht wird. Doch auch Rückstände wie Weinstein werden durch das Dekantieren elegant vom Wein getrennt. Daher wird auch Weißwein bisweilen dekantiert.

Dünsten

Beim Dünsten wird Gargut in wenig Flüssigkeit und meist mit etwas Fett bei Temperaturen knapp über dem Siedepunkt gegart. Vitamine und empfindliche Aromen bleiben auf diese Weise besser erhalten. Gerade wasserreiche Lebensmittel wie Gemüse oder Fisch eignen sich zum Dünsten.

Einbrennen

Saucen durch eine Einbrenne, d. h. eine Mehlschwitze, sämig machen. Nur durch längeres Kochen verliert das Mehl seinen Beigeschmack. Viele klassische Saucen wie eine Béchamel- oder Mornaysauce werden auf diese Weise gebunden.

Entfetten

Auch Degraissieren oder Abfetten. Flüssiges Fett kann durch Abschöpfen, Abgießen oder Absaugen mit Küchenkrepp entfernt werden. Besonders leicht kann erstarrtes Fett auf Fonds oder kalten Saucen entfernt werden. Es wird einfach von der Oberfläche abgehoben. Übrigens: Auch das Entfernen der Fettschicht von Fleisch wird Entfetten oder Degraissieren genannt.

Filtern

S. auch Steps rechts. Auch Filtrieren. Zum einen wird darunter das Herauslösen von Farb- und Geschmacksstoffen durch heißes Wasser verstanden – am bekanntesten bei Filterkaffee. Zum anderen aber ist damit das Klären von Flüssigkeit gemeint. Diese wird durch einen Filter (z. B. ein Mulltuch) gegossen, um Schwebeteilchen und andere feste Bestandteile herauszufiltern.

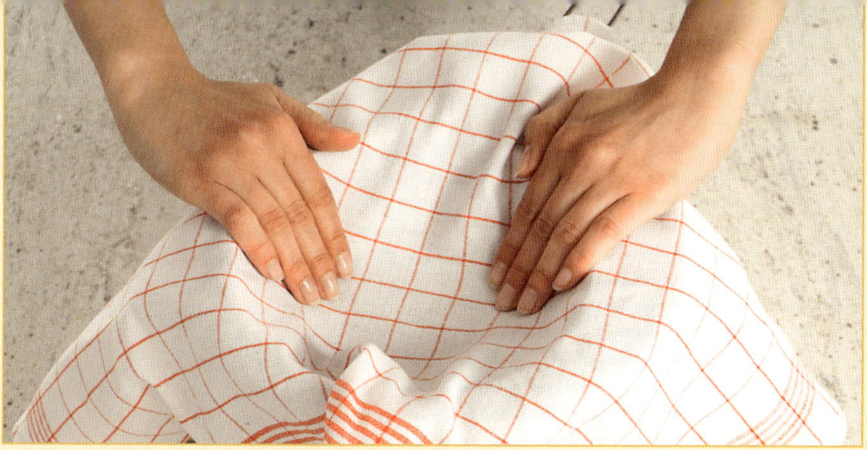

1. *Ein passendes Sieb auf einen Topf legen und mit einem Mulltuch auslegen.*

2. *Die zu filternde Flüssigkeit langsam in das Sieb gießen.*

3. *Auch kleinste Rückstände bleiben im Mulltuch haften, die gefilterte Flüssigkeit ist klar.*

Flambieren

Beim Anzünden von aromatischem Hochprozentigem wie Rum, Calvados oder Grand Marnier sollen Röst- und Karamellaromen entstehen und zudem der Geschmack der Sauce insgesamt verbessert werden.

Fumet

Auch Auszug oder Essenz. Frz. „fumet" bedeutet so viel wie Duft, Aroma oder auch Rauch. Man versteht darunter einen stark eingekochten und somit geschmacksintensiven Fond, meist auf Fischbasis.

Glace

Stark reduzierte Demiglace oder Jus. Im erhitzten Zustand sirupartig, erkaltet dann geliert und fest. Auf Süße meint der Begriff einen Zuckerüberzug für Gebäck oder auch Speiseeis.

Karamellisieren

Zucker wird durch Erhitzen nicht nur flüssig, sondern verändert auch stark sein Aroma. Je

dunkler seine Färbung, desto intensivere Karamellaromen entstehen. Bei süßen Saucen wird häufig tatsächlich Zucker oder Sirup karamellisiert. Bei herzhaften Saucen versteht man darunter auch häufig das Anbraten von relativ zuckerreichen Nahrungsmitteln, wie zum Beispiel Möhren, damit auch hier Karamellaromen entstehen.

Klären

S. auch Steps auf dieser Seite. Auch Klarifizieren oder Abklären. Gerade in der Suppen- und Saucenküche sehr beliebt. Beim Klären kann man zwischen vier Methoden wählen: 1. Filterpapier oder Passiertuch (z. B. bei Saucen und Fonds); 2. Eiklar (z. B. bei Fonds); 3. Abschäumen (z. B. bei Brühen, Fonds und Jus); 4. Klärfleisch mit Wurzelgemüse und Eiklar (bei Brühen und Fonds).

1. *Eiweiß wird in Brühe oder Fond gerührt, damit es unerwünschte Stoffe bindet.*

2. *Das geronnene Eiweiß dann mit einer Schaumkelle vorsichtig entfernen.*

3. *Anschließend ist der Fond klar und unerwünschte Stoffe entfernt.*

Kochen

Kochen ist zum einen natürlich der Oberbegriff für alle Arten der Speisezubereitung. Daneben beschreibt der Begriff den Garvorgang von Lebensmitteln in Flüssigkeit, die bei Temperaturen von 100 °C das Gargut sprudelnd von allen Seiten umgibt. Geeignet bei unempfindlichen Zutaten mit fester Konsistenz. Kalt werden diese angesetzt zur Herstellung einer gehaltvollen Kochflüssigkeit (also zum Beispiel für Fonds), heiß werden sie angesetzt zum Herstellen eines gehaltvollen Garguts.

Legieren

Auch Liieren. Frz. „lier“ = binden. Fast ausschließlich wird diese Bezeichnung im Zusammenhang mit Eigelb benutzt, teilweise auch bei der Zugabe von Sahne, seltener beim Binden mit Mehl, Mehlbutter oder Blut. Immer, wenn Eiweiß zum Binden benutzt wird, dürfen die Saucen nicht mehr kochen, da sonst das Eiweiß gerinnt und ausflockt.

Maskieren

Auch Nappieren. Frz. „masquer“ = überziehen und verkleiden, frz. „la nappe“ = Tischtuch. Vollständiges Überziehen oder Bedecken einer Speise mit einer deckenden Sauce oder Creme bzw. das Verkleiden einer Speise mit Mousse – sowohl bei süßen als auch bei salzigen Speisen. Ein klassisches Beispiel ist das Maskieren oder Nappieren von Blumenkohl mit Béchamelsauce.

Mehlieren

Einstäuben von Lebensmitteln mit Mehl bzw. das Wälzen in ihm. In der Saucenküche ist dies z. B. beim Herstellen von gebundenen Jus geläufig. Die Bezeichnung ist nicht zu verwechseln mit Melieren ohne „h“.

Melangieren

Von frz. „mélange“ = Mischung. Im Gegensatz zum Melieren ist hier ein vollständiges Vermischen gemeint, sodass aus mehreren Komponenten eine homogene Sauce entsteht. Die Komponenten selbst können unterschiedlichster Konsistenz sein, entweder fest-fest, fest-flüssig, flüssig-gasförmig oder flüssig-flüssig.

Melieren

Auch Unterheben oder Unterziehen. Behutsames Unterziehen von einzelnen Bestandteilen einer Sauce. Nicht zwingend ist dabei das vollständige Vermischen der verschiedenen Substanzen gemeint; bisweilen ist es gerade gewünscht, dass man die verschiedenen Ingredienzien noch klar unterscheiden kann, zum Beispiel wenn Schokoladensauce mit Fruchtcoulis meliert wird.

Mijotieren

Auch Sieden. Frz. „mijoter“ = „mit Liebe zubereiten“ oder „von langer Hand zubereiten“. Da beim Mijotieren die Temperaturen unterhalb des Siedepunkts bleiben, ist dieser Garvorgang sanfter als Kochen und auch als Dünsten und besonders für empfindliche Lebensmittel geeignet, die zum Beispiel schnell auseinanderfallen. In der Saucenküche wird bisweilen Gargut in der jeweiligen Sauce mijotiert.

Montieren

Auch Aufmixen. Eiskalte Butter wird in kleinen Stückchen mit dem Schneebesen oder mit dem Pürierstab in die ansonsten fertige Sauce geschlagen. Flüssigkeit und Fett emulgieren, so entsteht feiner Glanz, die Konsistenz wird sämiger und der Geschmack noch feiner.

Parfümieren

Da die Geruchsnerven maßgeblich zum Geschmackserlebnis beitragen, werden Saucen häufig am Ende parfümiert. Dies geschieht nicht nur durch Spirituosen wie Cointreau oder Amaretto, sondern auch durch edle Essigsorten, durch Aromen wie Vanille oder durch frische Kräuter.

Parieren

Frz. „parer" = herrichten. Das Zurechtschneiden und Formgeben bei Fleisch, Geflügel und Fisch in gargerechte Formen sowie das Entfernen von unerwünschten Häuten, Sehnen und Fettschichten. Die anfallenden Abschnitte werden als Parüren bezeichnet und können durch scharfes Anbraten zur Geschmacksverstärkung der Sauce des jeweiligen Gerichts dienen oder bei der Fondherstellung genutzt werden.

Passieren

S. auch Steps rechts. Frz. „passer" = vorbeigehen oder durchseihen. Auch Durchschlagen oder Durchstreichen. Um unerwünschte Fasern, Schalenreste o. Ä. vollständig zu entfernen, werden Saucen oder Fonds häufig passiert, d. h. durch ein Haarsieb, ein Passiertuch oder ein Spitzsieb gestrichen.

1. *Zum Entfernen der Samen lassen sich reife Himbeeren gut durch ein Sieb streichen.*

2. *Mit einem Löffel werden die Beeren zerdrückt. Weiche Bestandteile passen durch das Sieb, harte bleiben daran haften.*

3. *Zurück im Sieb bleiben die unerwünschten Reste und in der Schale ein Fruchtcoulis.*

Pürieren
Gerade in der modernen Saucenküche kommt häufig der Pürierstab zum Einsatz. Zum einen können Saucen durch pürierte Ingredienzien sämig gemacht werden, zum anderen entsteht häufig ein feiner Schaum, der die Sauce noch feiner macht.

Putzen
Putzen meint nicht waschen – immer wieder führt dies zu Irritationen. Gemüse und Obst werden vor der Zubereitung gewaschen, getrocknet und dann geputzt, d. h. Stiele, Kerngehäuse, Schalen, Druckstellen und insgesamt all das, was später nicht gegessen werden soll, wird entfernt. Geputzt wird nach dem Waschen, damit auch empfindliche Lebensmittel nicht auslaugen oder verwässern. Eine Ausnahme bilden Paprika und Chilischoten, die häufig erst geputzt und dann außen und innen gewaschen werden, um alle Samenkörner zu entfernen.

Reduzieren
Auch Eindicken oder Einkochen. Darunter versteht man das Verringern der Flüssigkeit in einer Sauce oder einem Fond, um den Geschmack zu intensivieren. Dies geschieht durch starke Hitze und eine möglichst große Oberfläche des Kochbehältnisses.

Rösten
Geröstet wird immer bei großer Hitze und in direktem Kontakt mit der Hitzequelle, d. h. nur mit wenig oder ganz ohne Fett oder Flüssigkeit. In der Saucenküche wird bei der Herstellung von dunklem Fond geröstet. Die Karkassen sollen dabei Röstaromen bilden, die dem Fond und später der Sauce intensiven Geschmack verleihen.

Sämig kochen
Damit Saucen „sämig", also cremig und zähflüssig, werden, müssen sie oft sehr lange bei offenem Topf köcheln.

Saucieren
Frz. „saucer" = übergießen. Gemeint ist das Hinzugießen der Sauce zur Speise unmittelbar vor dem Servieren. Wie die Sauce dabei gegossen wird (als Spiegel unterhalb oder aber über die Speise), wird mit dem Begriff nicht definiert.

Schlagen
Auch Aufschlagen. Beim Schlagen oder Aufschlagen wird Luft in Saucen oder Ingredienzen hineingearbeitet. Dies geschieht durch ein Handrührgerät, durch den Schneebesen und bisweilen auch durch den Siphon oder Pürierstab.

Schmälzen
Übergießen von Speisen mit Butter, die eventuell gebräunt ist, oder auch mit Schmalz. Bisweilen wird darunter das Übergießen von Teigwaren mit Butter und in ihr gebräunter Zwiebeln verstanden. Nicht zu verwechseln ist der Begriff mit „Schmelzen" – dem Zerlassen von Butter, Schmalz oder Schokolade.

Spiegel gießen
S. auch Steps rechts. Häufig werden auf diese Weise Dessertsaucen auf Tellern drapiert,

1. *Die schnellste und leichteste Art, Sauce auf einen Teller zu bringen: einen Spiegel gießen.*

2. *Hat man verschiedene Saucen, so lassen sich auf diese Weise schöne Muster zaubern. Die helle Sauce kommt in die Mitte.*

3. *Helle Sauce behutsam mit einem Spieß von der Mitte nach außen ziehen und so mit den Saucen eine schöne Deko herstellen.*

allerdings auch herzhafte Saucen. Gemeint ist das löffelweise Verteilen der Sauce in die Mitte der Teller, darauf kommt dann die jeweilige Speise. Bei mehreren Saucen wird häufig eine als Spiegel gegossen und die andere dekorativ hineingestrichen.

Velouté

Auch Samtsauce. Fachbegriff für eine weiße Grundsauce aus heller Mehlschwitze (Roux), die mit Fond aufgegossen wird. Danach wird sie durch Sahne, Butter oder Eigelb verfeinert. Es gibt unzählige Saucen, die eine Velouté als Grundlage haben. Wichtig ist, dass sie nach der Zugabe des Fonds lange genug köchelt. Auf diese Weise wird der Mehlgeschmack neutralisiert.

Wiegen

Zum einen das Abwiegen von Zutaten, zum anderen das feine Schneiden von Kräutern mithilfe eines Wiegemessers. Heutzutage haben Küchenmaschine und Pürierstab das Wiegemesser ziemlich verdrängt – Feinschmecker schwören jedoch darauf, dass man den Unterschied schmecken kann.

Die Werkzeuge der Saucenküche

Unentbehrliche Küchenhelfer

Wer mit Leidenschaft und Freude kocht, der wird schnell feststellen, dass man auch mit einer einfachen Küchenausstattung tolle Gerichte und also auch hervorragende Saucen kreieren kann. Es gibt aber doch einige Gerätschaften, die einem die Arbeit beim Kochen im Allgemeinen und in der Saucenküche im Besonderen erleichtern und gerade bei schwierig zu bereitenden Speisen nützliche Helfer sind. Ein gutes Beispiel dafür sind die speziellen Kessel und Töpfe für ein Wasserbad: Geübte Köche können natürlich mit einer einfachen Schüssel und einem Topf oder auch zwei Töpfen ein Wasserbad bereiten und darin beispielsweise eine traumhafte Sabayon bereiten, aber ein großer, gerundeter Kessel mit Stellring und einem passenden Topf für das Wasserbad macht das Aufschlagen der Sabayon weniger mühsam, die Sabayon gelingt leichter – insbesondere einem ungeübten Koch.

Töpfe, Pfannen & Kessel

Bräter

Runde, ovale oder rechteckige Gefäße mit zwei Henkeln und gegebenenfalls Deckel, meist aus Gusseisen, aber auch in Edelstahl, Kupfer, emailliertem Eisen oder beschichtetem Aluminium erhältlich. Sie sind hervorragend für Schmorgerichte oder Braten geeignet. In der Saucenküche werden darin die Karkassen zu Fonds verarbeitet. Sie können auf dem Herd und im Backofen verwendet werden.

Kasserolle

Leitet sich von französisch „casserole“ für Topf ab und ist der Saucentopf schlechthin. Bezeichnet einen flachen Topf mit großer Bodenfläche, einem steil aufragenden Rand und einem Stiel oder zwei Henkeln. Die Kasserolle eignet sich nicht nur zum Braten und Schmoren, sie ist auch der perfekte Saucentopf, denn in dem flachen Gefäß reduziert die Flüssigkeit recht schnell. Auch zum Herstellen des Roux ideal.

Pfannen

Flache Kochgeräte mit langem Stiel aus unterschiedlichen Metallen und in verschiedenen Größen, die hauptsächlich zum Braten verwendet werden. In der Saucenküche wird anschließend der Bratensatz darin mit Fond, Rotwein etc. gelöst. Die Flüssigkeit reduziert dank der geringen Höhe der Pfanne schneller, und die Sauce kann direkt in ihr gebunden (z. B. mit Butter montiert) werden.

Schlagkessel

Die halbrunde Schüssel aus Edelstahl oder Kupfer wird zum Aufschlagen von Saucen und Cremes – auch im Wasserbad – verwendet. Gerade die Bereitung von Hollandaisen oder Sabayons erleichtert er erheblich, da durch die Rundung gleichmäßiges Rühren und Schaumigschlagen einfacher sind. Für guten Griff und Stand sorgen zwei Griffe und ein metallener Standring, den man unter den Kessel stellt.

Töpfe

Kochgefäße zum Garen von Speisen aus unterschiedlichen Materialien und in unterschiedlichen Größen, überwiegend mit Deckel. Meist bestehen Töpfe aus Metall, können aber auch aus feuerfestem Glas (wie die Jenaer Glastöpfe) oder Ton (Römertopf) hergestellt werden. Besondere Topfarten sind beispielsweise die Sauteuse, ein französischer mit nach außen gezogenen hohen Außenwänden (meist aus Kupfer), der Simmertopf, der doppelwandig für das schonende Erwärmen empfindlicher Speisen – gerade auch Saucen – geeignet ist, oder die Kokotte, ein gusseiserner Topf mit Deckel, den man zum Schmoren, aber auch als Bräter nutzen kann.

Messer

Neben den üblichen Küchenmessern zum Schälen, Hacken und Schneiden von Gemüse, Fleisch oder Kräutern sind für die Herstellung der Karkassen, die für die Bereitung der Saucengrundlagen gebraucht werden, einige Spezialmesser recht nützlich.

Filetiermesser

Unverwechselbar ist das Filetiermesser. Es besitzt eine lange, dünne, zumeist spitz zulaufende Klinge, die flexibel ist. Wer seine Fischkarkassen selbst bereiten möchte, für den ist das Filetiermesser beinahe unverzichtbar, denn mit der flexiblen Klinge kann man hervorragend an den Gräten entlangfahren und die Fischfilets auslösen. Übrig bleiben Gräten, Schwanzflosse und Kopf, aus dem für die Karkassen nur noch die Kiemen entfernt werden müssen.

Ausbeinmesser

Mit dem Ausbeinmesser sollen das Auslösen, Ausbeinen und Trennen der Knochen aus Fleisch, Geflügel und Schinken und auch das Portionieren erleichtert werden. Dabei wird die Spitze des Messers an den Konturen der Knochen entlanggeführt, um das Fleisch gleichmäßig herauszulösen. Die einschneidige Klinge des Messers ist schmal, unten leicht s-förmig gebogen und läuft in einer Spitze aus. Sie ist etwa 15 cm lang und ist beidseitig geschliffen.

1. Hackbeil

2. Filetiermesser

3. Ausbeinmesser

Hackbeil

In erster Linie aus Fleischereien bekannt, ist es auch in Haushaltsküchen praktisch. Dort ist es kleiner und leichter als in der Fleischerei, besitzt aber ebenso eine rechteckige Klinge mit scharfem Schliff und stumpfem Rücken. In der Saucenküche dient das Hackbeil vor allem dem Zerhacken von Fleisch- und Geflügelknochen, die als Karkassen verwendet werden. Mit seinem Blatt kann man es aber auch zum Fleischklopfen nutzen oder zum Zerkleinern von Gemüse und Kräutern.

Schöpfkelle, Schaumlöffel & Schneebesen

Sie gehören – wie einfache Kochtöpfe – im Grunde zur unverzichtbaren Grundausstattung einer jeden Küche: Schöpfkelle, Schaumlöffel und Schneebesen. Ihre Formen- und Größenvielfalt ist enorm, und es lohnt sich meist, zumindest zwei Varianten zu besitzen.

Schöpfkelle

Die tief gerundete Kelle dient dabei in erster Linie dem Umschöpfen von Flüssigkeiten von einem Gefäß in ein anderes. Es ist nützlich, verschiedene Größen zu besitzen, aber nicht unbedingt notwendig. Für das Umschöpfen von Fonds und Suppen benutzt man meist große Kellen, die ca. 200 ml Flüssigkeit fassen. Solch eine Kelle sollte in jeder Küche vorhanden sein. Für Saucen oder beispielsweise zum Entfetten sind kleinere Kellen vorteilhafter.

Schaumlöffel

Auch den Schaumlöffel gibt es in verschiedenen Varianten, als flache Kelle mit eingestanzten Löchern etwa oder als großes, leicht gerundetes Drahtgeflecht. In der Regel braucht man hier nur die handelsübliche erste Variante. Der Löffel dient einerseits dazu, feste Zutaten aus einer Flüssigkeit zu heben, wodurch diese gleichzeitig abtropfen können. Andererseits lässt sich mit seiner Hilfe beim Kochen entstehender Schaum abheben.

Schneebesen

Ebenfalls variantenreiches Küchengerät, das aus mehreren Drahtschlingen besteht und für die Saucenküche wirklich unverzichtbar ist. Der Schneebesen dient dazu, Flüssigkeiten zu emulgieren, zu homogenisieren oder aufzuschäumen. Man sollte mindestens zwei verschiedene Größen besitzen, denn während es beispielsweise beinahe unmöglich ist, eine Sabayon mit einem kleinen Schneebesen aufzuschlagen, dürfte es kniffelig werden, mit einem zu großen eine Roux in der Kasserolle anzurühren.

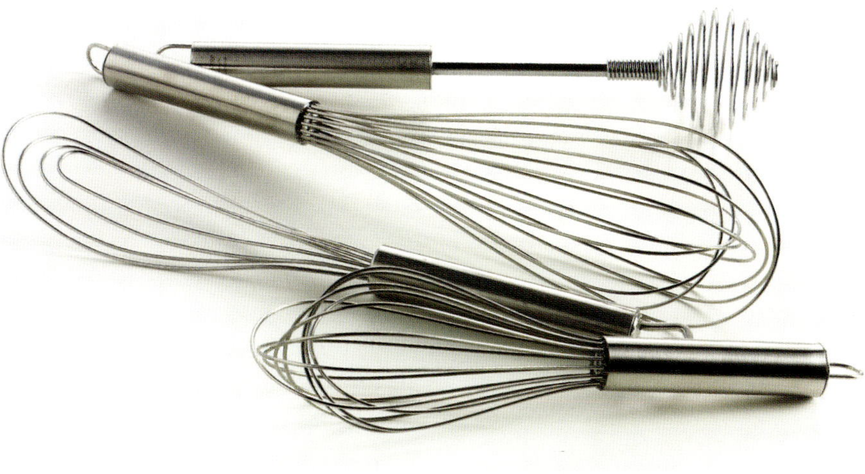

Siebe, Pressen, Stampfer & Mixer

Siebe

Das Abseihen und Passieren sind immer wieder wichtige Arbeitsschritte bei der Herstellung von Fonds und Saucen. Eines der elementaren Werkzeuge sind dabei Siebe, die in jeder Küche in mindestens zwei Varianten vorhanden sein sollten: Ein grobes Sieb dient beispielsweise dem Abseihen des Fonds und dem Trennen von Flüssigkeit und groben Bestandteilen, ein sehr feines Sieb dem Passieren von Fonds, Jus etc. oder auch von fertigen Saucen.

Stabmixer, Stampfer & Passetout

Das Pürieren von Gemüse, Obst oder Kräutern kann mit einem elektrischen Stabmixer (der auch dem Mixen und Schaumigschlagen

dient) oder einem mechanischen Stampfer erledigt werden. Hilfreich ist aber auch eine Passiermaschine, auch Passetout oder im Deutschen Flotte Lotte genannt. Das nützliche Gerät beschleunigt die Herstellung von Gemüse- und Fruchtpürees, Marmelade oder Fruchtsaft und passiert auch fertige Saucen.

Entenpresse

Wer häufig Geflügelfonds herstellt, für den könnte auch die Anschaffung einer Entenbzw. Geflügelpresse lohnen. Die Spindelpresse, die in Frankreich in vielen Küchen zu finden ist, presst die zu Fonds gekochten Geflügelkarkassen noch einmal gründlich aus, sodass nichts des in den Knochenresten enthaltenen wertvollen Safts verloren geht. Man kann sie zudem zum Auspressen von Fisch- und Krustentierkarkassen benutzen.

Weiteres nützliches Gerät

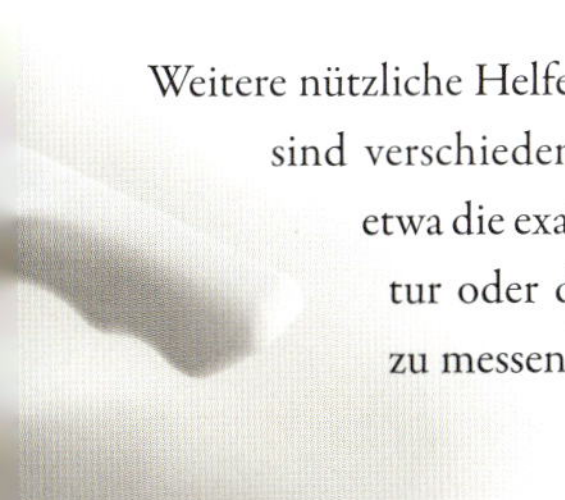

Weitere nützliche Helfer beim Saucenkochen sind verschiedene Thermometer, um etwa die exakte Backofentemperatur oder die eines Wasserbades zu messen. Auch eine möglichst genau messende Küchenwaage und für die Molekularküche sogar Briefwaage (denn bei den Texturen geht es um Grammgenauigkeit) sind äußerst hilfreich.

Fondherstellung

Für selbst gemachte Fonds spricht viel

Fonds – entfettete und konzentrierte Brühen – sind die geschmacklichen Grundlagen sehr vieler Saucen. Auf den folgenden Seiten finden Sie Rezepte zur Zubereitung der wichtigsten hellen und dunklen Fonds. Fonds lassen sich wunderbar portioniert einfrieren und sind auf diese Weise sehr lange haltbar. Je nach Belieben können Gemüsezutaten und Gewürze variiert werden – hier sind den persönlichen Vorlieben keine Grenzen gesetzt. Salz wird bei allen Fonds sparsam bis gar nicht verwendet. Da die spätere Sauce gesalzen und gewürzt wird, sollen die Fonds zwar Geschmack liefern, jedoch kein zusätzliches Salz.

Gemüse-fonds

Für vegetarische Saucen. Beim Gemüse kann nach Belieben, Geschmack und Saison variiert werden. Neben den in den Rezepten aufgeführten Gemüsesorten eignen sich auch Brokkoli oder Champignons zum Auskochen, aber auch Petersilienwurzeln, Pastinaken und vieles mehr.

Gemüsefond klassisch

(ergibt ca. 2 l)

3 große Zwiebeln
3 Knoblauchzehen
400 g Möhren
400 g Knollensellerie
2 Stangen Lauch
2 Stangen Staudensellerie
4 El Butterschmalz
250 ml Weißwein
1 Tl Meersalz
5 Lorbeerblätter
10 Pimentkörner
10 Wacholderbeeren
10 Pfefferkörner

1. Zwiebeln und Knoblauch schälen und in Ringe bzw. Scheiben schneiden. Die Möhren und die Sellerieknolle putzen, schälen und würfeln. Lauch und Staudensellerie waschen, putzen und in Ringe bzw. Scheiben schneiden.

2. Das Butterschmalz in einem ausreichend großen Topf erhitzen, das Gemüse andünsten, dann mit Weißwein ablöschen.

3. Salz, Gewürze und 4 Liter Wasser zugießen. Alles aufkochen und bei milder Hitze ca. 40 Minuten köcheln lassen, dabei immer wieder den Schaum abschöpfen.

4. Durch ein Tuch in einen zweiten Topf abseihen, erneut aufkochen und alles auf ca. 2 Liter einkochen lassen. Fond erkalten lassen, in den Kühlschrank stellen und dann das obenauf schwimmende Fett abnehmen.

Gemüsefond asiatisch

(ergibt ca. 2 l)

60 g getrocknete Mu-Err-Pilze (oder andere getrocknete asiatische Pilze)
600 g Zwiebeln
600 g Möhren
600 g Knollensellerie
2 Stangen Lauch
4 Stangen Staudensellerie
600 g weißer Rettich
1 kg Tomaten
6 cm Galgant (ersatzweise Ingwer)
10 Knoblauchzehen
4 Stängel Zitronengras
100 ml helle Sojasauce
20 Pfefferkörner

1. Die Pilze mit heißem Wasser bedecken und 15 Minuten einweichen lassen. Durch ein Sieb gießen, das Pilzwasser dabei auffangen. Die Pilze in Streifen schneiden.

2. Zwiebeln schälen und in Ringe schneiden. Möhren und Knollensellerie putzen, schälen und würfeln. Den Backofen auf 200 °C vorheizen.

3. Lauch und Staudensellerie waschen, putzen und in Ringe bzw. Scheiben schneiden. Rettich und Tomaten waschen, putzen, ggf. schälen und würfeln.

4. Galgant schälen und in Scheiben schneiden, Knoblauchzehen in der Schale andrücken. Zitronengras waschen und den unteren Teil besenartig einschneiden.

5. Das gesamte Gemüse, aber nicht die Gewürze, auf ein Backblech geben und auf der mittleren Schiene im Ofen ca. 25 Minuten bräunen. Es soll Farbe annehmen, aber nicht verbrennen.

6. Das Gemüse in einen ausreichend großen Topf umfüllen, das Pilzwasser und 4 Liter Wasser mit der Sojasauce angießen. Alle Gewürze dazugeben und aufkochen. Bei milder Hitze ca. 1 Stunde köcheln lassen, währenddessen immer wieder den Schaum abschöpfen. Durch ein Tuch in einen zweiten Topf passieren und alles auf ca. 2 Liter einkochen lassen.

Pilzfond

(ergibt ca. 1,5 l)

1,2 kg Pilze
2 mittelgroße Zwiebeln
2 Knoblauchzehen
1 Stange Lauch
200 g Möhren
300 g Knollensellerie
1 El Butterschmalz
4 Zweige Majoran
4 Tl Meersalz

Zubereitung s. Steps rechts.

Am aromatischsten wird der Fond durch Waldpilze. Hierfür können auch gut härtere und für Pilzgerichte ansonsten eher ungeeignete Teile verwendet werden, zum Beispiel Stiele. Auch gibt es Pilzsorten, die für ein Pilzgericht sonst nicht so geeignet sind, aber dennoch einen aromatischen Fond ergeben, zum Beispiel Hallimasch oder Riesenträuschling.

1. *Die Pilze abbürsten, putzen, feucht abreiben und in Stücke schneiden.*

2. *Zwiebeln und Knoblauch schälen und hacken. Lauch, Möhren und Sellerie waschen, putzen und ggf. schälen. Dann in Ringe bzw. Stücke schneiden.*

3. *Das Butterschmalz in einem ausreichend großen Topf zerlassen. Zwiebeln, Knoblauch, Pilze und Suppengemüse darin unter Rühren ca. 10 Minuten anschwitzen.*

4. *Alles mit 2 l Wasser auffüllen. Aufkochen lassen und ca. 45 Minuten leicht weiterkochen. 10 Minuten vor Ende der Garzeit den Majoran waschen und in den Fond einlegen.*

5. *Alles durch ein Tuch in einen zweiten Topf passieren, das Salz unterrühren und den Fond etwas einkochen lassen, sodass ca. 1,5 l Fond übrig bleiben.*

6. *Den Fond erkalten lassen und portioniert einfrieren.*

Fisch- & Krustentierfonds

Meist mit Weißwein und/oder Wermut – Fisch- und Krustentierfonds sind immer hell und äußerst aromatisch

Fischfond ist für vielerlei Saucen zu Fisch unentbehrlich und gibt ihnen eine Extraportion Aroma. Eingefroren und portioniert sollte man immer etwas im Tiefkühlfach haben. Am besten lässt man den abgekühlten Fischfond in Eiswürfelbehältern gefrieren und füllt dann die gefrorenen Würfel in einen Tiefkühlbeutel. So kann man für jeden Verwendungszweck die nötige Menge ganz einfach entnehmen. Die schnellste Art, Karkassen für den Fond zu bekommen, ist, beim Fischhändler Ihres Vertrauens danach zu fragen. Wichtig ist allerdings, dass sie absolut frisch sind und beim Fischhändler nicht bereits ungekühlt herumlagen. Aber natürlich kann man Fisch auch selbst filetieren und die dabei anfallenden Karkassen zu Fond verarbeiten. Bei Rundfischen und Plattfischen gibt es unterschiedliche Techniken, die berücksichtigt werden sollten. Fischfond sollte niemals zu lange kochen, sonst wird er schleimig. Die Karkassen sollten maximal 30 Minuten lang ausgekocht werden.

Fischfond

(ergibt ca. 1,7 l)

ca. 1 kg Karkassen
(am besten von Weißfischen)
1 Fenchelknolle
3 Schalotten
1 Stange Lauch
3 El Butter
200 ml trockener Weißwein
1/2 Tl Fenchelkörner
1 Lorbeerblatt
5 Pfefferkörner
Schale von 1/2 unbehandelten Zitrone

Zubereitung s. Steps rechts.

Vor ihrer Verwendung sollten die Karkassen entweder in kaltem Wasser ca. 30 Minuten gewässert oder aber gründlich unter fließendem kalten Wasser abgespült werden.

Variationen: Statt der Zitronenschale können auch Scheiben einer unbehandelten Zitrone verwendet werden. Auch Sellerieknolle und Champignons eignen sich zum Mitkochen. Nach Belieben kann auch Thymian als Gewürz verwendet werden, zudem kann der Fond durch einen Schuss weißen Wermut (Noilly Prat) geschmacklich abgerundet werden.

1. *Die Karkassen in Stücke schneiden oder hacken.*

2. *Wenn die Köpfe mitgekocht werden: Kiemen vorher herausschneiden.*

3. *Die Fenchelknolle waschen, putzen und würfeln. Die Schalotten schälen und hacken. Die Lauchstangen waschen, putzen und in Ringe schneiden.*

4. *Die Butter in einem ausreichend großen Topf zerlassen und die Karkassen darin ca. 5 Minuten andünsten. Das Gemüse dazugeben und unter Rühren ca. 4 Minuten mitdünsten. Es soll keine Farbe annehmen.*

5. *Mit dem Weißwein und 2 l kaltem Wasser auffüllen, die Gewürze dazugeben und alles aufkochen lassen. Den Fond 25 Minuten offen kochen lassen, dabei immer wieder den entstandenen Schaum abnehmen.*

6. *Den Fond durch ein Tuch passieren, erkalten lassen und das Fett abnehmen. Danach portionieren und einfrieren.*

Räucherfischfond

(ergibt ca. 1 l)

ca. 400 g Räucherfischkarkassen (z. B. von geräucherten Forellen)
400 g Schalotten
2 Tomaten
2 Stangen Lauch
2 Stangen Staudensellerie
2 Möhren
100 g Champignons
3 El Butter
8 Stängel glatte Petersilie
1/2 Bund Kerbel
2 Lorbeerblätter
5 Pfefferkörner
400 ml trockener Weißwein
150 ml weißer Wermut

1. Die Karkassen abspülen, von sichtbarem Fett befreien und in Stücke schneiden. Die Schalotten schälen und hacken. Übriges Gemüse waschen, putzen, ggf. schälen und würfeln.

2. Die Butter in einem ausreichend großen Topf zerlassen und das Gemüse darin ca. 5 Minuten andünsten, ohne dass es Farbe nimmt. Die frischen Kräuter waschen und abtropfen lassen.

3. Die Karkassen zum Gemüse geben, Kräuter und Gewürze dazugeben und alles mit Weißwein und Wermut ablöschen. Mit ca. 600 ml Wasser auffüllen und offen aufkochen lassen.

4. Die Hitze reduzieren und den Fond 30 Minuten (nicht länger!) mehr sieden als kochen lassen. Durch ein Tuch passieren und erkalten lassen.

Krustentierfond

(ergibt ca. 1,5 l)

700 g Karkassen (von gekochtem Kaisergranat, von gekochten Flusskrebsen oder am besten von gekochtem Hummer)
3 Schalotten
2 Knoblauchzehen
1 Möhre
1 Fenchelknolle
1 Stange Lauch
2 Tomaten
3 El Butter
50 ml weißer Wermut
200 ml trockener Weißwein
1 Zweig Thymian
6 Pfefferkörner
1/2 Tl Fenchelsamen
1 Lorbeerblatt
3 Wacholderbeeren
1 Tl Meersalz

1. Die Karkassen unter fließendem kalten Wasser abspülen und trocken tupfen, dann klein hacken. Schalotten und Knoblauchzehen schälen und hacken.

2. Das Gemüse waschen, putzen, ggf. schälen und alles würfeln. Die Butter in einem ausreichend großen Topf erhitzen und die Karkassenstücke unter Rühren ca. 5 Minuten andünsten. Dann das Gemüse zugeben und bei mittlerer Hitze ca. 3 Minuten mitdünsten. Alles mit Weißwein und Wermut ablöschen, die Gewürze und Kräuter dazugeben.

3. Mit ca. 2 l kaltem Wasser aufgießen und aufkochen lassen. Ca. 45 Minuten leise köcheln lassen, dabei immer wieder Schaum abschöpfen. Den Fond durch ein Tuch passieren und erkalten lassen.

Geflügelfonds

Geflügelfonds passen nicht nur zu Geflügelsaucen. Auch Saucen für Rind und Gemüse profitieren häufig von ihrem Geschmack

Geflügelfond kann entweder aus Karkassen oder aus ganzen Tieren – üblicherweise aus einem Suppenhuhn – hergestellt werden. Ein Fond aus Karkassen wiederum kann hell oder dunkel zubereitet werden.

Beim hellen Fond werden die Zutaten nur in Wasser ausgelaugt, bisweilen vorher angeschwitzt. Das Wasser muss immer kalt sein. Beim dunklen Fond werden die Karkassen im Ofen angeröstet, sodass zusätzliche Geschmacksnuancen in Form von Röstaromen entstehen. Erst dann werden die Zutaten ebenfalls in kaltem Wasser aufgesetzt und ausgekocht. Dunkle Fonds sind insgesamt kräftiger und deftiger im Geschmack.

Heller Geflügelfond aus Suppenhuhn

(ergibt ca. 2 l)

1 Suppenhuhn mit Innereien (Herz, Leber, Magen)
1 Zwiebel
1 Stange Lauch
3 Möhren
1 Petersilienwurzel
1 Lorbeerblatt
3 Wacholderbeeren
5 Pfefferkörner
Salz

Zubereitung s. Steps auf der rechten Seite.

Variationen: Statt des Suppenhuhns können Sie auch 2 Tauben verwenden. Beim Suppengemüse können Sie ebenfalls variieren und beispielsweise Pastinaken oder Sellerieknolle verwenden.

Heller Geflügelfond mit Karkassen

(ergibt ca. 2 l)

2 kg Karkassen von Huhn, Truthahn, Gans oder Ente (nach Belieben mit ca. 200 g Innereien)
1 Zwiebel, 1 Knoblauchzehe,
1 Stange Lauch
200 g Knollensellerie
1 Möhre
4 El Öl
1 Lorbeerblatt, 1 Gewürznelke
1 Tl Meersalz

1. Die Karkassen waschen, trocken tupfen und zerteilen. Innereien waschen und trocken tupfen. Die Zwiebel und die Knoblauchzehe schälen und in Scheiben schneiden, Lauch waschen, putzen und in Ringe schneiden. Knollensellerie und Möhre schälen, putzen und würfeln.

2. Das Öl in einem ausreichend großen Topf erhitzen. Die Karkassen darin ca. 5 Minuten anbraten. Sie sollen jedoch nicht bräunen. Das Gemüse hinzugeben und weitere 5 Minuten mitdünsten.

3. Die Gewürze hinzugeben und alles mit ca. 4 Liter kaltem Wasser auffüllen. Aufkochen lassen und ca. 2 Stunden leicht offen köcheln lassen. Dabei den Schaum immer wieder abschöpfen.

4. Den Fond durch ein Tuch passieren und erkalten lassen. Fettaugen abschöpfen.

1. *Das Suppenhuhn längs halbieren oder vom Metzger halbieren lassen. Innen und außen mit fließendem kalten Wasser abspülen. Sichtbares Fett und den Bürzel entfernen. Die Innereien ebenfalls gründlich abspülen.*

2. *In einen ausreichend großen Topf geben und mit kaltem Wasser bedecken (ca. 4 l). Bei geschlossenem Topf aufkochen lassen und ca. 1 Stunde sanft köcheln lassen. Dabei immer wieder den entstandenen Schaum abschöpfen.*

3. *Die Zwiebel schälen und in Scheiben schneiden. Lauch waschen, putzen und in Ringe schneiden. Möhren und Petersilienwurzel waschen, putzen, schälen und würfeln.*

4. *Das Gemüse mit den Gewürzen und dem Salz in den Topf geben und alles 1 weitere Stunde bei geöffnetem Topf köcheln lassen.*

5. *Das Huhn herausnehmen, erkalten lassen und das Fleisch anderweitig verwenden, z. B. für Hühnerfrikassee. Den Fond durch ein Tuch passieren und erkalten lassen.*

6. *Das Fett an der Oberfläche vorsichtig mit einem Löffel abnehmen, den Fond portionieren und einfrieren.*

Dunkler Geflügelfond

(ergibt ca. 1 l)

2 kg Karkassen von Huhn, Truthahn, Gans oder Ente
1–3 Flügel (je nach Größe)
30 ml Öl
1 Zwiebel
1 Lorbeerblatt
2 Gewürznelken
1 Stange Lauch
1 Stange Staudensellerie
3 Möhren
200 g Knollensellerie
50 g Champignons
1 Knoblauchzehe
2 El Sonnenblumenöl
2 El Tomatenmark
300 ml trockener Weißwein
10 Pfefferkörner
3 Zweige Thymian
2 Zweige Rosmarin

Zubereitung s. Steps rechts.

1. *Den Backofen auf 200 °C vorheizen. Die Karkassen unter fließendem kalten Wasser abspülen, trocken tupfen und zerteilen. Mit den Flügeln ebenso verfahren.*

2. *In einen ausreichend großen Bräter geben, mit Öl beträufeln und ca. 30 Minuten in den Ofen schieben, bis alles kräftig angeröstet ist, aber nicht verbrannt.*

3. *Die Zwiebel nicht schälen, nur halbieren und 1 Hälfte mit dem Lorbeerblatt spicken, die andere mit den Gewürznelken.*

4. *Das Gemüse waschen, trocknen, putzen, ggf. schälen und würfeln oder in Scheiben schneiden. Den Knoblauch in der Schale andrücken.*

5. *Das Öl in einem ausreichend großen Topf erhitzen und das Gemüse mit dem Knoblauch darin kräftig anbraten, bis alles leicht gebräunt ist. Dann das Tomatenmark dazurühren und kurz mitrösten lassen. Mit dem Weißwein ablöschen und ca. 15 Minuten einkochen lassen.*

6. *Bräter aus dem Ofen nehmen, überschüssiges Fett abgießen, den restlichen Inhalt zum Gemüse geben. Den Bratensatz mit etwas kaltem Wasser loskochen. Dann in den Topf zu den Karkassen gießen und alles mit kaltem Wasser bedecken.*

7. *Die gespickte Zwiebel und den Pfeffer hinzugeben, alles aufkochen und ca. 2 Stunden sanft köcheln lassen. Dabei immer wieder den Schaum abschöpfen.*

8. *1 Stunde vor Ende der Garzeit die Kräuter einlegen. Während des Siedens immer wieder den Schaum entfernen. Fond auf ca. 1 l einkochen lassen.*

9. *Dann durch ein Tuch passieren, den Fond erkalten lassen und das Fett abschöpfen. Fond portionieren und einfrieren.*

Kalbs- & Rinderfonds

Unkompliziert aber zeitintensiv. Doch der Aufwand wird belohnt durch viel Geschmack.

Helle Kalbs- und Rinderfonds

Auch bei Kalbs- und Rinderfonds gilt: Alle Zutaten kommen in kaltes Wasser. Nur so geben sie ihren Geschmack optimal ab, und der Fond gerät umso aromatischer. Kommen Fleisch oder Fleischknochen in heißes Wasser, so gerinnen Eiweißverbindungen, sodass der Fleischsaft mitsamt seiner Aromen im Fleisch bleibt und nicht austritt. Das Fleisch bleibt auf diese Weise saftig und eignet sich dann zwar zum Verzehr, aber es laugt nicht aus, der Fond gerät weniger aromatisch.

Wer besonders klaren Fond mag, sollte die Knochen vorher blanchieren (s. Variation). Danach werden die Knochen aber wieder in kaltem Wasser aufgesetzt, sodass sie langsam ausgelaugt werden.

Wie auch Geflügelfond kann Rinder- oder Kalbsfond hell oder dunkel hergestellt werden. Immer aber wird mit Gewürzen und auch Salz äußerst sparsam umgegangen. Das hat den einfachen Grund, dass der Fond danach für alle möglichen Saucen geeignet ist und nicht durch einen dominanten Eigengeschmack in seiner Verwendungsmöglichkeit eingeschränkt wird.

Heller Rinderfond

(ergibt ca. 3 l)

2 kg Rinderknochen (z. B. aus der Haxe)
1 kg Suppenfleisch vom Rind (z. B. aus der Querrippe) oder 2 kg Rippenknochen
250 g Möhren
250 g Knollensellerie
1 Bund Lauchzwiebeln
1 Stange Lauch
1 Zwiebel
1/2 Bund Petersilie
10 Pimentkörner
20 Pfefferkörner
2 Lorbeerblätter
1 Tl Meersalz

Echter Lorbeer

1. Die Knochen in Stücke hacken oder bereits beim Metzger klein hacken lassen. Fleisch und Knochen unter fließendem kalten Wasser abspülen.

2. Möhren und Knollensellerie putzen, schälen und würfeln. Lauchzwiebeln und Lauch waschen, putzen und in Stücke schneiden. Die Zwiebel halbieren, die Petersilie waschen.

3. Knochen und grob zerteiltes Fleisch in einen ausreichend großen Topf geben und mit 6 l kaltem Wasser begießen. Gewürze und Salz dazugeben und alles aufkochen. 2 Stunden köcheln lassen, dabei immer wieder den Schaum abschöpfen, jedoch nicht umrühren und kein kaltes Wasser dazugießen.

4. Das Gemüse und die Petersilie dazugeben. Weitere 1,5 Stunden köcheln lassen, dann alles durch ein Tuch passieren. Erkalten lassen, das Fett obenauf abnehmen und Fond portionieren.

Variation: Vor der Verwendung können die Knochen bei hellem Fond auch blanchiert werden. Der Nachteil: Dabei geht etwas Geschmack verloren. Der Vorteil: Der Fond wird später klarer. Beim Blanchieren werden die Knochen gehackt und wie gehabt mit kaltem Wasser abgespült. Danach wird in einem Topf Wasser aufgekocht. Die Knochen werden für ca. 3 Minuten in das kochende Wasser gelegt. Danach das Wasser abgießen, die Knochen nochmals mit kaltem Wasser abspülen und dann abtropfen lassen. Wie gewohnt in kaltem Wasser erneut aufsetzen.

Heller Kalbsfond

(ergibt ca. 3 l)
1 kg Kalbsfüße
2 kg Kalbsknochen mit Fleisch
(z. B. Rippenknochen)
1 Tl Meersalz
2 Zwiebeln
3 Stangen Staudensellerie
1 Stange Lauch
250 g Knollensellerie
1 Bund Petersilie
2 Lorbeerblätter
5 Pfefferkörner

Variation beim Kalbsfond: Statt der Rippenknochen eignet sich auch klein gehackter Kalbsschwanz in Kombination mit eher fleischlosen Knochen.

1. *Die Kalbsfüße und Knochen in etwa gleich große Stücke hacken oder vom Metzger bereits so hacken lassen. Unter fließendem kalten Wasser abspülen.*

2. *Einen ausreichend großen Topf mit Wasser aufsetzen. Aufkochen und die Knochen und Kalbsfüße darin 3 Minuten blanchieren.*

3. *Abgießen, mit kaltem Wasser nochmals abspülen und abtropfen lassen. Dann in den gereinigten Topf zurückgeben und alles mit 6 l kaltem Wasser übergießen. Das Salz dazugeben und alles ca. 2 Stunden leicht köcheln lassen. Dabei immer wieder den Schaum entfernen, aber nicht umrühren und kein kaltes Wasser dazugießen.*

4. *Das Gemüse schälen bzw. waschen, putzen und in Stücke schneiden. Die Petersilie waschen und trocken schütteln.*

5. *Gemüse mit den Gewürzen und Kräutern zu den Knochen geben und alles ca. 1 weitere Stunde mitköcheln lassen. Dann durch ein Tuch passieren und erkalten lassen.*

6. *Das obenauf schwimmende Fett abnehmen und den Fond portionsweise einfrieren.*

Dunkle Rinder- und Kalbsfonds

Bis der Fond fertig ist, dauert es zwar ein wenig – aber die meiste Zeit davon kocht der Fond alleine vor sich hin. Aufwendig ist anders. Und geschmacklich lohnt es sich allemal, ein paar Gläser oder Tiefkühlbeutel Fond herzustellen. Gebrauchen kann man ihn bei der Herstellung von Jus und Saucen nämlich fast immer.

Dunkler Rinderfond

(ergibt ca. 3 l)

2 kg Rinderknochen (am besten Rippenknochen)
70 ml Öl
1,5 kg Suppenfleisch vom Rind (z. B. Kamm oder Beinfleisch)
2 kleine Zwiebeln
250 g Knollensellerie
1 Stange Lauch
2 Möhren
1 Knoblauchzehe
2 Zweige Rosmarin
2 Lorbeerblätter
10 Pfefferkörner
2 Gewürznelken
1 El Meersalz

Zubereitung s. Steps rechts.

1. *Den Ofen auf 200 °C vorheizen. Die Rinderknochen klein hacken oder vom Metzger bereits klein hacken lassen. Dann unter fließendem kalten Wasser abspülen und trocken tupfen.*

2. *Die Knochen in eine große Kasserolle geben und mit 50 ml Öl beträufeln. In den Ofen schieben und ca. 45 Minuten rösten, bis sie dunkel gefärbt sind. Die Knochen immer mal wieder mit einem Pfannenwender wenden und dabei den Bratensatz abschaben. Das Kochfleisch waschen und grob in Stücke teilen.*

3. *Die Zwiebeln mit Schale halbieren und mit den Schnittflächen nach unten in einem Bräter rösten, bis sie braun sind. Das Gemüse und den Knoblauch putzen, schälen oder waschen und würfeln. Frische Kräuter waschen.*

4. *Das Gemüse im restlichen Öl in einem ausreichend großen Bräter kräftig anbraten.*

5. *Das überschüssige Fett aus dem Bräter abgießen, die gebräunten Knochen aus dem Ofen nehmen und zu dem Gemüse geben. Die gebräunten Zwiebeln ebenfalls in den Topf geben.*

6. *Den Bratensatz im Bräter mit Wasser loskochen und zu den Knochen gießen.*

7. *Das Kochfleisch dazugeben und alles mit kaltem Wasser (ca. 5 l) bedecken. Aufkochen und 2 Stunden köcheln lassen. Dabei immer wieder den Schaum abschöpfen.*

8. *Die Kräuter und Gewürze mit Salz dazugeben, weitere 1,5 Stunden leicht sieden lassen.*

9. *Den Fond durch ein Tuch passieren, erkalten lassen und das Fett abschöpfen. Fond portionieren und einfrieren.*

Dunkler Kalbsfond

(ergibt ca. 3 l)
2 kg Kalbsknochen (z. B. Rippenknochen oder Kalbsschwanz)
500 g Kalbsfüße
70 ml Sonnenblumenöl
2 Zwiebeln
2 Möhren
2 Stangen Staudensellerie
200 g Knollensellerie
2 El Tomatenmark
1 El Meersalz
2 Zweige Thymian
2 Zweige Rosmarin
1 Lorbeerblatt
2 Gewürznelken
10 Pfefferkörner

1. Den Backofen auf 200 °C vorheizen. Die Knochen und Kalbsfüße in Stücke hacken oder vom Metzger hacken lassen. Alles unter fließendem kalten Wasser abspülen und trocken tupfen.

2. Knochen und Füße in einem Bräter verteilen und mit 50 ml Sonnenblumenöl beträufeln. Für ca. 45 Minuten im Ofen rösten, bis die Knochen Farbe angenommen haben. Immer mal wieder mit dem Pfannenwender den Bratensatz lösen.

3. Die Zwiebeln halbieren und mit den Schnittflächen nach unten in einem Topf ohne Fett bräunen. Dann beiseitelegen. Das restliche Gemüse waschen, putzen, ggf. schälen und in Stücke schneiden.

4. Das Gemüse im restlichen Öl in einem ausreichend großen Topf ca. 10 Minuten anbraten. Das Tomatenmark dazugeben und kurz mit anbraten.

5. Das überschüssige Öl aus dem Bräter abgießen, dann die Knochen zum Gemüse geben. Den Bratensatz loskochen und zu den Knochen gießen. Die gebräunten Zwiebeln dazugeben und alles mit kaltem Wasser bedecken (ca. 5 l). Aufkochen und das Salz hinzugeben. Weitere 2,5 Stunden köcheln lassen, dabei immer wieder den Schaum abschöpfen.

6. Die Kräuter waschen und zusammen mit den Gewürzen dazugeben. Weitere 1,5 Stunden sanft sieden lassen. Den Fond durch ein Tuch passieren und abkühlen lassen. Portionieren und einfrieren.

Variation mit Rotwein: Hier scheiden sich die Geister. Während manche auf einen möglichst neutralen Fond schwören, geht für andere nichts über einen Rotweinfond. Erlaubt ist, was gefällt, probieren Sie daher auch folgende Variante aus: den Bratensatz mit 500 ml Rotwein loskochen, um die Hälfte einkochen lassen und dann zu den Knochen geben.

Wild- & Lammfonds

Geschmacksintensiv und die Grundlage edler Lamm- und Wildgerichte

Wildfond

(ergibt ca. 2 l)

3 kg Wildknochen (am besten mit etwas Fleisch, z. B. Rippenknochen)
80 ml Sonnenblumenöl
2 Zwiebeln
2 Möhren
2 Stangen Staudensellerie
1 Stange Lauch
200 g Knollensellerie
80 g Tomatenmark
1 l trockener Rotwein
1 Tl Meersalz
5 Zweige Thymian
2 Zweige Rosmarin
2 Knoblauchzehen
2 Lorbeerblätter
je 10 Pfefferkörner, Pimentkörner und Wacholderbeeren

1. Den Backofen auf 200 °C vorheizen. Die Knochen in Stücke hacken oder vom Metzger hacken lassen. Alles unter fließendem kalten Wasser abspülen und trocken tupfen.

2. Knochen in einem Bräter verteilen und mit 60 ml Sonnenblumenöl beträufeln. Für ca. 45 Minuten im Ofen rösten, bis die Knochen Farbe angenommen haben. Immer mal wieder mit dem Pfannenwender den Bratensatz lösen.

3. Die Zwiebeln halbieren und mit den Schnittflächen nach unten in einem Topf ohne Fett bräunen. Dann beiseitelegen. Das restliche Gemüse waschen, putzen, ggf. schälen und in Stücke schneiden.

4. Das Gemüse im restlichen Öl in einem ausreichend großen Topf ca. 10 Minuten anbraten. Dann das Tomatenmark dazugeben, kurz mit anbraten. Das überschüssige Fett aus dem Bräter abgießen, dann die Knochen zum Gemüse geben. Mit der Hälfte des Rotweins den Bratensatz loskochen und diesen vollständig einkochen lassen. Dann den Vorgang mit dem restlichen Rotwein wiederholen. In den Topf geben.

5. Danach alles mit kaltem Wasser bedecken (ca. 4 l). Aufkochen und das Salz hinzugeben. Weitere 2,5 Stunden köcheln lassen, dabei immer wieder den Schaum abschöpfen.

6. Die Kräuter waschen, den Knoblauch in der Schale andrücken und zusammen mit den Gewürzen dazugeben. Weitere 1,5 Stunden sanft sieden lassen. Den Fond durch ein Tuch passieren und abkühlen lassen. Das Fett obenauf abschöpfen.

Variation mit Portwein: Zusätzlich zum Rotwein können noch 100 ml roter Portwein in den Bräter gegossen werden. Auch dieser sollte vollständig eingekocht werden.

Rippenbogen vom Hirsch

Der Rippenbogen vom Hirsch eignet sich nicht nur für Gulasch, Ragout und Rollbraten, sondern er liefert auch einen würzigen Fond. Wie auch bei Geflügel, Kalb und Rind, kann der Fond hell oder dunkel zubereitet werden. Während beim hellen Fond die Zutaten lediglich im Wasser ausgelaugt werden, werden die Karkassen für dunkle Fonds vorher im Ofen angeröstet, sodass zusätzlich Röstaromen freigesetzt werden. Erst anschließend werden die Zutaten in Wasser ausgekocht. Dunkle Fonds sind insgesamt kräftiger im Geschmack.

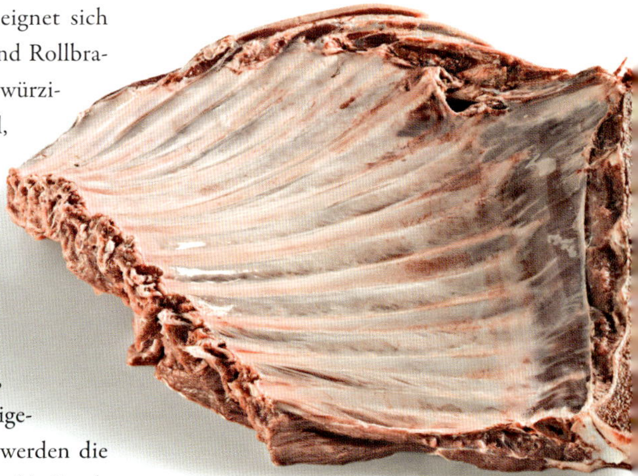

Rippenbogen vom Wildschwein

Der grobfaserige, fettreiche Rippenbogen vom Wildschwein ist hervorragend für die Basis von Fonds geeignet. Wichtig ist, dass alle Zutaten in kaltem Wasser aufgesetzt werden, denn nur so laugen sie optimal aus und der Fond wird aromatischer. Kommt der Fleischknochen in heißes Wasser, so gerinnen die Eiweißverbindungen und der Fleischsaft verbleibt im Fleisch und tritt nicht aus. Wer den Fond besonders klar möchte, sollte die Knochen vorher blanchieren. Danach werden die Knochen aber dennoch in kaltem Wasser aufgesetzt.

Lammfond

(ergibt ca. 3 l)

2,5 kg Lammknochen
500 g Suppenfleisch vom Lamm
70 ml Sonnenblumenöl
2 Zwiebeln
6 Knoblauchzehen
200 g Knollensellerie
3 Möhren
1 Stange Lauch
3 Stangen Staudensellerie
300 g Tomaten
2 El Tomatenmark
1 l trockener Rotwein
3 Zweige Rosmarin
5 Zweige Thymian
2 Lorbeerblätter
15 Pfefferkörner

1. Den Backofen auf 200 °C vorheizen. Die Knochen in Stücke hacken oder vom Metzger hacken lassen. Fleisch und Knochen unter fließendem kalten Wasser abspülen und trocken tupfen. Fleisch ebenfalls grob zerteilen. Knochen in einem Bräter verteilen und mit 60 ml Sonnenblumenöl beträufeln. Für ca. 45 Minuten im Ofen rösten, bis die Knochen Farbe angenommen haben. Immer mal wieder mit dem Pfannenwender den Bratensatz lösen.

2. Die Zwiebeln halbieren und mit der Schale mit den Schnittflächen nach unten in einem Topf ohne Fett bräunen. Dann beiseitelegen. Die Knoblauchzehen in der Schale andrücken. Das restliche Gemüse waschen, putzen, ggf. schälen und in Stücke schneiden. Den Knoblauch und das Gemüse bis auf die Tomaten im restlichen Öl in einem ausreichend großen Topf ca. 10 Minuten anbraten. Dann das Tomatenmark dazugeben, kurz mit anbraten.

3. Das überschüssige Fett aus dem Bräter abgießen, dann die Knochen zum Gemüse geben. Den Bratensatz mit der Hälfte des Rotweins begießen und diesen vollständig einkochen lassen. Dann den Vorgang mit dem restlichen Rotwein wiederholen. In den Topf gießen.

4. Danach alles mit kaltem Wasser bedecken (ca. 4 l). Das Fleisch dazugeben. Aufkochen und 2,5 Stunden sanft köcheln lassen, dabei immer wieder den Schaum abschöpfen.

5. Die Kräuter waschen und zusammen mit den Gewürzen dazugeben. Weitere 1,5 Stunden sanft sieden lassen. Den Fond durch ein Tuch passieren und abkühlen lassen. Das Fett obenauf abschöpfen. Fond portionieren und einfrieren.

Variation mit Kalbsknochen: Oftmals wird ein Lammfond auch teilweise mit Kalbsknochen zubereitet. Bei dem oben angegebenen Rezept könnten zum Beispiel statt der 2,5 kg Lammknochen auch 1 kg Kalbsknochen und 1,5 kg Lammknochen gemischt werden.

Jus, Demiglace & Glace

Geschmacksintensive Basis für unvergessliche Saucen: praktische Saucenhelfer

Bei der genauen Bedeutung der Begriffe herrscht im besten Fall Uneinigkeit, häufig eher ein heilloses Durcheinander. An dieser Stelle soll daher geklärt werden, wie in diesem Buch mit den Begrifflichkeiten umgegangen wird.

Eine Jus (frz. Saft) hat tatsächlich zwei Bedeutungen. Zum einen kann sie der Fleischsaft sein, der beim Braten austritt. Dieser Fleischsaft ist sehr aromatisch – allerdings nicht sonderlich ergiebig. Aus diesem Grund bereiten Köche eine Jus auch noch anders zu: Sie erstellen einen dunklen Fond, der allerdings nicht mit Wasser, sondern mit dunklem Fond aufgegossen wird. Auf diese Weise wird der Geschmack deutlich verstärkt.

Unter einer Demiglace ist hier ein stark reduzierter Fond oder auch eine stark reduzierte Jus gemeint. Beim Erkalten ist die Demiglace halb erstarrt (frz. „demi" = halb; frz. „glace" = erstarrt). Eine Glace ist noch stärker eingekocht und damit noch intensiver im Geschmack. Im erkalteten Zustand ist sie völlig geliert und nicht mehr flüssig.

Eine intensive Sauce, zum Beispiel eine Bratensauce, erhält durch einen eingerührten Löffel passender Demiglace oder Glace eine Extraportion Aroma. Jus eignet sich hervorragend dafür, um einen Bratensatz abzulöschen und daraus eine Sauce herzustellen.

Die bekannteste Jus ist sicher die Kalbsjus. Analog zu dem vorgestellten Rezept lassen sich auch alle anderen Jus zubereiten – dem persönlichen Geschmack sind keine Grenzen gesetzt. Die Mengenverhältnisse sollten sich in etwa an dem folgenden Rezept orientieren.

Kalbsjus

(ergibt ca. 2 l)

2 kg Kalbsknochen mit Fleisch
(z. B. Rippenknochen)
80 ml Sonnenblumenöl
2 Zwiebeln, 2 Möhren
300 g Knollensellerie
1 Stange Lauch
4 Tl Puderzucker
2 El Tomatenmark
500 ml trockener Rotwein
3 l dunkler Kalbsfond
2 Lorbeerblätter, 5 Pfefferkörner
5 Zweige Thymian
1/2 Bund glatte Petersilie

Zubereitung s. Steps auf der nächsten Seite.

Variation mit Weißwein: Statt des Rotweins kann auch Weißwein verwendet werden, der Zucker zum Karamellisieren kann auch entfallen. Weiter kann das verwendete Gemüse variieren.

Demiglace

(ergibt ca. 750 ml)

Für die Demiglace wird wie beim dunklen Kalbsfond verfahren. Dieser wird nach dem Passieren auf 750 ml eingekocht. Während des Einkochens immer wieder das Fett obenauf abschöpfen und so lange weiterkochen, bis die Flüssigkeit leicht dicklich geworden ist. Im erkalteten Zustand geliert sie noch weiter, sodass sie halb erstarrt und sehr aromatisch ist.

Glace

(ergibt ca. 250 ml)

Für die Glace wird die Demiglace weiter eingekocht, bis sie eine sirupartige Konsistenz hat. Während des Einkochens sollte sie immer wieder entfettet werden. Im erkalteten Zustand ist sie dann völlig geliert, von dunkelbrauner Färbung und äußerst geschmacksintensiv.

Variationen bei Demiglace und Glace: Oftmals werden kurz vor Ende der Kochzeit nochmals Kräuter eingelegt, die dann eine frische Extraportion Aroma abgeben. Sie müssen natürlich am Ende vor dem Erkalten herausgenommen werden.

Jus, Glace und Demiglace lassen sich wunderbar portionieren und sind tiefgekühlt für viele Monate haltbar. Je intensiver im Geschmack, desto kleinere Portionen sollten eingefroren werden. Bei Demiglace und Glace sind Eiswürfelportionen ideal. Beides kann in Eiswürfelbehältern erst tiefgekühlt werden und dann in Tiefkühlbeutel umgefüllt werden. Je nach Rezept und Portionsmenge können dann einer oder mehrere Eiswürfel entnommen und zum Kochen eingesetzt werden.

1. *Den Backofen auf 200 °C vorheizen. Die Knochen in Stücke hacken oder vom Metzger hacken lassen. Unter kaltem Wasser abspülen und trockentupfen. Die Knochen in einen Bräter legen und mit ca. 50 ml Öl beträufeln. Für ca. 40 Minuten in den Ofen schieben, bis die Knochen schön gebräunt sind.*

2. *Das Gemüse bis auf die Zwiebel waschen, putzen, ggf. schälen und würfeln oder in Scheiben schneiden. Die Zwiebel halbieren und mit der Schnittfläche nach unten in einer Pfanne ohne Fett anrösten. Dann beiseitelegen.*

3. *Das restliche Öl in einem Topf erhitzen und das Gemüse bis auf die Zwiebel darin anbraten, bis es an einigen Stellen gebräunt ist. Alles mit dem Puderzucker bestäuben und leicht karamellisieren lassen.*

4. *Das überschüssige Fett aus dem Bräter abgießen und die Knochen mit der Zwiebel zum Gemüse geben. Das Tomatenmark einrühren, kurz mitbraten und dann mit Rotwein ablöschen.*

5. *Den Bratensatz im Bräter mit kaltem Wasser bedecken, loskochen und mit zu den Knochen geben. Den Kalbsfond dazugießen und alles ca. 4 Stunden köcheln lassen. Dabei immer wieder den Schaum entfernen und das Fett obenauf abschöpfen.*

6. *1,5 Stunden vor Ende der Kochzeit die Gewürze und Kräuter bis auf die Petersilie dazugeben. Die Petersilie erst 10 Minuten vor Ende der Kochzeit unterrühren. Die Jus durch ein Tuch passieren, nach Belieben noch etwas weiter einkochen lassen, dann erkalten lassen und das Fett abnehmen.*

Reduktionen

Die Kunst des Verdichtens verzeiht keine Mittelmäßigkeit

Was erst einmal nach viel Chemie klingt, ist im Grunde ein sehr einfacher Vorgang: Flüssiges wird durch Einkochen im offenen Topf oder in der offenen Pfanne im Volumen verringert. Da es in der Hauptsache Wasser ist, das durch das Einkochen der Flüssigkeit verdampft, wird der Geschmack derselben immer intensiver.

Ob die Flüssigkeit nur um 1/4 oder fast vollständig eingekocht wird, sodass nur noch wenige Esslöffel im Topf übrig bleiben, ist dem jeweiligen Geschmack, der jeweiligen Reduktion und auch dem jeweiligen Verwendungszweck geschuldet.

Für die Saucenzubereitung spielen Reduktionen eine zentrale Rolle. Sie eignen sich sowohl zum geschmacklichen Abrunden als auch zum Einfärben von Grundsaucen und geben vielen schnellen Saucen zu Kurzgebratenem aus der Pfanne den letzten Schliff. Sie sind aber auch dazu geeignet, eigentlich schon vollendete Saucen geschmacklich abzurunden und zu einem Geschmackserlebnis der besonderen Art zu machen. Auch lassen sie sich mit Fond auffüllen und mit Butter aufmontieren.

Je nach Einkochgrad dauert eine Reduktion ihre Zeit – dabei gilt natürlich, dass eine möglichst große Oberfläche die Einkochzeit verkürzt, da so viel mehr Wasser in kürzerer Zeit verdampfen kann. Reduktionen lassen sich allerdings sehr gut vorbereiten und auch einfrieren, sodass sie zum eigentlichen Gebrauch schnell griffbereit sind.

Geschmacklich haben Reduktionen ein breites Spektrum. Schließlich lässt sich alles, was flüssig ist, reduzieren. Im Süßbereich sind es in der Regel Säfte, die reduziert werden und so sahnigen Dessertsaucen verführerische Farbe und Aroma verleihen, ohne diese zu verwässern. Im herzhaften Bereich sind Weinreduktionen aus Rot- und Weißwein sehr beliebt, aber auch Portwein-, Aceto-balsamico-, Pilz- oder Schalottenreduktionen finden häufig Verwendung.

Weißweinreduktionen eignen sich vorzüglich für viele Geflügelsaucen und natürlich auch für Saucen zu Fisch- und Meeresfrüchten. Rotweinreduktionen passen zu vielerlei Fleisch- und Wildgerichten, Portweinreduktionen passen ebenfalls zu Wild, aber auch zu vielen süßen Saucen, vorzugsweise auf Fruchtbasis.

Pilzreduktionen passen zu Gemüsesaucen und auch zu Geflügel- und Schweinefleisch, Schalottenreduktionen eignen sich besonders für Schweine- und Kalbfleisch sowie zu Geflügel, auch Wildgeflügel.

Die vorgestellten Reduktionen können je nach Verwendungszweck auch schwächer oder stärker eingekocht werden als angegeben, auch kann bei den verwendeten Gewürzen experimentiert werden. Während hier also viele Freiheiten herrschen, gilt bei Reduktionen ein Grundprinzip: Die verwendeten Zutaten sollten von bester Qualität sein, denn ein mittelmäßiger Geschmack wird nicht besser, wenn man ihn verdichtet.

Rotweinreduktion

(ergibt wenige Esslöffel)
3 Schalotten
1 Zweig Rosmarin
3 Zweige Thymian
1 El Butter
400 ml Rotwein (z. B. Côtes du Rhône oder Zweigelt)
1 Lorbeerblatt
5 schwarze Pfefferkörner

Zubereitung s. Steps rechts.

Variation: Der Rotwein kann auch zur Hälfte durch Fleischfond oder Saft, zum Beispiel Orangensaft, ersetzt werden.

1. *Die Schalotten schälen und fein hacken. Die Kräuter waschen und trocken schütteln. Die Butter in einer Pfanne zerlassen und die Schalotten darin andünsten.*

2. *Mit der Hälfte des Rotweins ablöschen und die Gewürze und Kräuter hinzugeben. Einkochen lassen, dann mit dem restlichen Rotwein aufgießen und auf ca. 150 ml einkochen lassen.*

3. *Durch ein Haarsieb passieren und bis auf wenige Esslöffel einkochen lassen.*

Schalottenreduktion

100 g Schalotten
1 El Butter
200 ml Weißwein
1 Lorbeerblatt
5 Pfefferkörner

Die Schalotten schälen und hacken. In der Butter andünsten, mit Weißwein ablöschen, Lorbeerblatt und Pfeffer dazugeben. Alles um die Hälfte einkochen, dann passieren und auf 2–3 El einkochen.

Variation: Der Weißwein kann zur Hälfte oder vollständig durch hellen Fond ersetzt werden. Achtung bei intensiven Gewürzen: Schalotten haben ein feines Aroma, das schnell überlagert wird und verloren geht.

Pilzreduktion

200 g Waldpilze
2 Schalotten
3 Zweige Thymian
1 El Butter
300 ml Gemüsefond

Die Pilze putzen und klein schneiden. Die Schalotten schälen und hacken. Thymian waschen und trocken schütteln. Schalotten und Pilze in der Butter andünsten, mit Gemüsefond ablöschen und Thymian einlegen. Auf ca. 100 ml einkochen lassen, passieren und auf die gewünschte Konsistenz reduzieren.

Variation: Auch andere Pilzsorten können verwendet werden, zum Beispiel Shiitake-Pilze oder Kräuterseitlinge. Statt Gemüsefond kann auch Weißwein oder heller Fleischfond verwendet werden.

Orangensaftreduktion

40 g Zucker
300 ml frisch gepresster Orangensaft

Den Zucker in einer Pfanne karamellisieren lassen und mit Orangensaft ablöschen. Alles bis auf wenige dickflüssige und dunkelbraune Esslöffel einkochen.

Variation für herzhafte Gerichte: Der Zucker entfällt, stattdessen wird der Orangensaft zur Hälfte durch passenden Fond oder Weißwein ersetzt und alles durch geeignete Gewürze wie Rosmarin und Thymian abgerundet.

Coulis

Entweder Sauce selbst oder deren geschmackliche Ergänzung

Coulis sind mehr oder weniger flüssige Pürees aus Gemüse, Kräutern oder Obst, die schon seit längerer Zeit in der Küche très chic sind. Wie praktisch, dass sie vielseitig einsetzbar, geschmacklich äußerst vielseitig und dabei in der Herstellung denkbar einfach sind.

In der weniger flüssigen Form eignen sie sich nicht nur als Geschmackslieferant, sondern auch zum Binden. In der flüssigeren Form sind sie oft die Saucen selbst oder werden denselben zugegeben.

In welcher Form auch immer liefern Coulis viel Geschmack – wenn denn die Zutaten auch wirklich gut sind. Aus wässrigen Erdbeeren lässt sich keine geschmacksintensive Erdbeercoulis zaubern. So gilt auch hier: Unbehandeltes freilandfrisches Saisonobst oder -gemüse liefert die besten Ergebnisse.

Die Herstellung der Coulis ist denkbar einfach: Die festen Zutaten werden gekocht, eventuell vorher angedünstet, und anschließend in der Kochflüssigkeit wie Saft, Wein oder Brühe püriert und bisweilen mit Sahne verfeinert. Sensible Früchte werden häufig nicht gegart, sondern pur oder mit wenig Flüssigkeit püriert.

Kräutercoulis

200 g gemischte Kräuterblätter (z. B. Petersilie, Oregano, Minze, Estragon)
Salz
1 El Kapern
1 Schalotte
100 ml passender heller Fond
100 ml Sahne
Pfeffer

Die Kräuterblätter waschen und in wenig kochendem Salzwasser kurz blanchieren. Die Kapern hacken, die Schalotte schälen und hacken. Kapern mit Schalotte, Fond und Sahne aufkochen. Alles um die Hälfte reduzieren. Blanchierte Kräuter hinzugeben, 3 Minuten köcheln lassen, dann pürieren und mit Salz und Pfeffer abschmecken. Passt je nach Fond und Kräutern zu kaltem Braten, Geflügel, Fisch oder auch Gemüse.

Himbeercoulis

250 g Himbeeren
30 g Puderzucker
1 El Zitronensaft
1 El Himbeergeist

Die Himbeeren waschen, trocken tupfen und durch ein Sieb streichen. Mit Puderzucker, Zitronensaft und Himbeergeist verrühren.

Paprikacoulis

3 rote Paprikaschoten
1 Tomate
2 Schalotten
1 Lorbeerblatt
100 ml Weißwein
100 ml passender heller Fond
Salz
Pfeffer

Zubereitung s. Steps rechts.

1. *Paprikaschoten und Tomate waschen, putzen und klein würfeln. Schalotten schälen und hacken.*

2. *Alles mit Lorbeerblatt, Weißwein und Fond in einem Topf aufkochen und ca. 15 Minuten köcheln lassen, bis alles weich ist.*

3. *Durch ein Sieb streichen, sodass die Häute entfernt werden, und mit Salz und Pfeffer abschmecken. Passt je nach Fond zu Fisch, Geflügel, Kaninchen, Schwein oder Gemüse.*

Saucen binden

Das Geheimnis einer guten Sauce

Einfach ist es nicht, eine vollkommene Sauce zu kreieren. Wenn das perfekte Aroma im Fond festgehalten und beispielsweise der Bratensatz damit gelöst ist, dann muss die Sauce noch gebunden werden.

Erst die richtige Bindung verleiht der Sauce Struktur, eine cremige Konsistenz und eine dichte Textur, durch die die einzelnen Speisen auf dem Teller miteinander zu einer Einheit, zu einem Gericht werden. So wie Sauce und Speisen geschmacklich miteinander harmonieren müssen, so verhält es sich auch in Bezug auf die Konsistenz. Die Bindung ist dafür verantwortlich, wie eine Sauce – und mit ihr auch die anderen Speisen – im Mund wahrgenommen werden, welches Mundgefühl das Gericht hinterlässt. Dieses Mundgefühl ist neben dem Geschmack eines der wesentlichen Kriterien, wie eine Speise beim Probie-

ren beurteilt wird. Gefällt eine Textur nicht, so mag man die gesamte Speise nicht. Beim Probieren einer Speise nimmt man – auch intuitiv – wahr, wie die Speise den Mund auskleidet, wie gleichmäßig sich ein Biss verteilt, wie er sich kauen lässt, wie viel Feuchtigkeit vorhanden ist, wie schwer, trocken oder weich er ist. Alles Kriterien, die von der Bindung der Sauce stark beeinflusst werden. Dass darüber hinaus die Sauce aber nicht dominieren, nicht als eigenständiges Gericht angesehen werden soll, sondern lediglich als dezenter Begleiter, der den Geschmack der Speisen unterstützt und hervorhebt, macht die Bindung der Sauce so schwierig.

Die einfachste Form der Bindung ist die Reduktion. Dabei wird die flüssige Basis – etwa mit Fond abgelöschter Bratensatz – kräftig eingekocht. Das Wasser verdampft, die Flüssigkeit wird eingedickt, und die Sauce erhält die gewünschte Konsistenz. Allerdings werden dabei auch die Würze und das Bukett erheblich intensiviert, wodurch eine Sauce schnell zu dominant werden kann. Doch es gibt eine Reihe anderer kleiner Helfer – etwa Butter, Mehl und Stärke, Schmand und Sahne, Gemüse oder Brot –, die für die rechte Bindung einer Sauce sorgen und ihr den letzten Schliff geben. Fertige Saucenbinder sollten dagegen aus der Küche verbannt werden. Sie kommen kaum ohne Geschmacksverstärker aus und verleihen jedem noch so guten Fond oder Jus Geschmack und Textur eines Industrieprodukts.

Montieren mit Butter

„Du beurre! Du beurre! Du beurre!" – „Butter! Butter! Butter!", soll der berühmte französische Koch Fernand Point, einer der Väter der Nouvelle cuisine und Lehrmeister anderer Spitzenköche wie Paul Bocuse und Pierre Troigrois, in seiner Küche gerufen haben. Damit verbannte er bei der Saucenbindung den bis dahin klassischen Roux, die Mehlschwitze (siehe S. 172), aus seiner Küche und etablierte als Saucenbinder das feine Milchrahmfett. Nimmt man eiskalte Butterwürfel, um eine Sauce zu binden, spricht man vom Montieren, was sich von Frz. „monter" für aufsteigen, hochsteigen ableitet. Durch das Einschlagen der kalten Butter in die Saucenbasis verbinden sich die winzigen Fetttröpfchen der geschmolzenen Butter mit der Flüssigkeit, sie bilden eine Emulsion, und die Sauce wird besonders sämig. Der Grad der Bindung hängt dabei von der Menge der Butter ab. Verwendet wird in erster Linie Süßrahmbutter, da sie nicht so schnell gerinnt wie Sauerrahmbutter.

Das Montieren mit Butter gilt als besonders edle Variante der Saucenbindung, denn außer der schönen Sämigkeit hebt das natürliche Fett die Aromen des ganzen Gerichts, sie kommen besser zum Tragen. Allerdings ist eine buttergebundene Sauce nicht sehr beständig: Durch längeres Stehenlassen trennen sich Fett und Flüssigkeit bald wieder voneinander, das Fett setzt sich an der Oberfläche ab, und die Sauce verliert ihre Bindung. Daher sollte die Sauce erst unmittelbar vor dem Servieren montiert werden.

Montieren mit Butter Schritt für Schritt

1. Die Sauce in einer Kasserolle etwas einreduzieren lassen, sodass die Flüssigkeit schon etwas eingedickt und das gewünschte Aroma erreicht ist.

2. Eiskalte Butter in kleine Würfel schneiden. Durch die Kälte schmilzt die Butter langsamer, und die Fetttröpfchen lassen sich besser einarbeiten.

3. Die Sauce darf nicht mehr kochen, wenn die Butterwürfel hinzukommen, da Letztere sonst gerinnen würden. Die Pfanne entweder im Kreis schwenken oder die Butterflöckchen mit einem Schneebesen einrühren.

4. Die sämige, schön glänzende Sauce direkt servieren.

Saucen binden mit Butter & Mehl

Roux, Mehlschwitze oder Einbrenne

Eine der ältesten Methoden der „grande cuisine" zum Saucenbinden ist die mithilfe eines Roux, also einer Mehlschwitze oder Einbrenne. Sie besteht aus Mehl und Butter im Verhältnis 1:1; dadurch lässt sich eine Sauce in jede beliebige Konsistenz binden – und das dauerhaft. Grundsätzlich muss eine mit Roux gebundene Sauce noch etwa 20 Minuten köcheln, damit die Stärkekörner des Mehls aufquellen können und sich der unerwünschte Mehlgeschmack verliert. Für à la minute-Zubereitungen ist die Mehlschwitze also nicht geeignet.

Man unterscheidet drei Formen des Roux: den Roux blanc, die helle oder weiße Mehlschwitze, den Roux blonde, die blonde Mehlschwitze, und den Roux brun, also die braune Mehlschwitze. Über die Farbe der Mehlschwitze und damit über ihren Verwendungszweck entscheiden Dauer und Höhe der Temperaturzufuhr bei der Zubereitung. Helle Mehlschwitze wird zum Binden von weißen Saucen verwendet. Blonde oder braune Roux eignet sich zum Binden von braunen Saucen.

Achtung: Es ist wichtig, eine heiße Mehlschwitze mit kalter Flüssigkeit aufzugießen, da ansonsten Klümpchen entstehen. Man kann eine bereitete Mehlschwitze aber auch erkalten lassen und sie später mit heißem Fond aufgießen. Auch dann muss sie aber noch weitere 20 Minuten köcheln.

Herstellen der weißen und blonden Mehlschwitze (Roux blanc)

1. *Für den Roux die Butter im Topf zerlassen. Den Topf vom Herd nehmen und das Mehl in die Butter rühren (Verhältnis Butter zu Mehl 1:1).*

2. *Den Topf bei mäßiger Temperatur erneut auf den Herd stellen und das Mehl-Butter-Gemisch für den Roux blanc 2–3 Minuten, für den Roux blonde etwa 5 Minuten anschwitzen.*

3. *Die gewünschte Menge kalter (!) Flüssigkeit nach und nach kräftig einrühren und alles 20 Minuten köcheln lassen.*

Butter klären

1. *Butter in Würfel schneiden und in einem großen Topf bei schwacher Hitze langsam schmelzen lassen.*

2. *Etwa 30 Minuten flüssig halten und dabei immer wieder den Schaum, der an der Oberfläche entsteht, vorsichtig abschöpfen.*

3. *Auch auf dem Boden setzen sich Partikel ab, weshalb das Fett nicht umgerührt werden darf. Sobald das Fett klar ist und kein Schaum mehr entsteht, durch ein mit einem Küchentuch ausgelegtes feines Sieb in ein Gefäß abseihen.*

Herstellen einer braunen Mehlschwitze

Der Roux brun sollte, um höhere Temperaturen erzielen zu können und Mehl und Butter vor dem Verbrennen zu schützen, mit geklärter Butter zubereitet werden. Geklärte Butter ist das Butterreinfett, dem Milchzucker, Proteine und auch Wasser entnommen wurden und das dadurch wesentlich höhere Temperaturen verträgt (Der Rauchpunkt liegt bei gut 200 °C). Man kann sie in größeren Mengen herstellen, da sie im Kühlschrank etwa 1,5 Jahre haltbar ist.

Tipp: Bei den ersten Versuchen mit einer Mehlschwitze sollte man eine ausreichende Menge der Flüssigkeit, die die Basis der Sauce bildet, vorrätig haben. So kann man, wenn die Sauce zu dickflüssig gerät, immer noch etwas Flüssigkeit nachgießen. Diese sollte ebenfalls erhitzt sein und eingerührt werden, wenn die Sauce etwa 5 Minuten geköchelt hat.

1. *Für den braunen Roux die geklärte Butter erhitzen. Den Topf vom Herd nehmen und das Mehl einrühren (Verhältnis Butter zu Mehl 1:1).*

2. *Den Topf bei mittlerer Hitze erneut auf den Herd stellen und das Mehl-Butter-Gemisch etwa 8 Minuten anschwitzen, bis die Einbrenne braun ist. Dabei darauf achten, dass sie nicht verbrennt.*

3. *Die gewünschte Menge kalte Flüssigkeit angießen, glatt rühren und 20 Minuten köcheln lassen. Oder die Mehlschwitze erkalten lassen, mit heißem Fond verrühren und anschließend kochen lassen.*

Mehlbutter bzw. Beurre manié

Anders als bei der Mehlschwitze wird beim Binden mit Mehlbutter immer die kalte Butter in die heiße Sauce geschlagen. Auch Mehlbutter besteht meist zu gleichen Teilen aus Butter und Mehl, kann aber auch im Verhältnis 2 Teile Butter zu 1 Teil Mehl gemischt werden. Die Bindung wird dadurch schwächer, der feine Buttergeschmack umso stärker. Mehlbutter lässt sich hervorragend auf Vorrat zubereiten und einfrieren.

Die Mehlbutter muss sehr vorsichtig verwendet werden, da sie schnell eine starke Bindung bewirkt. In kleinen Portionen wird sie in die heiße Sauce eingeschlagen, bis die richtige Konsistenz erreicht wird. Auch mit Mehlbutter gebundene Sauce verliert erst nach etwa 20 Minuten Kochzeit den Mehlgeschmack.

Mehlbutter auf Vorrat herstellen

1. Butter und Mehl im Verhältnis 1:1 oder 2:1 miteinander verkneten.

2. Zu kirschgroßen Kugeln rollen und in Alufolie verpackt einfrieren.

3. Zwischen Pergamentpapier zu einer Rolle formen, in Scheiben schneiden und einzeln in Alufolie gewickelt einfrieren.

Saucen binden mit Mehl, Speisestärke, Brot & Lebkuchen

Wie beim Binden mit Roux oder Mehlbutter ist es auch beim Binden mit Mehl und Mehlprodukten wichtig, die Sauce nach dem Binden etwa 20 Minuten köcheln zu lassen. Auch hier müssen die Stärkekörner, die für die Bindung verantwortlich sind, aufquellen, um den unerwünschten Nebengeschmack zu beseitigen.

Anders ist dies bei der Verwendung von Speisestärke. Hierbei muss die Sauce nur noch kurz, etwa 3 Minuten, köcheln. Allerdings wird das Aroma feiner Saucen dabei ein wenig überdeckt.

Trockene Mehlbindung

Bei der Herstellung von Schmorgerichten, Ragouts oder einer Demiglace kann man die Sauce bereits während des Röstvorgangs im

Schmortopf leicht mit Mehl trocken binden. Während des Röstens, also bevor Fleisch und Gemüse mit Flüssigkeit abgelöscht werden, werden die Zutaten im Topf mit einer feinen Schicht Mehl bestäubt. Dazu am besten ein feines Sieb verwenden, damit der Klümpchenbildung von vorneherein vorgebeugt ist. Die Zutaten nun gut vermengen, noch einmal kurz anrösten, mit Flüssigkeit ablöschen und entsprechend des Gerichts weiterköcheln lassen. Dabei können die Stärkekörner nun über längere Zeit aufquellen, und das Gericht erhält eine angenehme, nicht zu feste Bindung.

Binden mit Speisestärke

Saucen lassen sich schnell, einfach und dauerhaft mit Speisestärke binden. Die Speisestärke – üblicherweise Kartoffel- oder Maisstärke – ist an sich geschmacksneutral, beeinflusst aber ein wenig die Textur der Sauce und schwächt ihr Aroma leicht ab. Es ist daher wichtig, sehr vorsichtig mit Speisestärke zu binden – die Stärke hinterlässt andernfalls ein körniges, dumpfes Gefühl auf den Zähnen und beeinträchtigt den Geschmack.

Bindung mit Stärke

1. Zum Binden mit Stärke wird etwas Stärke mit kalter Flüssigkeit (Wasser, Wein oder Fond) glatt gerührt. Dabei sollten 2 Tl Stärke mit etwa 4 El Flüssigkeit verrührt werden. Die verwendete Menge hängt davon ab, wie stark die Bindung sein sollte und wie groß die Menge der Sauce ist.

2. Die Stärke wird anschließend in die kochende Sauce eingerührt und sollte danach noch etwa 3 Minuten köcheln.

3. Für herzhafte und süße, fruchtige Saucen verwendet man üblicherweise Kartoffelstärke, denn sie bewirkt einen schönen Glanz. Maisstärke ist eher für Milchiges geeignet, weil die Sauce durch sie matter wird.

Speisestärke eignet sich vor allem zum Binden einer leichten Jus auf Basis einer aromatischen Reduktion. Hier ein Beispiel für eine gebundene dunkle Rinderjus, die beispielsweise zu einem Steak passt.

Gebundene Rinderjus

300 ml Rotwein
4 El Portwein
60 g gewürfelte Schalotten
je 1 Zweig Thymian und Rosmarin
Schale von 1/2 unbehandelten Bio-Orange
7 Pfefferkörner, 1 Lorbeerblatt
300 ml dunkler Rinderfond (siehe S. 156)
1 Tl Speisestärke
Salz und frisch gemahlener Pfeffer zum Abschmecken

Zubereitung s. Steps auf der nächsten Seite.

Tipp: Wenn Bratensatz vorhanden ist, löscht man diesen mit dem Wein ab und verfährt ansonsten wie oben beschrieben.

Herstellen einer gebundenen Rinderjus

1. *Rot- und Portwein mit den Schalotten, gehackten Kräutern und Gewürzen in eine Kasserolle geben und zum Kochen bringen. So lange köcheln lassen, bis sich die Flüssigkeit etwa um die Hälfte reduziert hat.*

2. *Den Fond zugießen und weiterkochen lassen, bis die Flüssigkeit wieder um etwa die Hälfte eingekocht ist.*

3. *Die Jus durch ein mit einem Mulltuch ausgelegtes Sieb in einen Topf abseihen und erneut zum Kochen bringen.*

4. *Die Speisestärke mit etwas kaltem Wasser anrühren und in die köchelnde Sauce einrühren. Anschließend noch einmal abschmecken und 2–3 Minuten köcheln lassen.*

Binden mit Mehlprodukten

Weißbrot, Pumpernickel und Lebkuchen eignen sich ebenfalls hervorragend als Bindemittel und geben den Saucen ein schönes Aroma.

Für kalte Kräuter-, Gemüse- oder Fruchtsaucen – wie Salsa verde oder Salsa Romesco – wird entrindetes Weißbrot oder Toastbrot sehr fein gewürfelt und unter die fertige Sauce gerührt. Je feiner dabei die Brotwürfel, desto feiner auch die Saucentextur. Die Brotwürfel saugen Flüssigkeit auf und verdicken die Sauce.

Auch heiße Saucen können gut mit Brotwürfeln gebunden werden. Weiß- oder Graubrotwürfel, aber auch zerbröseltes Pumpernickel können in Ragouts wie etwa Gulasch mitgegart werden. Das Pumpernickel verleiht dabei der Sauce nicht nur eine dunkle Farbe, sondern auch ein leicht malziges Aroma. Beim Binden heißer Saucen muss wiederum eine Kochzeit von etwa 20 Minuten eingehalten werden, denn auch hier müssen die Stärkekörner noch Zeit haben zu quellen. Anschließend die Sauce nach Belieben durch ein Sieb passieren. Übrigens: Brot bindet nach – es sollte also erst einmal sparsam verwendet und erst bei Bedarf mehr davon in die Sauce gegeben werden.

Ein besonderes Bindemittel ist Lebkuchen. Es gibt spezielle Saucenlebkuchen, die weniger stark gesüßt und meist etwas stärker gewürzt sind. Aber man kann auch normale Lebkuchen verwenden, gerade bei Gerichten, die etwas mehr Süße vertragen. Vor allem für das Binden von Wildragouts und Sauerbratensauce eignet sich Lebkuchen hervorragend. Er wird entweder fein zerbröselt in die Sauce oder das Ragout gegeben oder in Fond, Sahne oder Wein eingeweicht, ausgepresst und dann in die Sauce gegeben. Anschließend wird die Sauce noch mindestens 20 Minuten gekocht und gegebenenfalls durch ein Sieb passiert. Auch bei Lebkuchen sollte man bedenken, dass er nachbindet.

Mehlbindung mit Béchamelsauce

Eine schnelle Mehlbindung – vor allem für weiße oder helle Saucen –, aber ohne Mehlgeschmack kann man auch durch übrig gebliebene Béchamelsauce (siehe S. 204) erreichen. Sie hat bereits ausreichend lange gekocht und kann zum Binden löffelweise in eine heiße Sauce eingerührt werden. Béchamelsauce lässt sich problemlos portionsweise einfrieren.

Saucen binden mit Milchprodukten

Sahne, Crème fraîche und Crème double, Schmand, Mascarpone sowie Doppelrahmfrischkäse schaffen eine leichte Bindung und haben wie Butter gleichzeitig den Vorteil, das Aroma einer Sauce zu verfeinern.

Wie bei Butter setzt die Bindung bei Sahne & Co. durch das Einschlagen winziger Fetttröpfchen in die Sauce ein. Daher gilt: je fetter das Sahne- oder Frischkäseprodukt, desto besser die Bindung.

Zum Binden einer Sauce braucht flüssige Schlagsahne einen Mindestfettgehalt von 30 %. Die Sahne wird zunächst kurz erhitzt, sollte einmal kräftig aufkochen, aber nicht reduzieren, und wird dann in die noch kochende, vorher reduzierte Sauce geschlagen. Wenn die Sauce eine gleichmäßige Farbe und leichte Bindung erreicht hat, kann sie sofort serviert werden.

Leichter ist es, eine Sauce mit einem fetthaltigen Sahneprodukt zu binden, etwa Crème double (mindestens 40 % Fett, besser 50 %). Sie kann direkt in die heiße Sauce eingerührt werden und gerinnt auch nicht, wenn sie mitgekocht wird.

Das ist bei saurer Sahne, Schmand oder Crème fraîche anders. Ihr hoher Fettgehalt – er sollte nicht unter 30 % liegen – sorgt zwar für eine gute Bindung, wird die Sauce jedoch anschließend gekocht, kann sie schnell gerinnen. Gleiches gilt bei Frischkäse, den man entweder als Doppelrahmstufe oder als Mascarpone verwenden sollte. Kräftig eingeschlagen, verbinden sich beide mit der Sauce zu einer guten Emulsion, bei zu starker Hitze flocken sie aber auch schnell aus. Vor allem Mascarpone ist ein hervorragendes Mittel zum Binden kalter Saucen und Dips, insbesondere bei Desserts.

Gekochte flüssige Sahne emulgiert mit einem dunklen Bratenjus zu einer fein-aromatischen Sauce. Die Bindung mit Crème double ist wesentlich stärker als die mit Sahne. Gleichzeitig darf die Sauce gern noch etwas köcheln und muss nicht à la minute serviert werden. Mit Schmand, Crème fraîche, Frischkäse oder Mascarpone gebundene Jus erhalten eine gute, nicht zu leichte Bindung, dürfen anschließend aber nicht mehr kochen.

Binden mit Zucker

Auch Dessertsaucen können auf viele Arten gebunden werden, etwa mit Speisestärke (siehe S. 177) oder mit Eigelb. Eine gute Bindung ergibt sich aber auch durch die Kombination von Zucker (meist in Form von Karamell) und Fett, wie Sahne, Schokolade, Nougat und Butter. Ein gutes Karamell ist dabei eine wertvolle Grundlage, wie die Basis-Karamellsauce zeigt.

Einfache Karamellsauce

30 g Butter
50 g Zucker
400 ml Sahne
Mark einer Vanilleschote

In einer Kasserolle die Butter bei mittlerer Temperatur schmelzen und den Zucker dazugeben, sodass sich die Zuckerkristalle lösen können. Unter ständigem Rühren weiterköcheln lassen. Dabei nimmt das Karamell nach und nach mehr Farbe an. Das Karamell ist fertig, wenn es von goldbrauner Farbe ist. Dann die Kasserolle vom Herd nehmen und die Sahne mit dem Vanillemark einrühren. Den Topf zurück auf die Herdplatte setzten und bei mittlerer Hitze und unter ständigem Rühren etwa 4 Minuten köcheln lassen.

Tipp: Das Karamell kann auch mit Wasser statt Butter oder mit etwas Saft – je nach Rezept und späterer Verwendung – angesetzt werden. Auch zum Färben einer Sauce eignet es sich.

Saucen binden mit Eigelb

Kaum ein Bindemittel bringt eine so zarte, aber dichte Konsistenz an eine Sauce, ist aber auch so schwierig zu verarbeiten. Denn beim Binden mit Eigelb muss eine ganze Menge beachtet werden: Die Temperatur muss gewissenhaft eingehalten werden – schließlich beginnt das Eigelb bei 75 °C einzudicken und ist bei 85 °C bereits geronnen –, das Verhältnis von Öl bzw. Butter zu Flüssigkeit muss stimmen, und die richtige Reihenfolge beim Verrühren der Einzelzutaten ist manchmal auch von Entscheidung. Nicht umsonst gelten die Herstellung von guter Mayonnaise oder gar einer Sauce Hollandaise als die absolute Königsklasse der Saucenküche und der Moment ihres Gelingens – oder eben Misslingens – als ein magischer. Aber keine Angst: Solange die Temperaturen 80–82 °C nicht übersteigt – was beim Kochen im Wasserbad leicht einzuhalten ist – und ausreichend Grundzutaten in der Küche vorhanden sind, lassen sich auch misslungenen, eigelbgebundene Saucen fast immer retten.

Das Legieren mit Eigelb

Das Legieren mit Eigelb ist unter den Bindungen mit Eigelb die einfachste Lösung. Beim Legieren ist es wichtig, dass das Eigelb zunächst durch warme Sauce temperiert und erst dann in diese eingerührt wird.

1. *Die Eigelbe in einem Schälchen verquirlen, pro verwendetem Eigelb 2–3 El der zu bindenden warmen (aber nicht zu heißen!) Sauce zugeben und beides gut miteinander verrühren.*

2. *Die Sauce vom Herd nehmen und die Eigelbmischung mit einem Schneebesen kräftig einrühren. Die Sauce bei schwacher Temperatur andicken lassen.*

3. *Verrührt man zusammen mit den 3 El Sauce auch noch 5–6 El zimmerwarme Sahne mit dem Eigelb, spricht man vom Binden mit einer Liaison. Sie sorgt für Bindung und eine sahnige Konsistenz.*

Ob mit oder ohne Sahne: Gibt man eine Prise Mehl in die Legierung, so vermindert dies die Gefahr der Gerinnung. Kochen sollte die Sauce aber dennoch nicht mehr. Eine Legierung gelingt auch mit einigen anderen tierischen Proteinen, etwa mit Schweineblut. Vor allem Wildragouts werden auf diese Weise gebunden: Das Blut wird in das heiße, nicht mehr kochende Ragout gegeben, bis die gewünschte Bindung erreicht ist. Auch hier darf die Sauce nun nicht mehr kochen. Neben der Bindung selbst hat Schweineblut den Vorteil, dass es einem Ragout eine schöne Farbe verleiht und es zudem Eisenmangel vorbeugt.

Saucen kalt aufschlagen

Die wohl bekannteste kalt aufgeschlagene Sauce ist eine Mayonnaise. Das Prinzip solch kalt aufgeschlagener Saucen ist einfach: Ohne Hitzeeinwirkung werden eine wasserbasierte Flüssigkeit und Fett/meist Öl – also zwei sich völlig abstoßende Stoffe – mithilfe eines Emulgators zu einer homogenen, dickflüssigen Sauce verbunden; das Eigelb fungiert dabei als Emulgator. Dennoch misslingt eine kalt aufgeschlagene Sauce bei Ungeübten recht häufig. Das liegt zum einen daran, dass die Reihenfolge, in der die Zutaten verarbeitet werden sollen, oft nicht strikt eingehalten wird, zum anderen an der Ungeduld des Kochs. Die Bereitung einer kalt aufgeschlagenen Sauce erfordert aber Geduld, höchste Konzentration – und sehr frische Bio-Eier. Letzteres ist nicht nur für das Gelingen wichtig, auch einer Vergiftung mit Salmonellen wird so vorgebeugt. Beachtet man diese drei Grundsätze, ist es eigentlich ganz leicht, kalt aufgeschlagene Saucen herzustellen.

Kalt aufschlagen

1. Die Eigelbe werden mit den würzenden Zutaten und der wasserbasierten Flüssigkeit in eine große Schüssel gegeben.

2. Die Zutaten mit einem Schneebesen kräftig verrühren, bis eine homogene, cremige Masse entstanden ist.

3. Nun tröpfchenweise (!) das Öl einrühren, bis die Masse beginnt einzudicken. Dazu wird etwa ein Drittel des Öls verbraucht.

4. In einem dünnen Strahl kann nun das restliche Öl eingearbeitet werden. Die Emulsion wird immer beständiger und nimmt eine helle Farbe an. Zuletzt wird die Sauce mit Salz, Pfeffer und eventuell etwas Flüssigkeit abgeschmeckt.

Achtung: Sollte die Sauce trotz aller Sorgfalt gerinnen, so liegt das daran, dass das Verhältnis von Wasser zu Öl nicht mehr stimmt, dass zu wenig Flüssigkeit mit zu viel Öl verrührt wurde. Doch es gibt Abhilfe, um die Sauce doch noch zu retten (siehe S. 195).

Saucen warm aufschlagen

Sauce Hollandaise, Sauce Béarnaise, Beurre blanc oder Sauce Mousseline – mit den warm aufgeschlagenen Saucen auf Basis von Eigelb, fein aromatischer Reduktion und bester Butter ist der französischen Küche schon vor Jahrhunderten eine Kreation gelungen, die in der Saucenküche noch immer ihresgleichen sucht. Dass sie in ihrer Zubereitung nicht gerade leicht sind und man zu ihrer Herstellung ein wenig Übung braucht, macht sie bei Gourmets noch begehrter. Und die Arbeit lohnt tatsächlich: Die Konsistenz warm aufgeschlagener Saucen ist einmalig cremig, und mit ihrem meist dezenten Aroma sind sie ideale Begleiter von feinem Gemüse, Fisch oder pochierten Eiern, zartem Fleisch oder Meeresfrüchten.

Wie bei den Mayonnaisen wird auch bei warm aufgeschlagenen Saucen eine Emulsion zwischen der würzenden Reduktion und dem Fett – im Fall der Hollandaisen immer beste Butter – erreicht, darüber hinaus setzt hier aber die Bindung auch durch Wärme ein. Und gerade darin liegt die Schwierigkeit: Zu große Hitze lässt das Eigelb sofort stocken – weshalb die Saucen immer über einem nicht zu heißen Wasserbad aufgeschlagen werden. Ist es zu heiß, ist die Sauce unwiderruflich ruiniert.

Warm aufschlagen

1. Eine aromagebende Reduktion entsprechend dem Rezept herstellen und durch ein mit einem Mulltuch ausgelegtes feines Sieb passieren. In einem Topf ein Wasserbad vorbereiten und auf etwa 80 °C erhitzen. Die Butter in einem kleinen Topf bei schwacher Hitze schmelzen, aber nicht bräunen (auch geklärte Butter kann verwendet werden).

2. In einer Metallrührschüssel die abgekühlte Reduktion und die Eigelbe kurz miteinander verrühren, auf das Wasserbad setzen, sodass der Boden der Metallschüssel knapp das Wasser berührt.

3. Die Eigelbmischung mit einem Schneebesen kräftig und fortwährend aufschlagen, bis die Masse andickt. Sie hat die richtige Konsistenz, wenn die Spuren vom Rühren sichtbar bleiben.

4. Die Schüssel aus dem Wasserbad nehmen und etwa die Hälfte der Butter unter ständigem Schlagen tröpfchenweise einbringen. Die übrige Butter kann anschließend in einem feinen Strahl eingeschlagen werden. Die fertige Sauce noch einmal abschmecken und sofort servieren.

Übrigens: Warm aufgeschlagene Saucen sollen aus zwei Gründen nicht lange verwahrt werden: Zum einen verlieren sie durch langes Stehen ihre Struktur, zum anderen können sich in Eigelbsaucen zu schnell Salmonellen breitmachen.

Tipp: Sollte eine Hollandaise gerinnen, gibt es dafür zwei Gründe. Zum einen war die Hitze zu groß – dann ist die Sauce unrettbar verloren –, zum anderen wurde die Butter zu schnell oder auf zu wenig Flüssigkeit zugegeben. Dann gibt es Abhilfe (siehe S. 195).

Zur Rose abziehen

Eine ebenfalls fein-cremige Bindung erreicht man durch das sogenannte „zur Rose abziehen". Die wesentlichen Saucenzutaten sind hier – anders als bei der Hollandaise – Eigelbe und eine bereits fetthaltige Grundflüssigkeit wie Sahne oder Milch. Die Bindemethode ist vor allem bei Dessertsaucen, wie einer Vanillesauce, beliebt.

Vanillesauce zur Rose abziehen

1 Vanilleschote
500 ml Milch
6 Eigelbe
120 g feiner Zucker

Die Vanilleschote längs halbieren und das Mark herauskratzen. Mit der Milch in einen Topf geben, verrühren und zum Kochen bringen. Ein Wasserbad (80 °C) vorbereiten. Die Eigelbe in eine Metallrührschüssel geben und mit dem Zucker schaumig rühren. Die heiße Vanillemilch unter ständigem Rühren nach und nach in die Eigelbmasse einrühren. Die Schüssel auf das Wasserbad stellen und so lange rühren, bis die Sauce angedickt ist. Die Sauce ist fertig, wenn sie auf einem Kochlöffel liegen bleibt und sie, wenn man daraufpustet, verschieden große Kreise bildet, die an eine Rose erinnern (siehe auch S. 199).

Sabayon herstellen

Eine Sabayon – oder in ihrer italienischen Urform Zabaglione bzw. Zabaione – wird ebenfalls mit Eigelben gebunden. Allerdings werden dabei die fettfreie Grundflüssigkeit – beim italienischen Klassiker Marsala, es kann aber auch Weiß- oder Rotwein oder ein frisches Fruchtmark sein –, Zucker und Eigelbe in einer Rührschüssel verrührt und anschließend über dem Wasserbad zu einem cremigen Schaum aufgeschlagen. Bei einer herzhaften Sabayon kann auch noch etwas Butter im Spiel sein.

Saucen binden mit Kartoffeln, Gemüse & Früchten

Kalte wie warme Saucen lassen sich mithilfe von Gemüse- (hier vor allem Wurzelgemüse) und Fruchtpürees auch auf weniger gehaltvolle, kalorienreiche Weise binden.

Mit Kartoffeln binden

Kartoffeln haben einen hohen Stärkeanteil und binden daher besonders gut. Zum einen besteht die Möglichkeit, Schmorgerichte wie Gulasch schon während des Garens mit einer rohen, sehr fein geriebenen Kartoffel zu binden. Wie bei der Verwendung reiner Speisestärke quellen die Stärkekörner während des Kochens auf, und die Sauce erhält eine schöne Sämigkeit. Kalte Saucen lassen sich dagegen mit gekochter, fein zerstampfter Kartoffel binden.

Mit Gemüsepürees binden

Vor allem Wurzelgemüse – wie Petersilienwurzel, Pastinake, Topinambur oder Sellerie – lassen sich gut zu Püree kochen, das anschließend Saucen beigegeben wird. Dazu das Gemüse nach Geschmack mit etwas Zwiebel weich kochen, gut abtropfen lassen und fein pürieren. Anschließend in die fertige Sauce einrühren und noch kurz aufkochen lassen. Heiße und kalte Gemüse- und Fleischsaucen werden dadurch cremig, auch wenn das Püree

nicht so stark bindet wie das von Kartoffeln oder gar reine Speisestärke.

Auch mit Kräuterpürees kann eine leichte Bindung erzielt werden. Dazu weichblättrige Kräuter wie Basilikum, Petersilie, Koriander oder Estragon mit etwas Olivenöl und 1 Spritzer Zitronensaft fein pürieren. Damit kann man beispielsweise kalte Salatsaucen, Sahne- oder Gemüsesaucen binden und verfeinern. Neben einer leichten Bindung erhält die Sauce eine schöne Färbung und natürlich das herrliche Aroma des verwendeten Krauts.

Mit Fruchtpürees binden

Fruchtige Dessertsaucen und einige wenige herzhafte Saucen – etwa zu rotem Geflügel oder Wildgerichten – können auch mit Fruchtpürees gebunden werden.

Gerade getrocknete Aprikosen und Trockenpflaumen eignen sich gut zum Herstellen von bindenden Fruchtpürees. Die möglichst ungeschwefelten Früchte in Bioqualität werden in Wasser oder Fruchtsaft und gegebenenfalls 1 Schuss Rum etwa 2 Stunden eingeweicht. Anschließend gut abtropfen lassen und fein pürieren. Zum Binden kalter Fruchtsaucen geeignet.

Binden mit frischen Früchten

Bereits das Püree gewaschener, pürierter und passierter Früchte hat eine gute Sämigkeit. Wird es aber zusammen mit Karamell verkocht, so wird die Bindung stärker – was an der bindenden Wirkung des Zuckers liegt. Für eine noch stärkere Bindung sorgt das Pektin, das in manchen Früchten enthalten ist. Vor allem Äpfel sind dazu bestens geeignet. Ein beliebiges Fruchtpüree erhält durch die Kombination von Apfel und Zucker eine sehr angenehme Bindung und Textur, denn das Pektin reagiert mit Zucker und der in den Früchten enthaltenen Säure festigend.

1. Die ausgewählten Früchte und Äpfel etwa im Verhältnis 3:2 in einem Topf weich kochen und pürieren. Durch ein Sieb passieren und beiseitestellen.

2. Etwa 2 Teile Zucker in einem Topf karamellisieren lassen (siehe S. 124). Das Fruchtmus dazugeben, kräftig umrühren und kurz aufkochen lassen, bis die Bindung erfolgt.

Hinweis: Wie stark die Bindung ausfällt – und wie viele Äpfel mitgekocht werden sollen –, hängt von den verwendeten Obstsorten ab. Ebenfalls stark pektinhaltige Früchte wie rote Johannisbeeren brauchen wenig bis gar keine Zugabe von Äpfeln, pektinarme wie Erdbeeren benötigen mehr. Eine sehr grobe Faustregel ist: Je härter die Frucht bzw. die einzelnen Fruchtbestandteile (wie Trennwände bei Zitrusfrüchten), desto mehr Pektin ist enthalten. Aber dies ist, wie gesagt, nur eine grobe Formel. Man sollte hier ein wenig experimentieren. Im Übrigen haben auch Möhren einen relativ hohen Pektingehalt, weshalb man Möhrengemüse gut mit etwas Karamell binden kann.

Das Entfetten von Fonds & Saucen

Wichtig für den guten Geschmack

Auch wenn Fett grundsätzlich ein guter Geschmacksträger ist – eine auf der Sauce schwimmende Fettschicht ist in keiner Weise erwünscht und dem Geschmack auch nicht zuträglich. Es ist daher ratsam, bereits die Saucengrundlagen, Fonds und Jus, zu entfetten, bevor die eigentliche Sauce gekocht wird. Das spart Zeit und macht das Saucenkochen einfacher.

Fonds kalt entfetten

Viel überschüssiges Fett bildet sich bereits beim Kochen etwa eines Fonds. Hat man die Zeit, den Fond erkalten zu lassen, so ergibt sich dabei die einfachste und beste Möglichkeit, das Fett abzuschöpfen.

Der bereits passierte Fond wird in eine Schüssel gegeben, wo er erkalten kann. Das oben schwimmende Fett erstarrt dabei und kann restlos mit einem Löffel von der Oberfläche geschöpft werden.

Fonds heiß entfetten

Will man den noch heißen Fond entfetten, wird es etwas zeitaufwändiger, und es gibt mehrere Methoden. Das Fett des passierten Fonds sammelt sich nach einigen Minuten Wartezeit auch im noch heißen Zustand an der Oberfläche. Dort kann es mit einem großen Löffel vorsichtig abgeschöpft werden, wobei man darauf achten sollte, dass nicht zu viel des wertvollen Fonds mit entfernt wird.

Etwas schneller geht es mit einem Küchenpapier, das man zur Hälfte auf die Fettschicht legt. Das Küchenkrepp saugt sich nach und nach mit Fett voll. Den Vorgang so lange wiederholen, bis fast alles Fett aufgesaugt ist. Auch hier sollte man darauf achten, dass nicht zu viel des Fonds im Küchenpapier landet.

Die einfachste, aber auch die unwirtschaftlichste Methode, das Fett vom Fond zu scheiden, ist die mithilfe einer Separationskanne oder Fettscheidekanne. Die Glaskanne hat einen tiefen Ausguss, sodass sich, wenn man den heißen Fond einfüllt, das Fett über diesem Ausguss sammelt. Gießt man den Fond nun ab, so bleibt das Fett zunächst als Fettschicht in der Kanne. Sobald aber der Fond weniger wird und die Fettschicht den Ausguss erreicht, würde man nun Fett mit in die Sauce gießen.

Das Fett eines Fonds ist keinesfalls ein Abfallprodukt. Es besitzt noch immer genug Aromat, um damit etwa Bratkartoffeln zu überziehen und ihnen einen unvergleichlichen Geschmack zu verleihen. Auch beispielsweise Kartoffelstampf oder Nudeln lassen sich damit verfeinern.

1. *Das auf dem Fond schwimmende Fett wird mit einem Löffel vorsichtig abgenommen. Achten Sie darauf, dass von dem Fond nicht zu viel auf den Löffel gelangt.*

2. *Ein Küchenpapier wird zur Hälfte auf die Fettschicht gelegt. Langsam saugt sich auch die andere Hälfte mit Fett voll.*

3. *Die Fettscheidekanne: eine nicht gerade sparsame, aber schnelle Variante des Fettabscheidens. Achten Sie darauf, wann die Fettschicht den Ausguss erreicht, sonst gießen Sie das unerwünschte Fett direkt wieder mit in die Sauce.*

Die Kanne lohnt also nur, wenn man ausreichend Fond bereitet, um diese Grenze nicht zu erreichen. Den restlichen Fond sollte man erkalten lassen, das Fett anschließend im festen Zustand abnehmen und den Fond zum Beispiel einfrieren.

Sauce entfetten

Trotz aller Sorgfalt, bereits die Saucengrundlagen zu entfetten, kann es dennoch manchmal passieren, dass eine Sauce zu fett gerät und sich auf ihrer Oberfläche nach wenigen Minuten eine Fettschicht bildet. Sie sollte dort nicht bleiben, denn sie beeinträchtigt den Geschmack der Sauce. Im Grunde sind die Methoden des Saucen-Entfettens dieselben wie beim Entfetten des heißen Fonds.

Die Löffelmethode: Mit einem Löffel wird das überschüssige Fett abgeschöpft. Dabei ist noch mehr Sorgfalt nötig als beim Fond, denn die feine Sauce soll ja im Topf bleiben.

Mit Küchenpapier: Küchenpapier kann das Fett langsam aufsaugen.

Spezielle Anti-Fett-Saucieren sollen beim Entfetten der Sauce helfen. Ihre Methode basiert auf demselben Prinzip wie dem der Fettscheidekanne – sie haben einen tiefen Ausguss, sodass das Fett zunächst nicht auf den Teller gegossen werden kann. Aber auch hier ist das Problem, dass die Fettschicht irgendwann den Ausguss erreicht. Zudem sind die Saucieren aus Edelstahl, sodass man nicht sehen kann, wann das Fett auf den Teller zu fließen beginnt.

Schäume, Gele & Sphären

Das „Saucenbinden" der Molekularküche

„Es ist absurd, dass wir die Temperatur in der Atmosphäre der Venus messen können, aber keine Ahnung davon haben, was in einem Soufflé vor sich geht." Seit den 1960er-Jahren widmete sich daher der in Oxford lehrende ungarische Physiker Nicholas Kurti intensiv den physikalischen Vorgängen beim Kochen und begründete damit die Molekularküche. Sie wurde seitdem vor allem von dem spanischen Koch Ferran Adrià zur Gourmetküche ausgebaut. Die Molekularküche galt lange Zeit als elitär und viele Techniken – wie das Kochen mit flüssigem Stickstoff – als überbewertet, doch langsam kommen vor allem die „Saucen" der Molekularküche auch in den Küchen von Hobbyköchen an. Das hängt einerseits damit zusammen, dass die neuen Texturen – beispielsweise in Form von Schäumen, sogenannten Espumas, Gelen und den spektakulären Sphären – neue Geschmackserlebnisse offenbaren. Zum anderen bietet die Molekularküche alle

Möglichkeiten zum Kreieren und Experimentieren, wie man es sonst nur vom Chemiebaukasten kennt.

Die Ausrüstung der Molekularküche

Die Molekularküche ist sehr komplex, und so kommt man mit der herkömmlichen Küchenausstattung leider meist nicht weit. Neben speziellen Gerätschaften wie Pipetten oder einem Siphon braucht man vor allem die „Texturgeber". Hilfreich sind hier die sogenannten Starterkids, die die wichtigsten Stoffe enthalten.

Schäume

Natürlich kennen Köche Schäume bereits seit langer Zeit, doch die Espumas, die Schäume, die Ferran Adrià als Erster entwickelte, unterscheiden sich wesentlich von denen der etablierten Gourmetküche. Sind sie dort vor allem in Form von feinporigen Mousses bekannt, sind die Schäume nun grobporig und dabei dennoch beständig – selbst unter Hitzeeinwirkung.

Das Prinzip ist eigentlich sehr einfach: Eine Flüssigkeit oder eine Wasser-Öl-Emulsion wird durch einen Texturgeber – beispielsweise Sojalecithin, Xanthan oder Citras – stabilisiert und entweder mittels eines handelsüblichen Siphons und Lachgases, noch einfacher mit einem Stabmixer oder notfalls einer Gabel aufgeschäumt.

Estragon-Espuma

(mit dem Stabmixer geschäumt)

800 ml Gemüsefond
1/2 Bund gehackte, glatte Petersilie
1/2 Bund gehackter Estragon
1/2 fein gehackte Knoblauchzehe
1 g Citras
5 g Sojalecithin

Den Fond zum Kochen bringen und um die Hälfte reduzieren lassen. Kräuter, Knoblauch und Citras dazugeben und mit dem Stabmixer ganz fein mixen. Das Sojalecithin dazugeben und mit dem Stabmixer vom Rande her schaumig aufmixen. Kurz warten, bis sich der Schaum stabilisiert, dann vorsichtig abnehmen und auf dem Teller anrichten.

Erdbeer-Rosmarin-Schaum

(mit dem Siphon geschäumt)

350 ml Erdbeersaft
20 Rosmarinnadeln
2 cl Wodka
1 g Xanthan

100 ml des Safts mit dem Rosmarin erwärmen, 10 Minuten ziehen lassen und abseihen. Mit restlichem Saft, Wodka und dem Xanthan glatt rühren und in einen Siphon geben. Lachgaspatrone eindrehen und 30 Minuten kalt stellen. Anschließend wie Sahne in die vorbereiteten Portionsgläser sprühen.

Gele

Als Gel bezeichnet man den Zustand einer Flüssigkeit, die mithilfe eines Texturgebers genau zwischen dem vormals flüssigen Zustand und dem einer festen Masse liegt. Als Texturgeber dienen Agar-Agar-Pulver, Johannisbrotkernmehl, Guarkernmehl, auch Pektin oder Carrageenan. Da die Texturgeber allesamt unterschiedlich reagieren, muss beim jeweiligen Gericht darauf geachtet werden, ob sie beispielsweise hitzebeständig sind, wie stark sie aushärten und wie sie auf Säure, Zucker oder Salz reagieren. Agar-Agar-Pulver ist z. B. für Speisen geeignet, die über 80 °C verarbeitet bzw. gekocht werden. Es lässt sich hervorragend zu Gemüsegelen verarbeiten.

Tomaten-Gel

1 fein gehackte Schalotte
1 fein gehackte Knoblauchzehe
1 El Olivenöl
2 Tl gehackter Thymian
70 g fein gewürfelte rote Paprikaschote
70 g fein gewürfelte Tomate
70 g fein gewürfelte Gurke
250 ml Tomatensaft
1 Tl Meersalz
1 Prise Pfeffer
1 Prise Cayennefeffer
1 g Agar-Agar-Pulver

Die Schalotte und den Knoblauch in dem Olivenöl anbraten. Den Thymian und die Gemüsewürfel zugeben und braten, bis das Gemüse weich ist. Vom Herd nehmen und abkühlen lassen. Tomatensaft zugeben und mit Meersalz, Pfeffer und Cayenne abschmecken. Agar-Agar-Pulver in die kalte Masse einrühren und mit dem Stabmixer ganz fein pürieren. Nochmals abschmecken und zum Kochen bringen. Einmal kräftig aufkochen lassen, in die gewünschten Formen gießen und ca. 1 Stunde kühlen.

Sphären

Schwierig herzustellen, aber ebenso spektakulär auf dem Teller wie im Mund sind sogenannte Sphären. Das Wort leitet sich vom griechischen sphaira ab und bezeichnet in der Molekularküche Kugeln, die außen eine feste Hülle, innen aber einen flüssigen Kern haben. Damit ist die Sphärifikation im Grunde eine spezielle Variante der Gelifikation, da Gelhüllen erzeugt werden, die aber einen flüssigen Kern bergen. Ihre Wirkung liegt einerseits im Geschmack, andererseits in ihrem Überraschungsmoment: In seinen Anfangsphasen wurden die kleinen Kügelchen vor allem als gefälschter Kaviar verwendet. Sie wurden auf herzhaften Gerichten wie echter Kaviar angerichtet, verströmten aber, wenn sie im Mund platzten, beispielsweise ein unerwartetes Fruchtaroma.

Auch bei der Sphärifikation ist das Prinzip recht einfach: Eine Flüssigkeit wird mit dem Texturgeber Natriumalginat (auch Algin, Algizoon, Alginato oder E 401) verkocht und mittels Pipetten, Spritzen oder einer speziellen Kaviarbox in mit Kalziumlaktat oder Kalziumchlorid versetztes Wasser getropft. Die Tropfen werden anschließend vorsichtig abgeseiht und danach in kaltem klaren Wasser abgewaschen. Die Sphären dürfen nicht zu lange im Bad bleiben, da sie sonst komplett gelieren und an Gummi erinnern. Zudem sollten sie möglichst sofort verwendet werden, da die Sphären mit der Zeit immer fester werden.

Durch das Sphärifizieren lässt sich aus Flüssigkeiten eine geschmacksintensive gebundene „Würzsauce“ herstellen, z. B. in Form von Campari-Sphären zu einem Orangendessert.

Campari-Kaviar

100 ml Campari
0,5 g Algin
6 g Kalziumchlorid

Den Campari mit dem Algin aufkochen und 1 Stunde ruhen lassen. Das Kalziumchlorid in 500 ml Wasser auflösen. Nun die Campari-masse langsam mithilfe einer Pipette oder einer Kaviarbox in das Kalziumwasser eintropfen lassen. Die Sphären 1 Minute festigen lassen, abseihen und in kaltem klaren Wasser gründlich waschen.

Hilfe! Die Sauce ...

Auch wenn die Sauce im ersten Anlauf nicht klappt – häufig lässt sie sich doch noch retten!

... ist versalzen!

Hier helfen nur Wasser, ungesalzener Fond, Sahne – oder Kartoffeln. Bei Wasser, Fond und Sahne: hinzugießen, bis der gewünschte Geschmack erreicht ist. Falls das Ergebnis dann zu dünnflüssig sein sollte, lassen sich Sahnesaucen oft noch mit einem Stich Crème fraîche in die gewünschte Konsistenz bringen, ansonsten kann gekochtes Gemüse in der Sauce püriert oder die Sauce mit etwas Mehlbutter oder Stärke gebunden werden. Falls eine bereits recht dünnflüssige Sauce versalzen ist, hilft es, 1 gekochte und geschälte Kartoffel hineinzureiben, denn Kartoffeln binden Salz. Damit eine feine Konsistenz entsteht, sollte die Sauce zum Schluss nochmals mit dem Pürierstab aufgemixt werden.

... ist zu sauer!

Häufig geraten Salatsaucen zu sauer. Hier helfen häufig 1 Prise Zucker zum Neutralisieren oder 1 Schuss Sirup. Bei sahnigen Saucen neutralisiert 1 Schuss Sahne. Ansonsten hilft es nur, die Menge der anderen Zutaten zu erhöhen und das übrig gebliebene Dressing am nächsten Tag zu verbrauchen.

... ist zu süß!

Ist eine Dessertsauce zu süß geraten, hilft häufig 1 Spritzer Zitronensaft. Ansonsten kann auch säuerliches Fruchtpüree die Sauce retten oder – bei sahnigen Saucen – 1 Schuss Sahne, Crème fraîche oder Schmand.

... ist zu scharf!

Da Milchprodukte besonders gut Schärfe neutralisieren, ist bei sahnigen Saucen die Zugabe von Sahne, Crème fraîche oder Schmand zu empfehlen. Ansonsten hilft das Zugießen von Fond – eventuell muss die Sauce anschließend nochmals mit etwas Mehlbutter o. Ä. gebunden werden. Bei Chutneys sollte der Fruchtanteil erhöht bzw. sollte beim fertigen Chutney etwas Fruchtpüree hineingerührt werden.

... schmeckt mehlig!

Dieses Problem lässt sich leicht beheben. Mehliger Geschmack bei mit Stärke gebundenen Saucen verschwindet von alleine, wenn die Sauce nur lange genug gekocht wird. Mindestens 10 Minuten sollten es sein. Daher: Die Sauce unter Rühren so lange köcheln lassen, bis sich der mehlige Geschmack neutralisiert hat.

... hat Klümpchen!

Zum Glück gibt es Pürierstäbe. Am einfachsten ist es, die Sauce aufzumixen. Um auf Nummer sicher zu gehen, sollte sie danach nochmals durch ein Haarsieb gestrichen werden.

1. *Die Sauce hat ein langweiliges Beige. Besonders appetitlich sieht das nicht aus.*

2. *Mit 1/2 Tl Kurkuma verwandelt sich die Farbe in ein leuchtendes Gelb.*

3. *Frisch gehackte Kräuter machen aus der Sauce ein optisches Highlight.*

... sieht fad aus!

S. auch Steps links. Etwas Farbe tut den meisten Saucen gut! Zum Färben eignen sich eingekochter Saft von Rote Bete, Kurkuma oder pürierter Spinat im herzhaften Bereich, im süßen Bereich eingekochte passende Säfte. Im herzhaften Bereich hilft es auch häufig, gehackte Kräuter unterzurühren oder über die Sauce zu streuen, im süßen Bereich frische Beeren oder Fruchtcoulis in die Sauce zu geben.

... ist geronnen!

Eigelbhaltige Saucen wie Vanillesaucen, süße oder herzhafte Zabaione, Sauce Hollandaise oder aber Mayonnaise gerinnen aus 2 verschiedenen Gründen: Bei Saucen, die mit Hitzeeinwirkung gebunden werden sollen, war die Hitze zu hoch. Hier hilft es manchmal noch, die Sauce sofort aus dem Wasserbad zu nehmen und 1 Eiswürfel oder wenig Eiswasser hineinzurühren und mit dem Pürierstab aufzumixen. Danach 1 frisches Eigelb nehmen und tröpfchenweise die Sauce hineinmixen. Gerinnen kalte Saucen mit Eigelb, so wurde das Öl nicht langsam genug hinzugegossen, und das Eigelb konnte sich nicht mit ihm verbinden. Auch hier hilft 1 frisches Eigelb. Das zimmerwarme Eigelb in eine Schüssel geben und die geronnene Sauce teelöffelweise hineinrühren.

Alle Saucen mit Milchprodukten sollten sehr schonend und langsam erhitzt werden und nur sieden, niemals lange sprudelnd kochen. Sie reagieren besonders empfindlich auf Hitze und können schnell ausflocken.

... schmeckt nach nichts!

Bei dünnflüssigen Saucen hilft es, diese etwas einzukochen, denn mit verdichtetem Aroma verstärkt sich der Geschmack. Ansonsten hilft es, mit den bereits verwendeten Gewürzen vorsichtig nachzuwürzen und die Sauce mit etwas eiskalter Butter – ein vorzüglicher Geschmacksträger – aufzumixen. Ebenfalls empfehlenswert: aromatische Demiglace oder Glace in die Sauce rühren, frisch gehackte Kräuter oder aber eine sehr vorsichtig dosierte Prise Chilipulver.

Da Butter ein exzellenter Geschmacksträger ist und gleichzeitig die Sauce sämig macht, helfen oft eiskalte untergemixte Butterstückchen, um die Sauce zu retten.

Durch das Einkochen der Sauce verstärkt sich der Geschmack.

Bei Chili ist Vorsicht geboten, die Sauce soll auch nicht zu scharf werden. Ein kleines bisschen Schärfe jedoch tut vielen Saucen gut und macht aus geschmacklich eher faden Angelegenheiten köstliche kulinarische Erlebnisse.

Schön, wenn man Glace im Tiefkühlfach hat. Eine eiswürfelgroße Portion reicht aus, um die Sauce geschmacklich deutlich aufzuwerten.

Kräuter sehen nicht nur gut aus und schmecken aromatisch. Auch ihr Duft ist es, der Saucen zugutekommt.

... ist angebrannt!

Sobald man es merkt, sollte auf keinen Fall weiter umgerührt werden! Am besten ist es, den Topf sofort vom Herd zu ziehen und die restliche, nicht angebrannte Sauce in einen sauberen frischen Topf zu gießen. Einen leichten angebrannten Geschmack kann man meist durch Nachwürzen oder 1 Spritzer Zitronensaft überdecken. Sollte der Geschmack allerdings zu stark sein, hilft leider nichts mehr.

... ist zu wenig!

Bei herzhaften Saucen etwas Fond zugießen und die Sauce mit Demiglace oder Glace aromatisch aufwerten. Ist die Sauce dann zu dünnflüssig, muss sie gegebenenfalls nochmals etwas gebunden werden – zum Beispiel mit püriertem Gemüse oder mit Mehlbutter. Bei sahnigen Saucen kann auch einfach Sahne zugegossen werden. Immer aber sollte das Nachwürzen nicht vergessen werden! Bei süßen Saucen können Saft, Sahne, Sirup oder Fruchtpüree helfen.

... ist zu dünn!

Hier gibt es verschiedene Möglichkeiten: Mehlbutter in kleinen Stücken unterrühren, etwas in kaltem Wasser angerührte Stärke in die Sauce geben, Crème fraîche hineinrühren, Früchte oder Gemüse pürieren und untermixen oder die Sauce mit eiskalter Butter sämig machen. Bisweilen ist auch eine roh hineingeriebene Kartoffel die beste Lösung. Die Kartoffel schälen, ganz fein hineinraspeln, 5 Minuten köcheln lassen und dann – bei cremigen Saucen – nochmals aufmixen. Auch geschlagene Sahne kann helfen: Sahne steif schlagen und mit der Sauce vermengen. Nachwürzen und sofort servieren, sonst verflüchtigt sich der schaumig-cremige Effekt.

Rezepte

Saucen zu Salaten & Vorspeisen, zu Gemüse & Pasta, zu Fisch, Fleisch, Geflügel & Wild und natürlich zu Desserts – hier finden Sie die perfekten Saucen & Dips zu jedem Gericht.

Hinweise und Abkürzungen

- Alle Rezepte und Zutaten gelten für 4 Portionen, falls nicht anders angegeben.

- Die tatsächlichen Zubereitungszeiten können von den hier angegebenen leicht abweichen. Dies ist insbesondere durch verschiedene Zubereitungsmethoden, Arbeitsgeschwindigkeit und Herdtyp bedingt. Zusätzliche Zeiten, wie längere Koch-, Kühl- und Backzeiten, werden hier nicht separat ausgewiesen.

- Der Backofen sollte stets ca. 10 Minuten auf die angegebene Temperatur vorgeheizt werden, bevor Sie das Gargut hineinstellen. Bei Umluftherden bitten wir um Beachtung der Herstellerangaben zu Temperatur und Zeit.

- Wenn in Rezepten die Schale von Zitrusfrüchten benötigt wird, verwenden Sie bitte ausschließlich unbehandelte Früchte.

- Verwenden Sie bei Eiern und einzelnen Gemüsesorten, wie zum Beispiel Zwiebeln, stets mittelgroße Exemplare, wenn nicht anders angegeben.

- Wird Pfeffer benötigt verwenden Sie nach Möglichkeit frisch gemahlenen, schwarzen Pfeffer.

- Wenn nicht anders angegeben, werden Milchprodukte als Vollfettstufe verwendet. Das heißt: Milch: 3,5 %, Quark: 40 %, Joghurt: 3,5 % etc.

- Kräuter müssen vor ihrer Verarbeitung immer gewaschen und trocken geschüttelt werden.

- Zwiebeln und Knoblauchzehen sollten grundsätzlich vor der weiteren Verarbeitung geschält werden, wenn nicht im Rezept anders angegeben.

- Tomaten häuten: Die Tomaten kreuzweise einritzen und den Stielansatz entfernen. Anschließend die Tomaten mit kochendem Wasser überbrühen. Sobald sich die Schale anfängt zu lösen, das Wasser abgießen und die Tomaten häuten.

- Das verwendete Gemüse wird vor der Zubereitung grundsätzlich geputzt und gewaschen.

- Fleisch, Fisch und Meeresfrüchte sollten vor der Verarbeitung gewaschen und trocken getupft werden.

• Paprika häuten: Paprikaschoten halbieren, putzen und entkernen. Mit der Schnittseite nach unten auf ein Backblech setzen und unter dem heißen Grill so lange garen, bis die Haut anfängt schwarz zu werden und Blasen wirft. Die Schoten in einem verschlossenen Frühstücksbeutel abkühlen lassen. Anschließend lässt sich die Haut gut entfernen.

Abkürzungsverzeichnis

Abb.	= Abbildung		g	= Gramm		ml	= Milliliter	
ca.	= zirka		i. Tr.	= in der Trockenmasse		Msp.	= Messerspitze	
cl	= Zentiliter		kcal	= Kilokalorien		s. S.	= siehe Seite	
cm	= Zentimeter		kg	= Kilogramm		Std.	= Stunde	
E	= Eiweiß		KH	= Kohlenhydrate		TK	= tiefgekühlt	
El	= Esslöffel		kJ	= Kilojoule		Tl	= Teelöffel	
F	= Fett		l	= Liter		Ø	= Durchmesser	
FP	= Fertigprodukt		Min.	= Minuten				

Grundsaucen

Sauce Béchamel

30 g Butter schmelzen, **30 g Mehl** unter Rühren zugeben und etwa 4 Minuten weiterrühren. **500 ml Milch** unter ständigem Rühren zugeben, sodass keine Klümpchen entstehen. Aufkochen und bei geringer Temperatur etwa 15 Minuten köcheln. Mit **Salz**, **Pfeffer** und gemahlener **Muskatnuss** abschmecken.

Pro Portion: ca. 5 g E, 36 g F, 12 g KH, 388 kcal

Sauce Hollandaise

2 El Wasser mit **1 Tl Weißweinessig** und **1/2 Tl zerstoßenen weißen Pfefferkörnern** in einem Topf erhitzen und etwas einkochen lassen. Abkühlen lassen. Die Reduktion in einer Metallschüssel ins heiße Wasserbad stellen und **2 Eigelb** zugeben. In etwa 5 Minuten schaumig schlagen (nicht zu heiß werden lassen). **125 g geschmolzene Butter** zugeben und die Sauce dick schlagen. Mit **Salz** und **Zitronensaft** abschmecken.

Pro Portion: ca. 2 g E, 29 g F, 1 g KH, 275 kcal

Sauce **Béarnaise**

100 ml Weißwein mit **3 El Sherryessig**, **1 geschälten und gewürfelten Schalotte**, **1 Tl frisch gehacktem Estragon** und **3 zerstoßenen Pfefferkörnern** erhitzen und etwa 2 Minuten köcheln. Passieren und abkühlen lassen. Mit **4 Eigelb** in einer Schüssel über dem heißen Wasserbad schaumig schlagen. Aus dem Wasserbad nehmen, **180 g flüssige Butter** einrühren. Mit **Salz**, **Cayennepfeffer** und je **1 Tl frisch gehackter Petersilie und Kerbel** servieren.

Pro Portion: ca. 4 g E, 45 g F, 2 g KH, 435 kcal

Sauce Mornay

30 g Butter schmelzen, **30 g Mehl** unter Rühren zugeben und etwa 4 Minuten weiterrühren. **500 ml Milch** unter ständigem Rühren zugeben, sodass keine Klümpchen entstehen. Aufkochen und bei geringer Temperatur etwa 15 Minuten köcheln. **30 g frisch geriebenen Käse** nach Wahl unterrühren. Mit **Salz**, **Pfeffer** und **Cayennepfeffer** abschmecken.

Pro Portion: ca. 7 g E, 12 g F, 12 g KH, 183 kcal

Sauce Mousseline

- 1 Tl Weißweinessig
- 1/2 Tl weiße Pfefferkörner
- 2 Eigelb
- 125 g Butter
- 125 ml Sahne
- Salz
- Zitronensaft

2 El Wasser mit dem Weißweinessig und den zerstoßenen Pfefferkörnern in einem Topf erhitzen und etwas einkochen lassen. Abkühlen lassen. Die Reduktion in einer Metallschüssel ins heiße Wasserbad stellen und Eigelb zugeben. In etwa 5 Minuten schaumig schlagen (nicht zu heiß werden lassen). Die geschmolzene Butter zugeben und die Sauce dick schlagen. Die Sahne steif schlagen und unter die Sauce heben. Mit Salz und Zitronensaft abschmecken.

Pro Portion:
ca. 3 g E, 39 g F, 2 g KH, 365 kcal

TIPP
Die Sauce Mousseline ist eine Verfeinerung der Sauce Hollandaise. Sie passt sehr gut zu frischem jungen Gemüse, Spargel, Hummer und Geflügelfleisch.

Weißweinsauce

1 geschälte und gehackte Schalotte in **2 El heißer Butter** glasig dünsten. **50 g geputzte und fein gehackte Champignons** zugeben und 3 Minuten mitschmoren. **125 ml trockenen Weißwein** und **100 ml Kalbsfond** (FP oder Rezept S. 158) angießen und die Sauce 10 Minuten köcheln. Durch ein Sieb streichen und **3 El Sahne** einrühren. Mit **Salz** und **Pfeffer** abschmecken.

Pro Portion: ca. 2 g E, 3 g F, 2 g KH, 67 kcal

Sahnesauce

1 geschälte und gewürfelte Zwiebel in **2 El heißer Butter** andünsten. Je **200 ml Weißwein** und **Gemüsebrühe** angießen und um die Hälfte einkochen lassen. **100 ml Sahne** unter die Sauce rühren und weitere 5 Minuten köcheln. Mit **Salz**, **Pfeffer** und einem **Spritzer Zitronensaft** abschmecken.

Pro Portion: ca. 1 g E, 11 g F, 4 g KH, 144 kcal

Pilzsauce

400 ml Sauce Béchamel (FP oder Rezept S. 204) erhitzen und **100 g geputzte und in dünne Scheiben geschnittene Champignons** zugeben. 10 Minuten unter Rühren köcheln. Topf vom Herd nehmen. Mit **1 El Zitronensaft**, etwas abgeriebener **Schale von 1 unbehandelten Zitrone**, **1/4 Tl Paprikapulver** und **1 Prise Cayennepfeffer** abschmecken. **30 g kalte Butter** in Flöckchen unterschlagen.

Pro Portion: ca. 4 g E, 12 g F, 7 g KH, 156 kcal

Dunkle Bratensauce

30 g Butter schmelzen und mit **30 g Mehl** unter Rühren eine Mehlschwitze herstellen. **300 ml Rinderfond** (FP oder Rezept S. 156) und **200 ml Rotwein** angießen und glatt rühren. Etwas einkochen lassen und mit **Salz**, **Pfeffer** und **1/2 Tl Paprikapulver** abschmecken.

Pro Portion: ca. 5 g E, 8 g F, 7 g KH, 158 kcal

Käsesauce

300 ml Sahne in einem Topf aufkochen. **300 g frisch geriebenen Gouda** nach und nach unter Rühren zugeben und schmelzen lassen. **50 ml Wein oder Gemüsebrühe** (FP oder Rezept S.139) angießen und etwas einkochen. Die Sauce mit **Salz**, **Pfeffer** und **gemahlener Muskatnuss** abschmecken.

Pro Portion: ca. 21 g E, 45 g F, 3 g KH, 500 kcal

Zwiebelsauce

300 g geschälte und fein gehackte Zwiebeln in **3 El erhitzter Butter** glasig schmoren, abgedeckt etwa 15 Minuten schmoren. **400 ml erhitzte Sauce Béchamel** (FP oder Rezept S. 204) zugeben und unter Rühren aufkochen. Bei geringer Temperatur etwa 30 Minuten köcheln. Sauce pürieren, **3 El Crème fraîche** unterheben, aufkochen und 5 Minuten sämig kochen. Mit **geriebener Muskatnuss**, **Salz**, **Pfeffer** und **etwas Zitronensaft** abschmecken.

Pro Portion: ca. 4 g E, 11 g F, 11 g KH, 155 kcal

Tomatensauce

2 geschälte und gehackte Zwiebeln in **2 El erhitztem Olivenöl** glasig dünsten. **500 g gewürfelte Tomaten** zugeben und 5 Minuten mitdünsten. **375 ml Weißwein** und **200 ml Gemüsebrühe** (FP oder Rezept S. 139) angießen und die Sauce bei geringer Temperatur etwa 45 Minuten köcheln. Anschließend durch ein Sieb streichen und auf die gewünschte Konsistenz einkochen. Mit **Salz**, **Pfeffer** und **2 El frisch gehacktem Basilikum** abschmecken.

Pro Portion: ca. 2 g E, 4 g F, 8 g KH, 134 kcal

Rotweinsauce

100 g Rinderhack in **2 El erhitztem Olivenöl** kräftig anbraten. Je **1 geschälte Zwiebel und Knoblauchzehe** und **1 Bund geputztes Suppengemüse** klein schneiden und zum Fleisch geben. **1 El Tomatenmark** einrühren. **500 ml Rotwein**, **1 Lorbeerblatt**, **2 Pimentkörner**, **5 Pfefferkörner** zugeben und 20 Minuten köcheln. Sauce durch ein Sieb streichen und mit **Salz** und **Pfeffer** abschmecken. **75 g kalte Butter** in Flöckchen einrühren und die Sauce sämig kochen.

Pro Portion: ca. 6 g E, 22 g F, 7 g KH, 325 kcal

Helle Buttersauce

- 2 Schalotten
- 2 El Butter
- 1 El Weißweinessig
- 200 ml Weißwein
- 150 g kalte Butter
- Salz
- Pfeffer
- 2 El Sahne

Die geschälten und fein gehackten Schalotten in der erhitzten Butter glasig schmoren. Den Weißweinessig und Weißwein angießen und auf ein Drittel einkochen lassen. Die Sauce durch ein Sieb streichen. Die kalte Butter in Würfeln in die nicht mehr kochende Sauce rühren, bis sie sämig gebunden ist. Mit Salz und Pfeffer abschmecken. Die Sahne steif schlagen und unter die Sauce heben.

Pro Portion:
ca. 1 g E, 3 g F, 1 g KH, 43 kcal

TIPP
Die helle Buttersauce können Sie nach Geschmack mit Kräutern, verschiedenen Gewürzen, Senf oder Meerrettich abwandeln und zu Fisch, Fleisch und Gemüse servieren.

Salatsaucen & Dressings

French Dressing

In einer Schüssel **50 ml Essig** oder **Zitronensaft** mit **1/4 Tl Salz**, **Pfeffer** und **1/2 Tl Senf** verrühren. Nach und nach **150 ml Walnussöl** unterrühren. Passt zu Blattsalaten.

Pro Portion: ca. 1 g E, 38 g F, 1 g KH, 335 kcal

Sherrydressing

3 El trockenen Sherry mit **8 El Olivenöl**, **Salz**, **schwarzem Pfeffer** und **Zucker** nach Geschmack in einer Schüssel miteinander verrühren. Passt zu Blattsalaten.

Pro Portion: ca. 1 g E, 10 g F, 1 g KH, 96 kcal

Warme Speck-Vinaigrette

120 g Frühstücksspeck in feinen Würfeln in **3 El Olivenöl** knusprig braten. Herausnehmen und auf Küchenpapier abtropfen lassen. **2 geschälte und fein gehackte Schalotten** im Speckfett glasig schmoren. **100 ml Apfelessig** und **2 Tl Zucker** zugeben und unter Rühren auflösen. **2 Tl Senf** und **2 Tl frisch gehackten Thymian** zugeben und mit **Salz** und **Pfeffer** abschmecken. Den Speck und **2 in Ringe geschnittene Frühlingszwiebeln** unterheben. Passt zu Kartoffel- und Gemüsesalat.

Pro Portion: ca. 6 g E, 6 g F, 4 g KH, 100 kcal

Vinaigrette

2 El Rotweinessig mit **2 El Apfelessig**, **2 Tl Kürbiskernöl** und **4 El Sonnenblumenöl** mischen. **1 Tl Akazienhonig** einrühren und mit **Salz**, **Pfeffer** und etwas abgeriebener **Schale von 1 unbehandelten Zitrone** abschmecken. Passt zu Kohlsalaten.

Pro Portion: ca. 1 g E, 8 g F, 1 g KH, 74 kcal

Haselnuss-Honig-Dressing

6 El Haselnussöl mit **3 El weißem Aceto Balsamico** verrühren. **1 Tl Honig** und **1 Tl Dijonsenf** hinzufügen und mit **1 Prise gemahlenem Ingwer**, **Salz** und **Pfeffer** abschmecken. Passt zu Salaten mit Käse.

Pro Portion: ca. 1 g E, 8 g F, 1 g KH, 74 kcal

Zitronen-Basilikum-Dressing

Die **abgeriebene Schale von 1 unbehandelten Zitrone** mit **50 ml Zitronensaft**, **2 El Mayonnaise** und **1 Tl Honig** verrühren. Mit **Salz**, **Pfeffer**, **1/2 Bund frisch gehacktem Basilikum** und **100 ml Olivenöl** mischen. Passt zu Salaten aus gegrilltem Gemüse.

Pro Portion: ca. 1 g E, 27 g F, 6 g KH, 275 kcal

Crema di Balsamico

2 El Zucker in einem Topf erhitzen und unter Rühren karamellisieren lassen. **500 ml Traubensaftkonzentrat** und **500 ml Aceto Balsamico** dazugeben und aufkochen. Unter mehrmaligem Rühren bei geringer Temperatur bis auf 1/3 einkochen lassen. Tropfenweise für Dressings oder zum Kochen verwenden. Passt zu allen Salaten.

Pro Portion: ca. 1 g E, 1 g F, 21 g KH, 110 kcal

Kräuterdressing

100 ml Sonnenblumenöl mit **50 ml Essig**, **1/4 Tl Salz** und **Pfeffer** verrühren. Je **1 El frisch gehackte Petersilie**, **frisch gehackten Kerbel**, **Oregano** und **Schnittlauchröllchen** sowie **Kresse** unterheben. Passt zu allen Salaten.

Pro Portion: ca. 1 g E, 25 g F, 1 g KH, 227 kcal

American Dressing

175 g Joghurt mit **60 g Crème fraîche** glatt rühren. **4 El Ketchup** und **2 Tl Senf** zugeben. Die Mischung mit **5 Tl Zitronensaft**, **1 Tl Zucker** und je **2 El frisch gehackter Petersilie und Schnittlauchröllchen** verfeinern. Passt zu Gemüse- und Blattsalaten.

Pro Portion: ca. 2 g E, 6 g F, 6 g KH, 93 kcal

Balsamico-Olivenöl-Dressing

2 geschälte Knoblauchzehen mit **1 Tl getrocknetem Thymian** und **1 El Tomatenmark** im Mixer pürieren. Mit **Salz** und **Pfeffer** abschmecken. Zuletzt **6 El Aceto balsamico** und **100 ml Olivenöl** zugeben und gut verrühren.

Pro Portion: ca. 1 g E, 25 g F, 1 g KH, 226 kcal

Thousand-Island-Dressing

- 1 El gefüllte Oliven
- 1/4 Zwiebel
- 1/4 grüne Paprikaschote
- 1/2 hart gekochtes Ei
- 120 g Mayonnaise
- 1/2 El frisch gehackte Petersilie
- Chilisauce
- Salz
- Pfeffer

Die Oliven fein würfeln. Die Zwiebel schälen und hacken. Die Paprikaschote entkernen und mit dem gekochten Ei fein hacken. Oliven, Zwiebeln, Paprika und Ei mit der Mayonnaise verrühren. Mit Chilisauce, Salz und Pfeffer abschmecken.

Pro Portion:
ca. 3 g E, 27 g F, 4 g KH, 268 kcal

TIPP
Dieses Dressing schmeckt am besten zu Salaten mit Fisch und Meeresfrüchten, aber auch zu Nudel- und Reissalaten. Sie können das Dressing dann mit 1 El Limettensaft noch etwas säuern.

Zitronendressing

50 ml frisch gepressten Zitronensaft mit **1 El frisch gepresstem Orangensaft**, **1 El Rotweinessig**, **2 Tl Honig** und **1 El Mayonnaise** verrühren. **2 Tl Senf**, **1 Tl körnigen Senf**, **Salz** und **Pfeffer** zugeben. **100 ml Olivenöl** und **1 El frisch gehackten Estragon** unterrühren. Passt zu Salaten aus rohem und gekochtem Gemüse.

Pro Portion: ca. 1 g E, 26 g F, 5 g KH, 255 kcal

Apfeldressing

2 El geröstete Sesamkörner mit **1/2 geschälten, entkernten und fein geriebenen Apfel** und **3 El Limonensaft** mischen. **1/2 Tl Zuckerrübensirup** und **4 El Rapsöl** unterrühren. **1 El frisch gehackte Petersilie** zugeben. Mit **Salz** und **Pfeffer** abschmecken. Passt zu Rohkostsalaten.

Pro Portion: ca. 1 g E, 7 g F, 6 g KH, 84 kcal

Blau-schimmel-käse-dressing

- 50 g Mayonnaise
- 50 g Blauschimmelkäse
- 1–2 El frisch gepresster Zitronensaft
- Salz
- Pfeffer
- 2 El Schnittlauchröllchen

Die Mayonnaise mit dem zerkrümelten Blauschimmelkäse verrühren und mit dem Zitronensaft abschmecken. Mit Salz und Pfeffer würzen. Die Schnittlauchröllchen unterheben.

Pro Portion:
ca. 3 g E, 14 g F, 1 g KH, 142 kcal

TIPP
Das Dressing passt besonders gut zu Karotten-Sellerie-Salat. Als Blauschimmelkäse können Sie Roquefort oder Gorgonzola verwenden. Der englische Blauschimmelkäse Stilton ist sehr würzig und sollte vorsichtig verwendet werden.

Pfeffer-Orangen-Dressing

Den **Saft von 1 Orange** mit **6 El Traubenkernöl** verrühren. **1 El eingelegte grüne Pfefferkörner** zerdrücken und mit **Salz** dazugeben. Mit **1 Spritzer Tabasco** und **Honig** abschmecken. Passt zu Fenchelsalat.

Pro Portion: ca. 1 g E, 8 g F, 1 g KH, 71 kcal

Joghurt-Orangen-Dressing

75 g Joghurt mit **75 ml Sahne** und dem **Saft von 1 Orange** verrühren. Mit **Salz** und **Pfeffer** abschmecken. Passt zu Reis- und Nudelsalat.

Pro Portion: ca. 1 g E, 6 g F, 2 g KH, 70 kcal

Meerrettich-Sahne-Dressing

150 ml saure Sahne mit **2 El Sahne**, **4 El frisch geriebenem Meerrettich** und **2 Tl Limonensaft** verrühren. Mit **Salz** und **Pfeffer** abschmecken. Passt zu gekochtem Gemüse.

Pro Portion: ca. 1 g E, 5 g F, 3 g KH, 58 kcal

Erdnussdressing

100 g Erdnussbutter mit **100 g Joghurt** und **2 El Sherry** glatt rühren. **1 geschälte und gehackte Knoblauchzehe** unterheben. **2 El Sesamöl** und **2 El Weißweinessig** hinzufügen und gut verrühren. **2 El frisch gehackte Petersilie** zugeben. Passt zu Nudel- und Reissalat.

Pro Portion: ca. 8 g E, 16 g F, 4 g KH, 189 kcal

Vinaigrette für Nizzasalat

50 ml Weißweinessig mit **2 Tl Senf**, **1 Tl Honig** und **1 geschälten und fein gehackten Knoblauchzehe** verrühren. **1 Tl Anchovispaste** hinzufügen und mit **Salz** und **Pfeffer** abschmecken. **100 ml Olivenöl** einrühren.

Pro Portion: ca. 1 g E, 26 g F, 1 g KH, 235 kcal

Minz-Vinaigrette

3 El Weißweinessig mit **1 El frisch gepresstem Zitronensaft** und **2 Tl Senf** sowie **1 Tl Honig** verrühren. Mit **Salz** und **Pfeffer** würzen. **100 ml Rapsöl** und **1/2 Bund frisch gehackte Minze** unterrühren. Passt zu Fleischsalaten.

Pro Portion: ca. 1 g E, 25 g F, 2 g KH, 229 kcal

Oregano-Knoblauch-Vinaigrette

- 8 Knoblauchzehen
- 1 El Olivenöl
- Salz
- Pfeffer
- 50 ml Weißweinessig
- 1 Tl Honig
- 2 El frisch gehackter Oregano
- 1/2 Tl Salz
- 1/4 Tl rote Chiliflocken
- 150 ml Olivenöl

Die Knoblauchzehen ungeschält auf Alufolie legen, mit Olivenöl bestreichen, mit etwas Salz und Pfeffer bestreuen und einwickeln. Im Ofen bei 180 °C (Umluft 160 °C) etwa 45 Minuten garen, bis die Zehen weich sind. Etwas abkühlen lassen, dann schälen und mit einer Gabel zerdrücken. Anschließend mit Weißweinessig, Honig, Oregano, Salz, Chiliflocken und Olivenöl verrühren.

Pro Portion:
ca. 1 g E, 38 g F, 3 g KH, 345 kcal

TIPP
Diese Oregano-Knoblauch-Vinaigrette passt gut zu Kartoffel- und Gemüsesalat. Die gerösteten Knoblauchzehen können Sie vorbereiten und zugedeckt im Kühlschrank bis zu 3 Tage lagern.

Buttermilchdressing

100 ml Buttermilch mit **2 El Mayonnaise**, **2 El saurer Sahne** und **1 El Senf** verrühren und mit **Salz** und **Pfeffer** abschmecken. Passt zu Kartoffelsalat.

Pro Portion: ca. 1 g E, 3 g F, 1 g KH, 33 kcal

Dressing mit Kokosmilch und Curry

175 ml Kokoscreme mit **25 g frisch geriebenem Ingwer**, **1/2 El Curry**, **2 El Weißweinessig** und **2 El Crème fraîche** zu einem Dressing verrühren und mit **Salz** und **Pfeffer** würzen. Passt zu Gemüse- und Rohkostsalaten.

Pro Portion: ca. 1 g E, 1 g F, 4 g KH, 31 kcal

Sesamdressing

50 ml Reisweinessig mit **50 ml Rapsöl**, **2 El Sojasauce** und **1 geschälten und zerdrückten Knoblauchzehe** verrühren. Mit **Salz** und **Pfeffer** abschmecken. Zum Schluss **2 El Sesamöl** zugeben und cremig rühren. Passt zu asiatischen Salaten.

Pro Portion: ca. 1 g E, 15 g F, 1 g KH, 139 kcal

Koriander-Knoblauch-Vinaigrette

2 El frisch gehackten Koriander mit **1 geschälten und zerdrückten Knoblauchzehe**, **1 El Honig**, **50 ml Balsamessig** und **100 ml Olivenöl** cremig rühren. Mit **Salz** und **Pfeffer** würzen. Passt zu gegrillten Gemüsesalaten, Pilzen und Blattsalaten.

Pro Portion: ca. 1 g E, 25 g F, 1 g KH, 230 kcal

Minzsauce

100 ml Sahne mit dem **Saft von 1 Limette**, **10 fein gehackten frischen Pfefferminzblättern** und **2 El Ricotta** verrühren. Mit **Salz** und **Pfeffer** abschmecken. Passt zu Nudelsalat und zu grünem Salat.

Pro Portion: ca. 1 g E, 8 g F, 2 g KH, 83 kcal

Joghurt-Salatdressing

Je **2 El Weißwein- und Apfelessig** mit **1 El braunem Zucker**, **1 Tl Salz**, **1 Tl frisch gehacktem Kerbel**, **1 Tl körnigem Senf** und je **125 ml Joghurt** sowie **saurer Sahne** verrühren. Passt zu Kartoffelsalat.

Pro Portion: ca. 2 g E, 2 g F, 2 g KH, 66 kcal

Walnuss-Kräuter-Dressing

- 4 El weißer Balsamessig
- 6 El Walnussöl
- je 1 Stängel Thymian und Rosmarin
- Salz
- Pfeffer
- 6 Walnusskerne

Den weißen Balsamessig mit dem Walnussöl verrühren. Die Blätter und Nadeln von den Kräuterzweigen zupfen und fein hacken. Zum Dressing geben und mit Salz und Pfeffer würzen. Die Walnusskerne hacken und unterheben.

Pro Portion:
ca. 2 g E, 16 g F, 2 g KH, 159 kcal

TIPP
Dieses nussige Salatdressing passt gut zu einem Salat aus gekochten grünen oder gelben Bohnen. Nach Belieben können Sie noch eine fein gehackte rote Zwiebel dazugeben.

Grüne Pfeffer-Vinaigrette

3 El Weißweinessig, **2 Tl Dijonsenf** und **2 Tl Honig** cremig rühren. Mit **Salz** und **Pfeffer** abschmecken. **50 ml Olivenöl** einrühren. **1 El abgetropfte eingelegte Pfefferkörner** zum Dressing geben. Passt zu grünem Spargelsalat.

Pro Portion: ca. 1 g E, 13 g F, 3 g KH, 236 kcal

Dilldressing

3 El Weißweinessig mit **1 El frisch gepresstem Zitronensaft**, **2 Tl Honig** und **2 Tl Dijonsenf** verrühren. **4 El frisch gehackten Dill** unterheben. Mit **Salz** und **Pfeffer** abschmecken. **100 ml Olivenöl** zugeben und cremig rühren.

Pro Portion: ca. 1 g E, 25 g F, 3 g KH, 236 kcal

Himbeer-Vinaigrette

- **3 El Himbeeressig**
- **2 El Erdnussöl**
- **1 Prise Zucker**
- **Salz**
- **Pfeffer**
- **12 Himbeeren**

Den Himbeeressig mit 2 El Wasser und dem Erdnussöl verrühren und mit Zucker, Salz und Pfeffer abschmecken. Die Himbeeren putzen, waschen und mit einer Gabel zerdrücken. Unter das Dressing heben und alles glatt rühren.

Pro Portion:
ca. 1 g E, 3 g F, 2 g KH, 35 kcal

TIPP
Die Himbeer-Vinaigrette passt zu gemischten Salaten mit Geflügel und zu Feldsalat. Sie können die Vinaigrette auch als Saucenersatz zu gebratenem Fleisch servieren.

Senf-Honig-Dressing

50 ml Weißweinessig mit **1 Tl Dijonsenf**, **2 fein gehackten geschälten Knoblauchzehen**, **1 Tl Honig** cremig rühren. Mit **Salz** und **Pfeffer** abschmecken. Dann **100 ml Olivenöl** hinzufügen und alles glatt rühren. Passt zu Blattsalaten.

Pro Portion: ca. 1 g E, 25 g F, 2 g KH, 230 kcal

Orangendressing

Den **Saft von 1 Orange** mit **4 El Zitronensaft**, **3 El Gemüsebrühe** (FP oder Rezept S. 139) und **8 El Olivenöl** cremig rühren. Mit **Salz**, **Pfeffer** und **1 Tl frisch gehacktem Kerbel** abschmecken. Passt zu Gemüsesalaten.

Pro Portion: ca. 1 g E, 10 g F, 2 g KH, 100 kcal

Dressing mit Reiswein und schwarzem Pfeffer

50 ml Reisweinessig mit **100 ml Olivenöl** verrühren, **3 El Dijonsenf** und **2 Tl Honig** hinzufügen und cremig rühren. Mit **Salz** und **Pfeffer** abschmecken. Passt zu gegrilltem Fleisch und Gemüse.

Pro Portion: ca. 1 g E, 25 g F, 2 g KH, 235 kcal

Griechisches Knoblauchdressing

6 geschälte Knoblauchzehen mit etwas **Salz** fein zerdrücken und mit **5 El Olivenöl**, **3 El Zitronensaft** und **3 El Gemüsebrühe** cremig rühren. Mit Salz, **Pfeffer** und je **1/4 Tl getrocknetem Oregano und Thymian** abschmecken. Passt zu griechischem Salat und Salaten mit Käse.

Pro Portion: ca. 1 g E, 6 g F, 2 g KH, 67 kcal

Würzige Sesam-Vinaigrette

- **50 ml Reisweinessig**
- **2 Tl Honig**
- **1 Tl rote Chiliflocken**
- **1 Knoblauchzehe**
- **1 Tl Sojasauce**
- **Salz**
- **Pfeffer**
- **50 ml Rapsöl**
- **2 Tl Sesamöl**

Den Reisweinessig mit dem Honig, den Chiliflocken, der geschälten und gehackten Knoblauchzehe und der Sojasauce im Mixer pürieren. Mit Salz und Pfeffer abschmecken. Das Rapsöl zugeben und mit dem Sesamöl aromatisieren.

Pro Portion:
ca. 1 g E, 15 g F, 3 g KH, 145 kcal

TIPP
Diese Vinaigrette passt zu Salaten mit asiatischem Gemüse, ist aber auch als Marinade für Spargel und anderes gegrilltes Gemüse geeignet.

Gemüse-saucen

Bärlauchsauce

4 geschälte und gehackte Schalotten in **2 El erhitzter Butter** glasig schmoren. **1 Portion Sauce Hollandaise** (FP oder Rezept S. 205) zugeben und erhitzen. Mit **Salz**, **Pfeffer**, **gemahlener Muskatnuss** und **Zitronensaft** abschmecken. **1 Bund frisch gehackte Bärlauchblätter** und **100 ml steif geschlagene Sahne** einrühren. Passt zu Kartoffeln.

Pro Portion: ca. 2 g E, 11 g F, 4 g KH, 123 kcal

Spinat-Kräuter-Mayonnaise

2 Bund gemischte Kräuter und **50 g Spinat** in kochendem Wasser 1 Minute blanchieren, abgießen, abschrecken und fein hacken. Mit **250 g Mayonnaise** verrühren. Passt zu allen Gemüsesorten, Eiergerichten und Salaten.

Pro Portion: ca. 1 g E, 52 g F, 2 g KH, 473 kcal

Haselnuss-pesto

- 1 1/2 Bund Petersilie
- 8 Basilikumblätter
- 100 g Haselnüsse
- 1 Knoblauchzehe
- 90 ml Olivenöl
- 1 El Haselnussöl
- 3 El frisch geriebener Parmesan
- Salz
- Pfeffer

Die Petersilie, die Basilikumblätter, die Haselnüsse und die geschälten Knoblauchzehen im Mixer fein mahlen. Das Olivenöl einfließen lassen. Den Parmesan und die Gewürze zugeben und das Pesto glatt rühren.

Pro Portion:
ca. 5 g E, 41 g F, 4 g KH, 393 kcal

TIPP
Dieses Pesto aus Petersilie und Haselnüssen schmeckt besonders fein zu gegrillten Pilzen und Gemüse. Es kann einige Stunden vor dem Servieren zubereitet werden.

Käsesauce mit Kräutern

1 geschälte und gehackte Knoblauchzehe in **250 ml Gemüsebrühe** (FP oder Rezept S. 139) und **50 ml Wein** aufkochen, 2 Minuten köcheln, dann **150 g Ricotta** und **100 g frisch geriebenen Parmesan** zugeben und glatt rühren. **1 Tl Speisestärke** in wenig Wasser anrühren und die Sauce damit binden. **1 Paket gemischte TK-Kräuter** zugeben, 2 Minuten ziehen lassen. Mit **Salz**, **Pfeffer** und **Zucker** abschmecken. Passt zu Blumenkohl, Kohlrabi und Brokkoli.

Pro Portion: ca. 14 g E, 13 g F, 5 g KH, 200 kcal

Kümmelschaum

2 Eier mit **2 Eigelb** und **3 El Kalbsfond** im heißen Wasserbad schaumig schlagen. **225 ml Kalbsfond** (FP oder Rezept S. 158) und **125 ml Sahne** zugeben und cremig rühren, nicht kochen. Mit **Salz**, **Pfeffer** und **1/2 Tl gemahlenem Kümmel** abschmecken. Passt zu Kohl.

Pro Portion: ca. 11 g E, 16 g F, 2 g KH, 199 kcal

Paprikasauce

Je **2 El fein gehackte Zucchini** und **Aubergine** mit **1 gewürfelten roten Paprikaschote**, **2 geschälten gehackten Knoblauchzehen** sowie **1 grünen gehackten Chilischote** in **2 El erhitztem Olivenöl** anschmoren. **2 El Tomatenmark** und **4 El Tomatenketchup** einrühren und etwas einkochen. Die Sauce pürieren, mit **Salz**, **Pfeffer**, **1 Tl Sojasauce** abschmecken. **4 El frisch gehackten Koriander** unterheben. Passt zu gegrilltem Gemüse.

Pro Portion: ca. 1 g E, 3 g F, 3 g KH, 45 kcal

Gelbe Paprikasauce

8 gelbe geputzte Paprikaschoten grillen, bis die Haut Blasen wirft. Häuten, das Fruchtfleisch hacken und mit **600 ml Gemüsebrühe** (FP oder Rezept S. 139), **1 Tl Chilisauce** und **1 geschälten und gehackten Knoblauchzehe** etwa 20 Minuten köcheln. Pürieren, erhitzen und mit **Salz** und **Pfeffer** abschmecken. Passt zu Spargel.

Pro Portion: ca. 4 g E, 4 g F, 10 g KH, 94 kcal

Orangen-Zitronen-Sauce

Den Saft von **1 unbehandelten Zitrone** und **Orange** auspressen, die Schalen von je 1/2 Frucht dünn abreiben. Beides mit **Salz**, **Pfeffer** und **4 El Distelöl** verrühren. **1 Bund Schnittlauch** in Röllchen unterheben, 2 Stunden ziehen lassen. Passt zu Spargel und Brokkoli.

Pro Portion: ca. 1 g E, 5 g F, 3 g KH, 60 kcal

Orangen-Curry-Sauce

1 geschälte und gehackte Schalotte in **2 El Butter** andünsten. **1/2 Tl Currypulver**, **1 Tl Zucker**, **1 Tl Senfkörner**, **die abgeriebene Schale von 2 unbehandelten Orangen** und **2 Tl Currypulver** zugeben. **100 ml Orangensaft** und **50 ml Wasser** angießen, aufkochen und 3 Minuten köcheln. Durch ein Sieb gießen, **150 ml Sahne** zugeben und mit **1 Tl in Wasser gerührter Speisestärke** binden. Mit **Salz**, **Pfeffer** und **Zucker** abschmecken. Passt zu Lauch, Möhren und Rosenkohl.

Pro Portion: ca. 1 g E, 14 g F, 6 g KH, 149 kcal

Walnuss-Kresse-Sauce

- **2 Zwiebeln**
- **2 El Butter**
- **150 g Walnusskerne**
- **400 ml Gemüsebrühe (FP oder Rezept S. 139)**
- **100 ml dunkle Bratensauce (FP oder Rezept S. 213)**
- **Salz**
- **Pfeffer**
- **edel-süßes Paprikapulver**
- **1 Kästchen Kresse**

Die Zwiebeln schälen und fein hacken. Die Butter erhitzen und die Zwiebeln darin andünsten. Die Walnusskerne fein hacken und unter Rühren kurz mitschmoren. Die Gemüsebrühe angießen und um ein Drittel einkochen. Die Bratensauce zugeben und mit Salz, Pfeffer und Paprikapulver abschmecken. Die Kresse abschneiden und unterheben.

Pro Portion:
ca. 9 g E, 29 g F, 8 g KH, 323 kcal

TIPP
Die Sauce passt besonders gut zu Blattgemüse, wie Spinat oder Mangold. Sie können zusätzlich noch etwas gekochtes Rindfleisch in die Sauce geben.

Weiße Sardellensauce

4 geschälte und gehackte Knoblauchzehen in **4 El erhitztem Olivenöl** andünsten. **12 abgetropfte gehackte Sardellen aus dem Glas** zugeben und alles 2 Minuten köcheln. **8 El Olivenöl**, **4 El abgetropfte gehackte Kapern** und **4 El Butter** zugeben und alles sämig rühren. Mit **Salz**, **Pfeffer** und **2 El gehacktem Koriander** abschmecken. Passt zu Paprika, Möhren und Stangensellerie.

Pro Portion: ca. 7 g E, 11 g F, 4 g KH, 145 kcal

Sauce mit Kurkuma und Cashewkernen

2 geschälte und gehackte Zwiebeln und **3 geschälte, gehackte Tomaten** in **2 El erhitztem Öl** andünsten. **100 g gemahlene Cashewkerne** mit **1 Tl gemahlenem Kurkuma** und **1 Tl Chilipulver** sowie **1 Tl gemahlenem Koriander** und **Salz** mischen und mit **100 g Joghurt** verrühren. Mit **500 ml Gemüsebrühe** (FP oder Rezept S. 139) auffüllen und 15 Minuten köcheln. Passt zu Blumenkohl.

Pro Portion: ca. 7 g E, 17 g F, 13 g KH, 227 kcal

Nuss-Gorgonzola-Sauce

2 geschälte und gehackte Knoblauchzehen mit **200 ml Sahne**, 100 ml Wasser und **3 El gemahlenen Walnüssen** aufkochen und etwa 2 Minuten köcheln. **2 Tl Speisestärke** in wenig Wasser anrühren und die Sauce damit binden. **250 g gewürfelten Gorgonzola** in die Sauce geben, unter Rühren schmelzen und mit **Salz**, **Pfeffer** und **Zitronensaft** abschmecken. Passt zu Brokkoli, Kohlrabi und Romanesco.

Pro Portion: ca. 14 g E, 37 g F, 5 g KH, 405 kcal

Leichte Biersauce

4 Eigelb mit etwa **Salz** schaumig schlagen. Im heißen Wasserbad mit **375 ml Altbier** verrühren und cremig schlagen. Mit **Salz**, **Pfeffer**, **Cayennepfeffer** und etwas **Zitronensaft** abschmecken. Passt zu Paprika, Zucchini und Auberginen.

Pro Portion: ca. 4 g E, 7 g F, 15 g KH, 158 kcal

Koriander-Kokos-Sauce

- 100 g Zwiebeln
- 400 g Lauch
- 2 rote Chilischoten
- 1 El Olivenöl
- 250 ml Gemüsebrühe (FP oder Rezept S. 139)
- 800 ml Kokosmilch
- 5 El Weißweinessig
- 1 El zerstoßene Koriandersamen
- Salz
- Pfeffer
- 100 ml Sahne

Die geschälten Zwiebeln, den geputzten Lauch und die Chilischote fein hacken. Im erhitzten Olivenöl andünsten. Die Gemüsebrühe angießen und 10 Minuten köcheln. Kokosmilch, Weißweinessig und Koriandersamen zugeben und alles um die Hälfte einkochen. Mit Salz und Pfeffer abschmecken. Die Sahne steif schlagen und unterheben.

Pro Portion:
ca. 4 g E, 11 g F, 16 g KH, 185 kcal

TIPP
Die Sauce mit Koriander und Kokosmilch passt zu asiatischen Gemüsegerichten, aber auch zu Kürbisgemüse.

Papaya-Limetten-Sauce

1 geschälte und gewürfelte Papaya mit dem **Saft und der abgeriebenen Schale von 1 Limette**, **350 ml Aprikosensaft** und **1 Tl Kurkuma** erhitzen. 10 Minuten köcheln, dann **1/2 Bund frisch gehackten Koriander**, **3 El gehackte Pistazien** und **3 El Sauce Béchamel** (FP oder Rezept S. 204) zugeben. Mit **Salz** und **Pfeffer** abschmecken. Passt zu Artischocken.

Pro Portion: ca. 2 g E, 2 g F, 11 g KH, 77 kcal

Curry-Sahne-Sauce

100 ml Gemüsebrühe (FP oder Rezept S.139) mit **150 g Crème fraîche**, **125 ml Sahne** und **1 Tl Mehl** verrühren und aufkochen. **1 Eigelb** einrühren, nicht mehr kochen. Die Sauce mit **2 Tl Essigessenz**, **Salz**, **Pfeffer**, **1 Tl Currypulver** und **Zucker** pikant abschmecken. **1 El Schnittlauchröllchen** unterheben. Passt zu überbackenem Gemüse.

Pro Portion: ca. 3 g E, 23 g F, 4 g KH, 232 kcal

Erbsen-Kräuter-Sauce

300 g gelbe Erbsen in **400 ml Hühnerbrühe** (FP oder Rezept S. 148) und **200 ml Gemüsebrühe** (FP oder Rezept S. 139) 25 Minuten garen und pürieren. Je **1/2 Bund frisch gehackte Petersilie**, **Dill** und **Kerbel** unterheben und mit **100 ml heller Buttersauce** (FP oder Rezept S. 218) verfeinern. Mit **Salz** und **Pfeffer** abschmecken. Passt zu Kohlrabi und Pilzen.

Pro Portion: ca. 9 g E, 25 g F, 9 g KH, 290 kcal

Eier-Kresse-Sauce

1 geschälte und gehackte Zwiebel und **1 geschälte und gewürfelte Möhre** in **2 El erhitztem Öl** andünsten. **300 ml Gemüsebrühe** (FP oder Rezept S. 139) und **100 ml Weißwein** angießen, **1 Spritzer Worcestersauce** zugeben und alles 10 Minuten köcheln. **3 gewürfelte hart gekochte Eier** unterheben und mit **3 El Sauce Béchamel** (FP oder Rezept S. 204) andicken. Mit **Salz** und **Pfeffer** abschmecken. **3 El frische Kresse** unterheben. Passt zu Zuckerschoten, grünen Bohnen und Möhren.

Pro Portion: ca. 7 g E, 9 g F, 4 g KH, 145 kcal

Mandel-Wein-Sauce

1 geschälte und gehackte Schalotte mit **100 g gehackten Mandeln** und **1 El erhitzter Butter** andünsten. **125 ml Weißwein** und **250 ml Gemüsebrühe** (FP oder Rezept S. 139) angießen und um 1/3 einkochen. **1 Tl Currypulver** einrühren und mit **3 El Sauce Béchamel** (FP oder Rezept S. 204) andicken. Mit **2 El Crème fraîche**, **Salz**, **Pfeffer**, **gemahlenem Kreuzkümmel** und **Zitronensaft** abschmecken. Passt zu Blumenkohl und Kohlrabi.

Pro Portion: ca. 5 g E, 17 g F, 4 g KH, 207 kcal

Meerrettich-Rote-Bete-Creme

250 g gegarte Rote Bete mit **3 El Gemüsebrühe** (FP oder Rezept S. 139) pürieren. Mit **200 g saurer Sahne** erhitzen, **50 g frisch geriebenen Meerrettich** hinzugeben und **200 ml Gemüsebrühe** einrühren. Erhitzen und mit **Salz**, **Pfeffer**, **Worcestersauce** und **Zucker** nach Geschmack abschmecken. Passt zu Schwarzwurzeln.

Pro Portion: ca. 3 g E, 6 g F, 9 g KH, 105 kcal

Knoblauch-Rosmarin-Sauce

2 El Rosmarinnadeln, **2 El Thymianblättchen**, **1/2 Bund Basilikumblättchen** mit **2 geschälten und gehackten Knoblauchzehen** und **120 ml Olivenöl** im Mixer pürieren. Mit **Salz**, **Pfeffer** und **Zucker** nach Geschmack abschmecken. Als Würzöl für mariniertes mediterranes Gemüse verwenden.

Pro Portion: ca. 1 g E, 30 g F, 1 g KH, 273 kcal

Meerrettich-Zwiebel-Creme

5 El Butter schmelzen und **2 geschälte und gehackte Knoblauchzehen** darin andünsten. **2 El Mehl** zugeben und unter Rühren anschwitzen. **500 ml heiße Gemüsebrühe** (FP oder Rezept S. 139) und **100 ml Weißwein** angießen und um 1/3 einkochen. **1/2 Bund geputzte und in Ringe geschnittene Frühlingszwiebeln**, **150 ml Sahne** und **2 Tl frisch geriebenen Meerrettich** zugeben und alles etwa 5 Minuten köcheln. Mit **Salz**, **Pfeffer**, **Zucker** und **Zitronensaft** nach Geschmack abschmecken. Passt zu feinem Gemüse wie Spargel und Möhren.

Pro Portion: ca. 2 g E, 19 g F, 7 g KH, 216 kcal

Basilikum-Béchamel

Aus **4 El geschmolzener Butter** und **30 g Mehl** eine Mehlschwitze herstellen, mit **250 ml Hühnerbrühe** (FP oder Rezept S.148) ablöschen, **250 ml Milch** zugeben und cremig kochen. **100 g geriebenen Gouda** darin schmelzen lassen. Mit **Salz**, **Pfeffer** und **gemahlener Muskatnuss** abschmecken. **1 Bund Basilikum** mit **1 El Limonensaft** pürieren, unter die Sauce heben. Passt zu Tomaten.

Pro Portion: ca. 13 g E, 16 g F, 10 g KH, 232 kcal

Sesamsauce

150 g Sesampaste mit **400 ml Hühnerbrühe** (FP oder Rezept S. 148) verrühren, **1 geschälte und gehackte Knoblauchzehe** und **2 El Zitronensaft** zugeben, aufkochen und etwa 30 Minuten einkochen. **2 geschälte und gewürfelte Tomaten** nach 20 Minuten mitkochen. Die Sauce pürieren, mit **Salz**, **Pfeffer**, **Chilipulver** und **Sojasauce** abschmecken. Passt zu Chinakohl.

Pro Portion: ca. 13 g E, 21 g F, 11 g KH, 285 kcal

Bagna Cauda

8 gewaschene und trocken getupfte Sardellen fein pürieren. In **100 g erhitzter Butter** mit **2 geschälten und zerdrückten Knoblauchzehen** andünsten. **375 ml Sahne** auf die Hälfte einkochen und unter die Sardellen-Knoblauch-Butter heben. Mit **Salz** und **Pfeffer** abschmecken. Passt zu rohem Gemüse als Dip.

Pro Portion: ca. 5 g E, 49 g F, 4 g KH, 470 kcal

Schnittlauch-Butter-Sauce

2 Eigelb mit **75 g Butter** cremig rühren. In **250 ml Gemüsebrühe** (FP oder Rezept S. 139) rühren, erhitzen, aber nicht aufkochen. Die Sauce mit **Salz**, **Pfeffer** und **1 Bund Schnittlauch** in Röllchen würzen. Passt zu Paprika und Zucchini.

Pro Portion: ca. 2 g E, 20 g F, 1 g KH, 192 kcal

Minz-Tomaten-Sauce

1 geschälte und gewürfelte Zwiebel in **3 El Olivenöl** glasig schmoren. **4 El frisch gehackte Pfefferminzblätter** und **125 ml Gemüsebrühe** (FP oder Rezept S. 139) zugeben und etwa 10 Minuten köcheln. **600 g geschälte, entkernte und gewürfelte Tomaten** und **1 El fein gehackte Pinienkerne** einrühren und aufkochen. Die Sauce pürieren und mit **Salz**, **Pfeffer**, **Zucker** und **Zitronensaft** abschmecken. Passt zu Zucchini und Auberginen.

Pro Portion: ca. 2 g E, 5 g F, 6 g KH, 84 kcal

Tomaten-Zwiebel-Sauce

300 g geschälte und in Streifen geschnittene Zwiebeln mit **2 geschälten und gehackten Knoblauchzehen, 1 Tl zerdrückten Korianderkörnern** und **2 Lorbeerblättern** in **2 El erhitztem Olivenöl** andünsten. **600 g gewürfelte Tomaten aus der Dose** zugeben und etwa 30 Minuten einkochen. Lorbeerblätter entfernen, die Sauce pürieren und mit **Salz** und **Pfeffer** würzen. Mit **2 El frisch gehacktem Basilikum** würzen. Passt zu überbackenem Gemüse.

Pro Portion: ca. 2 g E, 3 g F, 8 g KH, 73 kcal

Thymian-Joghurt-Sauce

100 g Mayonnaise mit **100 g Joghurt** und **50 ml Sahne** cremig rühren. **3 hart gekochte Eier** schälen und fein hacken. Mit **1 Bund frisch gehacktem Thymian** unter die **Joghurtsauce** rühren. **1 geschälte und fein gehackte Schalotte** zugeben und die Sauce mit **Salz**, **Pfeffer** und **1 Prise Zucker** abschmecken. Passt zu Pilzen.

Pro Portion: ca. 8 g E, 31 g F, 4 g KH, 315 kcal

Speck-Kräuter-Sauce

125 g gewürfelten Frühstücksspeck in einer Pfanne auslassen und dann herausnehmen. **4 geschälte und gehackte Schalotten** und **2 geschälte und gewürfelte Knoblauchzehen** im Speckfett andünsten. **5 El Butter** zugeben und schmelzen, **3 El Mehl** darin anschwitzen, mit je **250 ml Fleischbrühe** und **Sahne** auffüllen und mit **2 El Zitronensaft** würzen. 10 Minuten köcheln. Je **1 Bund Schnittlauch, Petersilie** und **Dill** fein hacken und unter die Sauce heben. Mit **Salz** und **Pfeffer** abschmecken. Speck wieder in die Sauce geben. Passt zu Fenchel.

Pro Portion: ca. 12 g E, 28 g F, 8 g KH, 333 kcal

Minz-Joghurt-Sauce

2 geschälte und gehackte Schalotten mit **1 geschälten und gehackten Knoblauchzehe** und **1 Tl frisch geriebenem Ingwer** in **3 El heißem Rapsöl** glasig dünsten. **100 ml Limettensaft** und **300 ml Gemüsebrühe** (FP oder Rezept S. 139) angießen und 15 Minuten einkochen. Mit **1 Prise gemahlenem Kurkuma**, **Salz** und **Cayennepfeffer** abschmecken. **50 g Joghurt** und **1/4 Bund frisch gehackte Minze** unterheben und mit **3 El heller Buttersauce** (FP oder Rezept S. 218) andicken. Passt zu Sellerie und Lauch.

pro Portion: ca. 1 g E, 9 g F, 6 g KH, 115 kcal

Kerbel-Kürbis-Sauce

75 g Kürbiskerne in einer Pfanne fettfrei rösten, mit **1 Tl Kürbiskernöl** und **150 g Schmand** verrühren und pürieren. Den **Saft von 1 Blutorange** hinzufügen. Mit **Salz**, **Pfeffer** und **1/4 fein gehackten roten Chilischote** würzen. **1 Bund frisch gehackten Kerbel** unterheben. Passt zu Schwarzwurzeln, weißen Rüben und Spargel.

Pro Portion: ca. 6 g E, 21 g F, 8 g KH, 245 kcal

Ajvar-Oliven-Sauce

- 500 g Tomaten
- 2 Zwiebeln
- 3 El Tomatenmark
- 2 El Ajvar
- 1 El Senf
- 2 Tl Zitronensaft
- je 8 schwarze und grüne Oliven ohne Stein
- 2 El Tomatenpaprika aus dem Glas
- 50 ml Brandy
- 50 ml Sherry
- Salz
- Pfeffer
- Zucker
- Cayennepfeffer

Die geschälten, entkernten und gehackten Tomaten mit den geschälten Zwiebeln, dem Tomatenmark, dem Ajvar, Senf und Zitronensaft mischen und pürieren. Die Oliven hacken und mit Tomatenpaprika, Brandy und Sherry zu der Mischung geben. Mit Salz, Pfeffer, Zucker und Cayennepfeffer abschmecken. Passt zu gegrilltem Gemüse und Eiern.

Pro Portion:
ca. 3 g E, 4 g F, 10 g KH, 190 kcal

TIPP

Ajvar ist eine Sauce aus Paprikapüree und Chili. Sie kann pur als Dip zu Gemüse, Fleisch und Geflügel gegessen oder als Saucenzutat verwendet werden.

Möhren-Coulis

1 Tl gemahlenes Kurkuma und **1 Tl gemahlenen Koriander** in **4 El erhitztem Olivenöl** unter Rühren rösten. **350 g geschälte und fein gehackte Möhren** und **1 El Honig** zugeben und etwa 10 Minuten mitschmoren. Je **200 ml Hühnerbrühe** (FP oder Rezept S. 148) **und Weißwein** angießen, aufkochen und etwa 30 Minuten einkochen. Die Mischung pürieren, aufkochen und vom Herd nehmen. **2 El frisch gehackten Koriander** und **1/4 Tl Chilipulver** zugeben und mit **Salz** abschmecken. **2 El Olivenöl** mit **2 El Limettensaft** unterrühren. Passt zu Brokkoli und Blumenkohl.

Pro Portion: ca. 4 g E, 7 g F, 6 g KH, 137 kcal

Paprika-Chili-Sauce

750 g rote Paprikaschoten grillen, bis die Haut Blasen wirft. Häuten, das Fruchtfleisch hacken und mit **600 ml Hühnerbrühe** (FP oder Rezept S. 148), **1 gehackten roten Chilischote** und **1 geschälten und gehackten Knoblauchzehe** etwa 20 Minuten köcheln. Pürieren, erhitzen und mit **Salz**, **Pfeffer** und **Cayennepfeffer** abschmecken. Passt zu allen Gemüsesorten.

Pro Portion: ca. 11 g E, 5 g F, 7 g KH, 116 kcal

Fischsaucen

Remouladensauce

200 g Mayonnaise mit **1 geschälten und gehackten Zwiebel**, **1 El Zitronensaft**, **1 Tl abgetropften und gehackten Kapern**, je **1 El frisch gehackter Petersilie, gehacktem Dill und Schnittlauch** und **2 gehackten Gewürzgurken** verrühren. **1/2 Tl Sardellenpaste** unterheben und mit **Salz** und **Pfeffer** abschmecken. Passt zu gebratenem Fisch und Schalentieren.

Pro Portion: ca. 1 g E, 5 g F, 3 g KH, 58 kcal

Senfsauce

Eine Portion **Sauce Béchamel** (FP oder Rezept S. 204) zubereiten und zuletzt **2 El Senf** unterrühren. Mit **Zitronensaft** abschmecken. Passt zu gekochtem Fisch.

Pro Portion: ca. 1 g E, 4 g F, 4 g KH, 54 kcal

Safran-Paprika-Sauce

- 2 rote Paprikaschoten
- 1 rote Zwiebel
- 2 Knoblauchzehen
- 8 El Olivenöl
- 1 Prise Safran
- 3 El Sherryessig
- 2 Tl Honig
- Salz
- Pfeffer

Die Paprikaschoten im Backofen bei 180 °C (Umluft 160 °C) grillen, bis die Haut bräunt und Blasen wirft. Herausnehmen, kurz abkühlen lassen, dann schälen und entkernen. Die Zwiebel und Knoblauchzehen schälen und fein hacken. 2 El Olivenöl erhitzen und beides darin unter Rühren andünsten. Die gehackten Paprikaschoten zugeben, 100 ml Wasser angießen und den Safran anrühren. Aufkochen und etwa 10 Minuten köcheln. Restliches Olivenöl, Sherryessig und Honig hinzufügen und die Mischung pürieren. Mit Salz und Pfeffer abschmecken.

Pro Portion:
ca. 1 g E, 10 g F, 6 g KH, 123 kcal

TIPP

Diese pikante Sauce passt gut zu Fischarten mit festem Fleisch wie Thunfisch und Schwertfisch oder Heilbutt.

Lauchcreme mit Garnelen

1 geschälte und gehackte Schalotte in **2 El heißer Butter** andünsten. **200 g geschälte und gewürfelte Kartoffeln** zugeben und mitdünsten. **200 ml Hühnerbrühe** (FP oder Rezept S. 148) angießen und 6 Minuten köcheln. Die Mischung pürieren. **1 geputzte Lauchstange** in dünne Ringe schneiden, mit **100 ml Weißwein** zum Püree geben und 5 Minuten köcheln. **2 El gekochte Garnelen** und **3 El Sahne** zugeben und mit **Salz**, **Pfeffer** und **Zitronensaft** abschmecken. **1 El frisch gehackten Dill** unterheben. Passt zu gekochtem Fisch.

Pro Portion: ca. 6 g E, 5 g F, 11 g KH, 126 kcal

Knoblauch-Kartoffel-Sauce

150 g geschälte und gewürfelte Kartoffeln in **400 ml kochender Gemüsebrühe** (FP oder Rezept S. 139) 10 Minuten garen. **1 geschälte und gehackte Knoblauchzehe** und **1 Bund fein gehackte Petersilie** zugeben. Mit **3 El heller Buttersauce** (FP oder Rezept S. 218) andicken. **3 El Crème double** unterrühren und mit **Salz**, **Pfeffer** und **1 Prise gemahlener Muskatnuss** abschmecken. Passt zu gekochtem Fisch.

Pro Portion: ca. 1 g E, 6 g F, 7 g KH, 92 kcal

Quittensauce

200 g geschälte, entkernte und gewürfelte Quitten mit **2 El Zitronensaft** beträufeln. Mit **2 geschälten, gewürfelten Möhren** und **1 Tl frisch geriebenem Ingwer** in **2 El heißem Öl** andünsten. **100 ml Quittensaft** und **300 ml Gemüsebrühe** (FP oder Rezept S. 139) angießen und etwas einkochen lassen. **2 Tl Speisestärke** in **50 ml Sahne** rühren und die Sauce damit andicken. Mit **Salz**, **Pfeffer** und **1 Prise Currypulver** abschmecken. Passt zu gegrilltem Fisch.

Pro Portion: ca. 1 g E, 8 g F, 11 g KH, 127 kcal

Feigensauce

150 g geschälte frische Feigen in **50 ml Tomatensaft** aufkochen. **250 g Tomatenwürfel aus der Dose** zugeben und alles etwa 10 Minuten köcheln, dann pürieren. Mit **3 El Limettensaft**, **1/2 Tl frisch geriebenem Ingwer**, **1 Prise gemahlenem Zimt** und **1 cl Noilly Prat** abschmecken. Mit 1 Tl in Wasser gerührter **Speisestärke** andicken und mit **Salz** und **Pfeffer** abschmecken. **2 Feigen** in Würfeln unterheben. Passt zu Heilbutt.

Pro Portion: ca. 2 g E, 1 g F, 16 g KH, 81 kcal

Kressesauce

125 g Magerquark mit **3 El Kräuter-Crème-fraîche**, **1 Tl Senf**, **2 El Limettensaft** und **1 Tl Honig** glatt rühren. **100 ml geschlagene Sahne** und **Kresse** von 1 Kästchen unterheben. Mit **Salz** und **Pfeffer** abschmecken. Passt zu geräuchertem Fischfilet.

Pro Portion: ca. 7 g E, 9 g F, 4 g KH, 126 kcal

Kerbel-Zitronen-Sauce

2 geschälte und gehackte Schalotten in **2 El heißem Öl** glasig dünsten. **250 ml Fischbrühe** (FP oder Rezept S. 142) zugeben und etwas einkochen. **250 g Ricotta**, **Saft und abgeriebene Schale von 1 unbehandelten Zitrone** zugeben und mit 1 Tl in etwas Wasser angerührter **Speisestärke** andicken. Mit **Salz**, **Pfeffer** und **Zucker** abschmecken. **3 El frisch gehackten Estragon** unterheben. Passt zu Fischspießen.

Pro Portion: ca. 9 g E, 9 g F, 5 g KH, 138 kcal

Trüffel-Krabben-Sauce

- **1/2 Bund Frühlingszwiebeln**
- **50 g Knollensellerie**
- **1 Möhre**
- **3 El Sonnenblumenöl**
- **2 Tl Zitronensaft**
- **100 ml Weißwein**
- **300 ml Fisch- oder Hühnerbrühe (FP oder Rezept S. 142 bzw. 148)**
- **2 Tl Speisestärke**
- **75 ml Sahne**
- **50 g Nordseekrabbenfleisch**
- **1 El gewürfelter schwarzer Trüffel**
- **Salz**
- **Pfeffer**

Die Frühlingszwiebeln putzen und in dünne Ringe schneiden, den Knollensellerie und die Möhre schälen und fein würfeln. Alles im erhitzten Sonnenblumenöl unter Rühren etwa 3 Minuten anschmoren. Zitronensaft, Weißwein und Brühe zugeben und alles um 1/3 einkochen. Die Speisestärke in der Sahne glatt rühren und die Sauce damit binden. Die Krabben waschen, abtropfen lassen und mit den Trüffelwürfeln in die Sauce geben. Alles erhitzen, dann mit Salz und Pfeffer abschmecken.

Pro Portion:
ca. 5 g E, 11 g F, 7 g KH, 159 kcal

TIPP

Diese ausgefallene Sauce passt zu gebratenem Fisch wie Pangasius, Rotbarbe oder Meeräsche. Sie können sie zusätzlich mit 1 El Wermut und frisch gehacktem Dill verfeinern.

Cocktailsauce

250 ml Ketchup mit **2 El frisch gepresstem Zitronensaft**, **6 fein gehackten Radieschen**, **1 geschälten und fein gehackten Schalotte**, **1 El Chilisauce**, **2 El frisch geriebenem Meerrettich**, **1 Tl Honig** und **3 El frisch gehacktem Koriander** verrühren. Mit **Salz** und **Pfeffer** abschmecken. Passt zu Garnelen und Shrimps.

Pro Portion: ca. 3 g E, 1 g F, 21 g KH, 107 kcal

Koriandersauce

200 g aufgetaute TK-Erbsen, **3 El Rotweinessig** und **1/2 Bund abgezupfte Korianderblätter** mit einigen El Wasser fein pürieren. Bei laufendem Motor **75 ml Olivenöl** zugießen und cremig rühren. Mit **Salz**, **Pfeffer** und **Honig** nach Bedarf abschmecken. Passt zu gegrilltem Lachs.

Pro Portion: ca. 4 g E, 19 g F, 8 g KH, 216 kcal

Schnittlauchcreme

2 Bund Schnittlauch in Röllchen mit **1/2 geschälten und fein gehackten Schalotte**, **1 geschälten und gehackten Knoblauchzehe** und **100 g Mayonnaise** verrühren, **100 g Joghurt** und **1 Tl Senf** zugeben und glatt rühren. Mit **2 Tl Weißweinessig**, **Salz** und **Pfeffer** abschmecken. Passt zu paniertem und gebratenem Fisch.

Pro Portion: ca. 2 g E, 22 g F, 2 g KH, 210 kcal

Merrettich-Dill-Creme

200 ml Sahne mit **1 Prise Zucker** steif schlagen. **3 El Himbeeressig**, **5 El frisch geriebenen Meerrettich** und **1 Tl Zitronensaft** unterrühren. **1/2 Bund gehackten Dill** unterheben und die Creme mit **Salz** und **Pfeffer** abschmecken. Passt zu gekochtem Fisch.

Pro Portion: ca. 1 g E, 15 g F, 4 g KH, 163 kcal

Orangen-Safran-Schaum

Den Saft von **2 unbehandelten Orangen** mit **200 ml Hühnerbrühe** (FP oder Rezept S. 148), **1/2 Tl gemahlenem Koriander**, **1/2 Tl** in **2 El Sherry eingeweichten Safranfäden** auf etwa 100 ml einkochen. Abkühlen lassen. **4 Eigelb** mit **1 El Zitronensaft** und der Orangenreduktion verrühren. Ins Wasserbad stellen und etwa 10 Minuten schaumig rühren. Die abgeriebene Schale von 1/2 Orange unterheben und mit **Salz** und **Pfeffer** abschmecken. Passt zu weißem Fisch und Lachs.

Pro Portion: ca. 7 g E, 9 g F, 4 g KH, 123 kcal

Kalte Safransauce

2 Eigelb mit **1 Tl Senf** und **1 geschälten und fein gehackten Knoblauchzehe** verrühren. **1 Döschen Safranfäden** in je **1 Tl Cognac** und **Fischfond** (FP oder Rezept S. 142) einweichen und zur Eigelbmischung geben. Nach und nach je **75 ml Oliven- und Distelöl**, **1 El Tomatenmark** und **1 El Frischkäse** einrühren. Je **1 Tl frisch gehacktes Basilikum** und **gehackten Kerbel** zugeben und mit **Salz** und **Pfeffer** abschmecken. Passt zu geschmortem Fischfilet.

Pro Portion: ca. 2 g E, 41 g F, 1 g KH, 380 kcal

Tomatensugo

1 rote gehackte Chilischote mit **1 El frisch gehacktem Ingwer** und **2 geschälten und gehackten Knoblauchzehen** sowie **1 geschälten und gehackten roten Zwiebel** in **2 El erhitztem Olivenöl** andünsten. **300 g gehäutete, entkernte und gewürfelte Tomaten**, **3 El Weißweinessig** und **5 El Gemüsebrühe** (FP oder Rezept S. 139) zugeben und aufkochen. Mit **Salz**, **Pfeffer** und etwas **Zucker** abschmecken. **1/2 geputzte und fein gehackte grüne Paprikaschote** unterheben. Das Sugo passt zu Fischcarpaccio.

Pro Portion: ca. 1 g E, 3 g F, 5 g KH, 55 kcal

Tomaten-Coulis

5 geschälte und gehackte Schalotten und **3 geschälte und zerdrückte Knoblauchzehen** in **3 El erhitztem Olivenöl** glasig schmoren. **1 kg gehäutete, entkernte und gewürfelte Tomaten** und **1 Strauß gemischte Kräuter** zugeben und alles etwa 1 Stunde köcheln. Mit **Honig** abschmecken. Kräuter entfernen, die Sauce pürieren. Sauce aufkochen und mit **Salz** und **Pfeffer** abschmecken. Mit **2 El Olivenöl** verfeinern. Passt zu gegrilltem Fisch.

Pro Portion: ca. 3 g E, 7 g F, 10 g KH, 118 kcal

Gemüse-Pernod-Sauce

- 1/2 Kohlrabi
- 1 Möhre
- 3 Frühlingszwiebeln
- 2 El Butterschmalz
- 150 ml Weißwein
- 5 El Pernod
- 200 ml Bier
- 1 El gemahlener Fenchelsamen
- 1/2 El gehackter Kerbel
- 3 El dunkle Bratensauce (FP oder Rezept S. 213)
- 1 El Schmand
- Salz
- Pfeffer

Den Kohlrabi und die Möhre schälen und würfeln. Die Frühlingszwiebeln putzen und in Ringe schneiden. Das Gemüse im heißen Butterschmalz unter Rühren andünsten. Nach 5 Minuten Weißwein, Pernod und Bier zugeben und weitere 5 Minuten köcheln. Die Fenchelsamen, den Kerbel und die Bratensauce zugeben und mit Schmand, Salz und Pfeffer abschmecken.

Pro Portion:
ca. 3 g E, 3 g F, 8 g KH, 115 kcal

TIPP

Diese alkoholreiche Sauce passt gut zu gegrilltem Fisch und Scholle. Sie können den Alkohol durch Fischfond ersetzen.

Kapernsauce mit Oliven

2 geschälte Knoblauchzehen in Scheiben schneiden. **175 g schwarze Oliven** ohne Stein hacken. **4 El abgetropfte Kapern** hacken. Alles in **4 El kalter Butter** schwenken, kurz erwärmen und mit **Salz** und **Pfeffer** würzen. **1 Tl Zitronensaft** zugeben. Mit **4 El frisch gehacktem Kerbel** verfeinern. Passt zu Schwert- und Thunfisch.

Pro Portion: ca. 1 g E, 21 g F, 6 g KH, 215 kcal

Tomaten-Paprika-Sauce

500 g geschälte und entkernte Tomaten, je **2 geschälte und gehackte Knoblauchzehen und Schalotten** und **2 geschälte, entkernte rote Paprikaschoten** würfeln und in **4 El heißem Olivenöl** anschmoren. Unter Rühren weiterschmoren, bis das Fruchtfleisch zerkocht ist. Die Sauce pürieren. Mit je **1 Tl frisch gehacktem Oregano, Thymian und Basilikum** würzen und mit **Salz**, **Pfeffer** und etwas **Zucker** abschmecken. Passt zu Meeresfrüchten.

Pro Portion: ca. 1 g E, 5 g F, 5 g KH, 76 kcal

Apfel-Schmand-Creme

125 g saure Sahne mit **100 ml Sahne** und **50 ml Apfelsaft** cremig rühren. **2 geschälte Zwiebeln in Ringen**, **2 geschälte, entkernte und gewürfelte Äpfel**, **2 Tl Zitronensaft** und **1 Tl Senfpulver** unterrühren. Mit **Salz**, **Pfeffer**, **1/2 Tl gemahlenem Piment** und **2 El Schnittlauchröllchen** abschmecken. Passt als Dip zu Hering.

Pro Portion: ca. 3 g E, 11 g F, 13 g KH, 166 kcal

Avocado-Coulis

400 ml Gemüsebrühe (FP oder Rezept S. 139) mit **3 geschälten und gehackten Schalotten** aufkochen und zur Hälfte einkochen. Vom Herd nehmen und abkühlen lassen. Das Fruchtfleisch von **1 kleinen Avocado** mit der Gemüsebrühe und **2 El Zitronensaft** glatt rühren. Das Püree in einem Topf erhitzen. Etwas **abgeriebene Zitronenschale** und **1 entkernte und gehackte rote Chilischote** unterheben und mit **Salz** und **Pfeffer** abschmecken. Zuletzt **3 El Schmand** unterrühren.

Pro Portion: ca. 2 g E, 16 g F, 2 g KH, 162 kcal

Meerrettich-Kaviar-Sauce

- 1 Schalotte
- 150 ml Gemüsebrühe (FP oder Rezept S. 139)
- 100 ml Fischfond (FP oder Rezept S. 142)
- 3 El süßen Sherry
- 1 Lorbeerblatt
- 150 ml Sahne
- 1 Tl frisch geriebener Meerrettich
- Salz
- Pfeffer
- 1 Prise Cayennepfeffer
- 2 El Störkaviar

Die Schalotte schälen und fein hacken. Die Gemüsebrühe und den Fischfond mit dem Sherry, dem Lorbeerblatt und der Schalotte aufkochen und um die Hälfte einkochen. Durch ein Sieb streichen und mit 50 ml Sahne und dem Meerrettich verrühren. Die Sauce mit Salz, Pfeffer und 1 Prise Cayennepfeffer abschmecken. Die restliche Sahne steif schlagen und mit dem Kaviar unter die etwas abgekühlte Sauce heben.

Pro Portion:
ca. 2 g E, 13 g F, 3 g KH, 136 kcal

TIPP

Die Sauce passt besonders gut zu pochiertem Fisch und Muscheln. Sie können den Sherry durch Madeira ersetzen und statt frischem Meerrettich Sahnemeerrettich aus dem Glas verwenden.

Kiwisauce süßsauer

2 geschälte Kiwis fein würfeln und mit dem **Saft und der abgeriebenen Schale von 1/2 unbehandelten Zitrone** mischen. Die Kiwiwürfel mit **1 geputzten, entkernten und gewürfelten roten Chilischote** in **400 ml Gemüsebrühe** (FP oder Rezept S. 139) erhitzen. **50 g fein gehackte getrocknete Feigen** zugeben und mit je **1 Msp. Nelken- und Zimtpulver** würzen. **50 ml Sahne** einrühren und mit **1 Tl in Wasser angerührter Speisestärke** andicken. Mit **Salz** und **Pfeffer** abschmecken. Passt zu gegrilltem Fischfilet.

Pro Portion: ca. 1 g E, 6 g F, 12 g KH, 113 kcal

Zitronen-Thymian-Sauce

6 El Butter in einer Pfanne schmelzen und mit dem Schneebesen schaumig schlagen. **3 El abgetropfte und gehackte Kapern**, **die ausgelösten Filets von 2 Zitronen** und **1 El gehackte Thymianblättchen** sowie **1 Lorbeerblatt** im Butterschaum erhitzen und die Sauce mit **Salz**, **Pfeffer** und **1 Spritzer Tabasco** abschmecken. Zu im Ganzen gebratenem Fisch reichen.

Pro Portion: ca. 1 g E, 7 g F, 3 g KH, 77 kcal

Schalotten-Tomaten-Creme

5 geschälte und gewürfelte Schalotten in **2 El heißem Olivenöl** glasig schmoren. **4 El Weißwein** zugeben und die Mischung etwa 10 Minuten köcheln. Pürieren und mit **3 El Mayonnaise** und **1 El Tomatenmark** verrühren. **2 fein gehackte Cornichons** und **1/4 entkernte und gehackte rote Chilischote** unterheben und die Sauce mit **Salz**, **Pfeffer** und etwas **Zucker** abschmecken. Passt zu gegrilltem Fisch.

Pro Portion: ca. 1 g E, 6 g F, 3 g KH, 70 kcal

Estragon-Tomaten-Sauce

1 geschälte und gehackte Schalotte in **1 El Olivenöl** glasig schmoren. **250 g gehackte Tomaten aus der Dose** und **2 El Tomatenmark** zugeben und kurz mitschmoren. **125 ml Fischfond** (FP oder Rezept S. 142) angießen und etwas einkochen. **2 gehäutete und entkernte Tomaten** in dünnen Streifen in die Sauce geben und mit **Salz** und **Pfeffer** abschmecken. Zuletzt **2 El frisch gehackten Estragon** unterheben. Passt zu pochiertem Fisch.

Pro Portion: ca. 1 g E, 2 g F, 3 g KH, 39 kcal

Champagnerschaum

4 Eigelb mit **2 El Weißweinessig** in einer Schüssel cremig verrühren. **90 ml Champagner oder Sekt** zugießen und unterrühren. Die Schüssel ins Wasserbad setzen und etwa 10 Minuten zu einer dicken Sauce schlagen. Mit **Salz** und **Pfeffer** abschmecken. Passt zu Meeresfrüchten und Hummer.

Pro Portion: ca. 4 g E, 7 g F, 1 g KH, 96 kcal

Rotwein-Ingwer-Sauce

Je **3 geschälte und gehackte Schalotten und Möhren** in **2 El erhitztem Olivenöl** andünsten. **1–2 El frisch geriebenen Ingwer** und **1 El Honig** zugeben und kurz mitschmoren. **500 ml Fischfond** (FP oder Rezept S. 142) und **300 ml Rotwein** angießen, aufkochen und bei geringer Temperatur etwa 30 Minuten köcheln. Durchsieben und mit **2 Tl Paprikapulver**, **1/2 Tl Cayennepfeffer**, **Salz**, **Pfeffer** und **Zitronensaft** abschmecken. Zuletzt **75 g kalte Butter** in Flöckchen in die Sauce rühren. Passt zu Karpfen.

Pro Portion: ca. 4 g E, 21 g F, 9 g KH, 285 kcal

Fenchelsauce mit Orangen

- 3 unbehandelte Orangen
- 300 g Fenchel
- 4 El Butter
- 1 Tl Fenchelsamen
- 100 g Crème fraîche
- 1 rote Chilischote
- Salz
- Pfeffer
- 1 Tl frisch gehackter Kerbel

Von 2 heiß abgewaschenen Orangen die Schale abschälen und die Früchte auspressen. Die dritte Orange filetieren. Den geputzten Fenchel in dünne Streifen schneiden. Die Butter in einer Pfanne schmelzen. Orangensaft, Fenchelstreifen und -samen hineingeben und etwa 10 Minuten köcheln. Die Mischung pürieren, die Crème fraîche hinzufügen. Die Chilischote putzen, entkernen und fein hacken. Mit den Orangenfilets und der klein geschnittenen Orangenschale in die Sauce geben. Mit Salz und Pfeffer abschmecken. 1 Tl frisch gehackter Kerbel unterheben.

Pro Portion:
ca. 4 g E, 12 g F, 14 g KH, 187 kcal

TIPP

Die Sauce passt zu im Ofen gebackenem Fisch wie Seeteufel oder Dorade. Probieren Sie die Sauce auch mit Blutorangen oder 1 rosa Grapefruit und Orangen aus.

Sauerampfercreme

Aus je **30 g Butter und Mehl** eine Mehlschwitze herstellen und mit **150 ml Gemüsebrühe** (FP oder Rezept S. 139) und **100 ml Weißwein** ablöschen. **200 g Crème fraîche** einrühren und die Sauce cremig kochen. **50 g Sauerampferblätter** grob hacken und 10 Minuten in der Sauce mitkochen, dann pürieren. Mit **Salz** und **Pfeffer** abschmecken. Passt zu Lachs.

Pro Portion: ca. 2 g E, 22 g F, 8 g KH, 255 kcal

Butter-Garnelen-Sauce

Die **Schalen von 500 g gekochten Garnelen** in **1 El heißem Öl** anschmoren. Je **1 geschälte und gehackte Schalotte und Knoblauchzehe** mitschmoren. **250 ml Weißwein**, **4 cl Sherry** und **1 Lorbeerblatt** zugeben und alles etwa 10 Minuten köcheln. Sud durch ein Sieb streichen. Aus **3 El Butter** und **1 El Mehl** eine Mehlschwitze herstellen, mit dem Garnelensud ablöschen. **200 ml Sahne** unterrühren, 10 Minuten köcheln, dann mit **Salz**, **Pfeffer** und **Zitronensaft** abschmecken. Die Garnelen und 3 El Butter unterheben. Passt zu Lachs.

Pro Portion: ca. 27 g E, 25 g F, 6 g KH, 405 kcal

Gemüse-Curry-Sauce

100 g geputzte Zuckerschoten, **100 g Champignons** in Scheiben, **100 g Zucchini** in dünnen Stiften, **1 geschälte und gewürfelte Zwiebel** und **2 gehäutete und gewürfelte Tomaten** in **2 El Olivenöl** andünsten. Je **200 ml Gemüsebrühe und Fischfond** (FP oder Rezept S. 139 bzw. 142) angießen und um 1/3 einkochen. **1/2 Bund frisch gehackten Koriander**, **2 El gehacktes Zitronengras** und den **Saft von 1/2 Limette** zugeben und weitere 5 Minuten köcheln. Die Sauce mit **2 El Tomatenmark**, **Salz**, **Pfeffer** und **2 Tl roter Currypaste** würzen. Passt zu gedünstetem Fisch.

Pro Portion: ca. 4 g E, 5 g F, 6 g KH, 83 kcal

Minzsauce mit Mango

Das **Fruchtfleisch 1 geschälten Mango** würfeln, mit **100 ml Aprikosennektar** und **100 ml Weißwein** erhitzen und pürieren. **1 Hand voll Pfefferminzblätter** in dünne Streifen schneiden und zugeben. Die Sauce mit **Salz**, **Pfeffer**, dem **Saft von 1/2 Limette** und **1 Tl zerdrückten roten Pfefferkörnern** würzen. Passt zu gebratenem Fisch.

Pro Portion: ca. 1 g E, 1 g F, 8 g KH, 55 kcal

Tomaten-Wasabi-Sauce

Je **1 geschälte und gewürfelte Zwiebel und Knoblauchzehe** in **1 El erhitztem Öl** andünsten. **100 g frisch geriebenen Meerrettich** und **1 Tl Wasabi** kurz mitschmoren. **100 ml Hummerfond** (FP oder Rezept S. 144) mit **50 ml Sojasauce** und **200 ml Orangensaft** angießen, **2 El Tomatenmark** einrühren und um 1/3 einkochen. **1/2 El Zucker** und **1 Tl gehackten eingelegten Ingwer** zugeben und mit **Salz** und **Pfeffer** abschmecken. Nach Belieben mit **Speisestärke** andicken. Passt zu Muscheln.

Pro Portion: ca. 3 g E, 2 g F, 10 g KH, 79 kcal

Knoblauch-Buttersauce

125 g Butter schaumig rühren. **2 zerdrückte Knoblauchzehen**, **1/2 Bund Schnittlauch in Röllchen**, je **4 El frisch gehackte Petersilie**, **gehackten Dill und Estragon** mit der Butter verrühren. Mit **Salz** und **Pfeffer** würzen. Passt zu gegrilltem oder gebratenem Fischfilet.

Pro Portion: ca. 1 g E, 26 g F, 2 g KH, 243 kcal

Spargel-Wein-Sauce

- 500 g weißer Spargel
- 500 ml Gemüsebrühe (FP oder Rezept S. 139)
- 200 ml Sahne
- 2 El Crème fraîche
- 100 ml Weißwein
- 2 El Cognac
- Salz
- Pfeffer
- Zitronensaft
- 1 El frisch gehackter Dill

Den Spargel waschen und schälen, die Köpfe abschneiden und als Beilage garen. Die restlichen Spargelstücke in der heißen Gemüsebrühe garen, herausnehmen und pürieren. Die Sahne mit der Crème fraîche, dem Weißwein und Cognac verrühren und etwas einkochen. Das Spargelpüree unterheben und die Sauce mit Salz, Pfeffer und Zitronensaft würzig abschmecken. Dill einrühren.

Pro Portion:
ca. 4 g E, 18 g F, 6 g KH, 226 kcal

TIPP

Die Spargel-Wein-Sauce passt zu Edelfischen wie Lachs, Wolfsbarsch oder Seeteufel. Statt weißem können Sie auch grünen Spargel verwenden.

Senf-Koriander-Sauce

Je **75 ml Weißwein und Orangensaft** mit **1/2 Tl abgeriebener Schale von 1 unbehandelten Orange**, **2 El Weißweinessig**, **2 Tl Senfpulver** und **1/2 Tl gemahlenem Koriander** verrühren und aufkochen. Unter Rühren bis auf etwa 3 El einkochen. Aus je **3 El Butter und Mehl** eine Mehlschwitze herstellen, **750 ml Fischbrühe** (FP oder Rezept S. 142) angießen, 30 Minuten köcheln lassen. Die Senf-Koriander-Reduktion zugeben und 5 Minuten köcheln. **3 El Crème fraîche** und **2 El Senf** einrühren und mit **Salz** und **Pfeffer** abschmecken. Passt zu pochiertem Fisch.

Pro Portion: ca. 5 g E, 8 g F, 12 g KH, 151 kcal

Käse-Sahne-Sauce

75 g frisch geriebenen Parmesan in **150 ml erhitzter Sahne** schmelzen. **100 ml Weißwein** zugeben und etwas einkochen. 100 g Kräuter-Crème-fraîche einrühren und mit **Salz**, **Pfeffer** und **1 Prise Muskat** abschmecken. Passt zu gebratenem oder überbackenem Fisch.

Pro Portion: ca. 8 g E, 26 g F, 3 g KH, 285 kcal

Fleisch-saucen

Sauce Cumberland

Die abgeschälte **Schale von je 1 unbehandelten Orange und Zitrone** mit **1 geschälten und gewürfelten Schalotte** und **4 El Rotwein** bis auf 2 El einkochen und durchsieben. Mit dem **ausgepressten Orangensaft**, **2 El Zitronensaft**, **150 g Johannisbeergelee**, **2 El Portwein** und **1 Tl Brandy** glatt rühren. Mit **Salz**, **Pfeffer**, **1 Prise gemahlenem Ingwer und Cayennepfeffer** und **1/4 Tl Senfpulver** würzen. Passt zu Fleischpastete.

Pro Portion: ca. 1 g E, 1 g F, 31 g KH, 143 kcal

Kapernsauce

Eine **Sauce Béchamel** (FP oder Rezept S. 204) mit **750 ml Hühnerbrühe** (FP oder Rezept S. 148) zubereiten und um die Hälfte einkochen. Aufkochen und **3 El abgetropfte und gehackte Kapern** und **2 gehackte Anchovisfilets** sowie **1 El Zitronensaft** unterrühren. Mit **Salz** und **Pfeffer** abschmecken. **2 El frisch gehackte Petersilie** unterheben. Passt zu gekochtem Fleisch.

Pro Portion: ca. 16 g E, 16 g F, 14 g KH, 267 kcal

Wildpilz-sauce

- 15 g getrocknete Steinpilze
- 1 Zwiebel
- 1 Knoblauchzehe
- 3 El Olivenöl
- 250 g gemischte Wildpilze
- 250 g Austernpilze
- 1 El dunkle Sojasauce
- 350 ml Hühnerbrühe (FP oder Rezept S. 148)
- 150 ml Weißwein
- 2 El frisch gehackter Thymian
- 75 g kalte Butter
- Salz
- Pfeffer

Die Steinpilze in 75 ml kochendem Wasser etwa 20 Minuten einweichen. Die geschälte und gehackte Zwiebel und Knoblauchzehe im Olivenöl glasig schmoren. Die geputzten gemischten Wildpilze und die Austernpilze klein schneiden und mit den abgetropften (Einweichflüssigkeit aufbewahren) Steinpilzen mitschmoren. Die Sojasauce zugeben und alles etwa 15 Minuten schmoren. Die durchgesiebte Einweichflüssigkeit mit der Hühnerbrühe und dem Weißwein zu den Pilzen geben und etwa 30 Minuten sämig einkochen. Die Kräuter zugeben und die Butter in Flöckchen unterheben. Mit Salz und Pfeffer abschmecken.

Pro Portion:
ca. 10 g E, 22 g F, 4 g KH, 275 kcal

TIPP
Diese Pilzsauce schmeckt gut zu Wildgerichten und Wildgeflügel. Probieren Sie auch andere Pilzsorten aus.

Sherrysauce

Je **1 geschälte und gehackte Zwiebel und Knoblauchzehe**, **100 g Weißkraut in dünnen Streifen** und **je 20 g geriebenen, geschälten Knollensellerie** und **Möhre** in **2 El heißem Öl** andünsten. **1 Tl getrockneten Thymian** zugeben und alles etwa 10 Minuten schmoren. **50 ml Sherry** und **200 ml Gemüsebrühe** (FP oder Rezept S. 139) angießen und auf 1/3 einkochen. Mit **1 Tl in Wasser angerührter Speisestärke** binden, **200 ml Sahne** und **50 ml Sherry** zugießen. Mit je **1 El Balsamessig** und **Sojasauce**, **Salz** und **Pfeffer** abschmecken. Passt zu gebratenem Fleisch.

Pro Portion: ca. 2 g E, 19 g F, 6 g KH, 226 kcal

Portweinsauce

1/2 geschälte und fein gehackte rote Zwiebel in **2 El Olivenöl** andünsten. **400 ml Portwein** und **100 ml Rotwein** zugeben und alles auf etwa 150 ml einkochen. Im Mixer mit **1 El Melasse**, **1 El Honig** und **3 El Balsamessig** glatt rühren. **2 Tl frisch gehackten Thymian**, **Salz** und **Pfeffer** zugeben und **100 ml Olivenöl** unterrühren. Passt zu gegrillten Schweinekoteletts.

Pro Portion: ca. 1 g E, 28 g F, 16 g KH, 430 kcal

Oliven-Limetten-Sauce

1 geschälte und gehackte Knoblauchzehe mit **je 1 El frisch gehackter Petersilie und gehacktem Basilikum**, **80 g gehackten schwarzen Oliven**, **5 El Balsamessig**, **5 El Rinderfond** (FP oder Rezept S. 156) und **5 El Weißwein** sowie dem **Saft von 2 Limetten** verrühren. Die Mischung erwärmen und mit **Salz**, **Pfeffer** und etwas **Zucker** abschmecken. Passt zu gegrillten Lammkoteletts.

Pro Portion: ca. 1 g E, 8 g F, 3 g KH, 91 kcal

Mango-Senf-Sauce

Das Fruchtfleisch von **2 geschälten Mangos** würfeln und mit **125 ml Weißwein** etwa 10 Minuten weich köcheln. Abkühlen lassen und pürieren. **3 El süßen Senf** und **3 El helle Buttersauce** (FP oder Rezept S. 218) unterrühren und mit **Salz**, **Pfeffer** und **Cayennepfeffer** pikant abschmecken. Passt zu Geflügel und kaltem Braten.

Pro Portion: ca. 1 g E, 4 g F, 9 g KH, 95 kcal

Zitronengras-Knoblauch-Sauce

- 2 Schalotten
- 1 Knoblauchzehe
- 1 El Butter
- 125 ml Geflügelbrühe (FP oder Rezept S. 148)
- 1 Zitronengrasstängel
- 2 Thymianzweige
- 125 ml Sahne
- Salz, Pfeffer

Die geschälten und gehackten Schalotten und die Knoblauchzehe in der heißen Butter glasig schmoren. Mit der Geflügelbrühe ablöschen. Das Zitronengras schälen und den weißen Teil in dünne Scheiben schneiden, mit den abgezupften Thymianblättchen und der Sahne zugeben und bei großer Hitze etwas einkochen lassen. Die Sauce durch ein Sieb streichen, wieder in den Topf geben. Mit Salz und Pfeffer abschmecken.

Pro Portion:
ca. 3 g E, 11 g F, 3 g KH, 125 kcal

TIPP
Diese fruchtig-würzige Sauce passt zu feinem Geflügel wie Perlhuhn oder Wachtel. Sie können die Sauce nach Bedarf mit etwas Mehlbutter binden.

Kaffeesauce

250 ml flüssigen Kaffee, **30 ml Whisky** und **250 ml Rinderfond** (FP oder Rezept S. 156) in einem Topf aufkochen. **2 El Kaffeebohnen**, grob zerkleinert, zugeben und die Sauce etwa 10 Minuten köcheln. Vom Herd nehmen, durchsieben, erneut aufkochen und mit **Salz** und **Pfeffer** abschmecken. Mit **2 El kalter Butter** binden. Passt zu Rinderbraten.

Pro Portion: ca. 4 g E, 4 g F, 1 g KH, 76 kcal

Cremige Schokosauce

1 geschälte und gehackte Zwiebel in **1 El Butterschmalz** glasig schmoren. **2 Tl braunen Zucker**, **1 El gesiebtes Kakaopulver** und **2 Tl Tomatenmark** zugeben und kurz mitschmoren. **250 ml Hühnerbrühe** (FP oder Rezept S. 148) und **60 ml Weißwein** zugeben und die Sauce cremig einkochen. **1 El Crème fraîche** mit **2 El Mehl**, etwas **Zimt** und **85 g fein gehackten getrockneten Aprikosen** verrühren und zur Sauce geben. Passt zu gebackenem Hähnchen und Pute.

Pro Portion: ca. 5 g E, 4 g F, 17 g KH, 136 kcal

Portwein-Beeren-Sauce

2 geschälte und gehackte Zwiebeln in **2 El heißem Öl** glasig schmoren. **2 geschälte und gehackte Möhren** und **1/2 geschälte und gewürfelte Sellerieknolle** mitschmoren. **2 El Tomatenmark**, **4 Wacholderbeeren**, **2 Lorbeerblätter**, **3 schwarze Pfefferkörner** und **2 Nelken** zugeben und **je 500 ml Rotwein und Wildfond** (FP oder Rezept S. 159) angießen. Die Sauce bis auf 250 ml einkochen. Durchsieben. **1 Tl Speisestärke** in **100 ml Portwein** anrühren und die Sauce damit andicken. **100 ml Sahne** und **4 El Cranberrygelee** unterheben und die Sauce mit **Salz** und **Pfeffer** abschmecken. Passt zu Wild.

Pro Portion: ca. 13 g E, 18 g F, 19 g KH, 190 kcal

Rotwein-Feigen-Sauce

2 geschälte und gehackte Schalotten, **6 gehackte, ungeschwefelte getrocknete Feigen** und **2 abgetropfte und gehackte getrocknete Tomaten** mit **1 Nelke** und **1 Rosmarinzweig** in **1 El heißer Butter** andünsten. 5 Minuten köcheln, dann **150 ml Rotwein** und **250 ml Rinderfond** (FP oder Rezept S. 156) angießen. Mit **1 Prise gemahlenem Zimt** würzen und etwa 7 Minuten köcheln. Die Sauce durchsieben, mit **Salz** und **Pfeffer** abschmecken. **2 getrocknete gehackte Feigen** unterheben. Passt zu Schweinebraten.

Pro Portion: ca. 6 g E, 4 g F, 26 g KH, 190 kcal

Grüne Chilisauce

2 grüne Poblano-Chilischoten, gegrillt und gehäutet, entkernen und feinhacken. **1 geschälte und gehackte rote Zwiebel** und **2 geschälte und gehackte rote Chilischoten** mit **2 El frisch gehacktem Koriander**, **50 ml Wasser** und **1 El Honig** im Mixer pürieren. Mit **Salz** und **Pfeffer** abschmecken. Passt zu Burgern.

Pro Portion: ca. 1 g E, 1 g F, 4 g KH, 27 kcal

Erdnusssauce

3 geschälte und gehackte Schalotten mit **1 geschälten und gehackten Knoblauchzehe** in **1 El heißem Sojaöl** andünsten. 250 ml Wasser und **175 g Erdnusscreme** einrühren und mit **1 El Sambal Oelek**, **1 El Sojasauce**, **1 Tl Zucker** und **2 El Reisweinessig** würzen. Aufkochen, etwas einkochen und mit **Salz** und **Pfeffer** abschmecken. Passt zu Fleischspießen.

Pro Portion: ca. 12 g E, 23 g F, 7 g KH, 280 kcal

Chili-Schokoladen-Sauce

- 1 rote Chilischote
- 250 ml Hühnerbrühe (FP oder Rezept S. 148)
- 2 Schalotten
- 1 Knoblauchzehe
- 2 Tomaten
- 1 El Rosinen
- 100 g Paniermehl
- je 1 Msp. Zimtpulver, Nelkenpulver und gemahlenen Koriander
- Salz, Pfeffer
- 2 El Butterschmalz
- 80 g Zartbitterschokolade

Die Chilischote entkernen, in dünne Ringe schneiden und in der kochenden Hühnerbrühe einweichen. Die geschälten und gehackten Schalotten, die geschälte und gehackte Knoblauchzehe, die gehäuteten und geviertelten Tomaten, die Rosinen, das Paniermehl und die Gewürze mischen, pürieren und durch ein feines Sieb streichen. 2 El Butterschmalz erhitzen und das Püree darin unter Rühren etwa 5 Minuten schmoren. Die Hühnerbrühe mit der Chili angießen und die gehackte Zartbitterschokolade unter Rühren darin schmelzen lassen. Die Sauce abschmecken.

Pro Portion:
ca. 8 g E, 12 g F, 31 g KH, 263 kcal

TIPP

Diese etwas ungewöhnliche, aber sehr leckere Chili-Schokoladen-Sauce schmeckt zu gebratenem Geflügel. Sie können Sie zum Verfeinern des Bratfonds verwenden.

Ingwer-Orangensauce

175 ml Orangensaft mit **1 El frisch geriebenem Ingwer**, **1 geschälten und gehackten Knoblauchzehe**, **2 geschälten und gehackten Schalotten**, **2 geputzten, entkernten und fein gehackten Chilischoten**, **2 El Sojasauce**, **1 El Reiswein** sowie **4 El Tomatenketchup** und **2 El Honig** verrühren und in einem Topf etwa 10 Minuten köcheln. **1/2 Tl Speisestärke** in wenig Wasser anrühren und die Sauce damit andicken. **2 El Sesamöl** unterrühren und mit **Zitronensaft** abschmecken. Passt zu mit Fleisch gefüllten Teigrollen.

Pro Portion: ca. 1 g E, 3 g F, 9 g KH, 68 kcal

Honigschaum mit Senf

1 geschälte und gehackte Zwiebel mit **150 ml Weißwein**, **1 El Honig**, **1 Tl grob zerstoßenen schwarzen Pfefferkörnern** und **1 Lorbeerblatt** aufkochen und bis auf 75 ml einkochen. Durch ein Sieb streichen, **1 El Senf** einrühren. **4 Eigelb** mit der abgekühlten Reduktion und **1 Tl abgeriebene Schale von 1 unbehandelten Limette** im heißen Wasser schaumig schlagen. Nach und nach **200 g geschmolzene und abgekühlte Butter** einrühren. Den Schaum mit **Salz**, **Pfeffer** und **Limettenensaft** abschmecken. Passt zu Rind- und Lammfleisch.

Pro Portion: ca. 4 g E, 49 g F, 4 g KH, 487 kcal

Lauch-Käse-Sauce

Je **2 geschälte und gehackte Zwiebeln und Knoblauchzehen** sowie **1 geputzte Lauchstange in Ringen** in **2 El heißem Öl** andünsten. **200 ml Weißwein** und **200 ml Fleischbrühe** (FP oder Rezept S. 156, 158 oder 161) angießen und um 1/3 einkochen. **2 El scharfen Senf** und **1/4 Bund frisch gehacktes Basilikum** einrühren und **50 g frisch geriebenen Gruyère** darin schmelzen. **1/2 Tl Speisestärke** in **2 El Sahne** glatt rühren und die Sauce damit andicken. Mit **Salz** und **Pfeffer** abschmecken. Passt zu Geflügel.

Pro Portion: ca. 8 g E, 9 g F, 6 g KH, 170 kcal

Lauch-Sahne-Sauce

1 Stange Lauch, in Ringe geschnitten, in **2 El heißem Öl** andünsten. **400 ml Gemüsebrühe** und **2 El Weißwein** angießen und um die Hälfte einkochen. **100 ml Sahne** einrühren. **100 ml Sahne** steif schlagen und unter die Sauce heben. Mit **Salz**, **Pfeffer** und **gemahlener Muskatnuss** abschmecken. Passt zu Putenbraten.

Pro Portion: ca. 2 g E, 19 g F, 4 g KH, 198 kcal

Salbei-Parmesan-Sauce

2 El Salbeiblätter in Streifen in **2 El heißer Butter** anschmoren. **250 ml Hühnerbrühe** (FP oder Rezept S. 148) und **150 g Crème fraîche** zugeben und etwas einkochen. **50 ml Sahne** steif schlagen und unterheben. **80 g frisch geriebenen Parmesan** in der Sauce schmelzen und mit **Salz** und **Pfeffer** abschmecken. Passt zu Kalbfleisch.

Pro Portion: ca. 11 g E, 26 g F, 2 g KH, 283 kcal

Kalte Paprika-Sherry-Sauce

2 rote gegrillte Paprikaschoten schälen, entkernen und hacken. Mit **100 ml Sherryessig**, **3 El Senf**, **2 El frisch geriebenem Meerrettich**, **2 El Honig** und **2 Tl Worcestersauce** im Mixer pürieren und cremig rühren. Nach Bedarf mit etwas **Gemüsebrühe** (FP oder Rezept S.139) verdünnen. Mit **Salz** und **Pfeffer** abschmecken. Passt zu Steaks.

Pro Portion: ca. 1 g E, 1 g F, 6 g KH, 38 kcal

Zitronengras-Kokos-Sauce

100 g geschälte und fein gehackte Schalotten und **2 geschälte und gehackte Zitronengrasstängel** mit **1 geschälten und gehackten Knoblauchzehe** in **50 g geschmolzener Butter** etwa 5 Minuten schmoren. **2 El Mehl** einrühren und kurz weiterrühren. Je **250 ml Hühnerfond** (FP oder Rezept S. 148) **und Kokosmilch** angießen, aufkochen und etwa 30 Minuten etwas einkochen. Durchsieben, **1 gehackte rote Chilischote** und **2 gehackte Kaffir-Limettenblätter** zugeben, aufkochen und 2 Minuten köcheln. Mit **2 El Limettensaft**, **2 El Sojasauce** und **Salz** abschmecken. Passt zu Kalbfleisch.

Pro Portion: ca. 5 g E, 13 g F, 7 g KH, 160 kcal

Orangensauce

2 Orangen auspressen. Die **abgeriebene Schale von 1 unbehandelten Orange** in **50 ml Orangensaft** weich kochen und durchsieben. Den restlichen Orangensaft und **500 ml Geflügelfond** (FP oder Rezept S. 148) etwa 30 Minuten köcheln. **6 entsteinte und halbierte Kumquats** zugeben und die Sauce mit Saucenbinder andicken. Mit **Salz**, **Pfeffer** und **2 cl Orangenlikör** abschmecken. Passt zu Ente.

Pro Portion: ca. 9 g E, 8 g F, 16 g KH, 180 kcal

Sanddorn-Campari-Sauce

- 1 Banane
- 400 ml Hühnerbrühe (FP oder Rezept S. 148)
- 4 El Campari
- 2 El Sanddorngelee
- Salz
- Pfeffer
- 1/4 Tl Currypulver
- 1 Tl Speisestärke
- 100 ml Sahne

Die geschälte und klein geschnittene Banane in der erhitzten Hühnerbrühe mit dem Campari aufkochen und etwas einkochen. Das Sanddorngelee unterrühren und mit Salz, Pfeffer und Currypulver abschmecken. Die Speisestärke in 100 ml Sahne glatt rühren und die Sauce damit andicken.

Pro Portion:
ca. 7 g E, 10 g F, 10 g KH, 168 kcal

TIPP
Diese Sauce passt gut zu Geflügel, wie zum Beispiel Putenrollbraten. Statt Sanddorngelee können Sie auch Hagebuttenmarmelade verwenden.

Rosinensauce

2 geschälte und gehackte Schalotten in **2 El Butter** und **2 El Olivenöl** glasig schmoren. Mit **2 El Balsamessig** und **400 ml Kalbsfond** (FP oder Rezept S.158) ablöschen und etwas einkochen. **80 g in süßem Sherry eingeweichte Rosinen** und **80 g geröstete und gehackte Pinienkerne** zugeben und mit **Salz** und **Pfeffer** abschmecken. **2 El frisch gehackten Kerbel** unterheben. Passt zu Kalbsleber.

Pro Portion: ca. 13 g E, 16 g F, 16 g KH, 283 kcal

Chili-Kokos-Sauce

1 El rote Currypaste mit **2 El Kokosmilch** glatt rühren und erhitzen. **375 ml Kokosmilch** zugeben und etwa 10 Minuten köcheln. **3 El Limettensaft**, **1 Prise braunen Zucker** und etwas **Reiswein** zugeben und weitere 5 Minuten köcheln. Mit **Salz** abschmecken. Passt zu Kalbfleisch.

Pro Portion: ca. 1 g E, 1 g F, 6 g KH, 30 kcal

Petersiliensauce

Aus **20 g geschmolzener Butter** und **20 g Mehl** eine Mehlschwitze herstellen und mit **500 ml Hühnerbrühe** (FP oder Rezept S. 148) ablöschen. Unter Rühren aufkochen, um 1/3 einkochen und **60 g Crème fraîche** einrühren. Vom Herd nehmen, **1 Tl Zitronensaft** und **3 El frisch gehackte Petersilie** hinzufügen. Mit **Salz** und **Pfeffer** abschmecken. Passt zu Schinkenbraten.

Pro Portion: ca. 8 g E, 12 g F, 6 g KH, 183 kcal

Currysauce

1 geschälte und gehackte Zwiebel in **1 El heißem Öl** andünsten. **1 El grüne Currypaste** und **3 El Honig** einrühren. **2 ganze frische grüne Chilischoten** und **3 gehackte Kaffir-Limettenblätter** zugeben und anschmoren. Mit je **200 ml Gemüsebrühe** (FP oder Rezept S. 139) und **200 ml Kokosmilch** sowie **1 El Sojasauce** ablöschen, aufkochen und 10 Minuten köcheln. Die Sauce durchsieben und **70 g TK-Erbsen** einrühren. Mit **2 Tl in Wasser angerührter Speisestärke** binden, mit **Salz** und **Zitronensaft** abschmecken. Passt zu Fleischspießen.

Pro Portion: ca. 2 g E, 2 g F, 9 g KH, 61 kcal

Rotwein-Schalotten-Sauce

- 2 Tl Olivenöl
- 3 Schalotten
- 750 ml Rotwein
- 1 Tl schwarze Pfefferkörner
- 2 El Honig
- Salz

Das Olivenöl in einem Topf erhitzen. Die Schalotten schälen, hacken und im heißen Öl glasig schmoren. Den Rotwein und die grob zerstoßenen Pfefferkörner zugeben und einkochen, bis etwa 200 ml Flüssigkeit übrig sind. Die Sauce durchsieben, vom Herd nehmen und mit Honig und Salz abschmecken.

Pro Portion:
ca. 1 g E, 3 g F, 8 g KH, 175 kcal

TIPP
Diese Rotweinreduktion können Sie zum Marinieren von Fleisch nehmen, aber auch zum Verfeinern von Bratensaucen oder als Saucenspiegel zu Rinderfilet und Rouladen.

Mojo Verde

3 Bund Petersilie, **1 Bund Koriander**, **1 geputzte, entkernte und gewürfelte grüne Paprikaschote**, **1 entkernte und gehackte grüne Chilischote** und **4 geschälte Knoblauchzehen** im Mixer pürieren. **2 Tl Salz**, **Pfeffer**, **1 Tl getrockneten Thymian** und **100 ml Rotweinessig** zugeben und verrühren. Zuletzt **100 ml Olivenöl** zugeben und die Sauce glatt rühren. Passt zu gebratenem Fleisch.

Pro Portion: ca. 1 g E, 25 g F, 3 g KH, 246 kcal

Salsa Verde

50 g eingeweichtes und zerdrücktes Weißbrot mit **4 El Weißweinessig**, **6 El Olivenöl**, **1 El abgetropften und gehackten Kapern**, **2 gehackten Anchovisfilets** und **8 El frisch gehackten gemischten Kräutern der Saison** verrühren. Mit **Zucker**, **Salz** und **Pfeffer** abschmecken. 1 Stunde durchziehen lassen. Passt zu gegrilltem Fleisch und Geflügel.

Pro Portion: ca. 4 g E, 8 g F, 8 g KH, 123 kcal

Blutorangensauce

400 ml Blutorangensaft in einem Topf bis auf 3 El einkochen. Mit **1 El Balsamessig** und **1 Tl Honig** im Mixer glatt rühren. **50 ml Olivenöl** langsam zugießen und alles zu einer cremigen Sauce verrühren. Mit **Salz** und **Pfeffer** abschmecken. Passt zu gegrilltem Schweinefleisch.

Pro Portion: ca. 1 g E, 13 g F, 10 g KH, 160 kcal

Koriander-Aprikosen-Sauce

1 El Erdnussöl mit **4 zerstoßenen Korianderkörnern** in einer Pfanne rösten. Mit **1 Msp. Nelkenpulver** und **Zimt**, **3 El Balsamessig**, **1 El Zitronensaft** und **4–5 El Aprikosenkonfitüre** verrühren und erhitzen. Mit **Salz** und **Pfeffer** abschmecken. Passt zu Entenbrust.

Pro Portion: ca. 1 g E, 1 g F, 6 g KH, 39 kcal

Steinpilz-schaum

- 30 g getrocknete Steinpilze
- 1 El Öl
- 2 El Balsamessig
- Salz
- Pfeffer
- 1 Zwiebel
- 2 Knoblauchzehen
- 100 ml trockenen Weißwein
- 50 ml Sherry
- 50 ml Gemüsebrühe (FP oder Rezept S. 139)
- 1 Tl frisch gehackten Thymian
- 4 Eigelb

Die Steinpilze in 150 ml kochendem Wasser etwa 30 Minuten einweichen. Abgießen, das Einweichwasser auffangen, die Pilze ausdrücken, klein schneiden und im heißen Öl etwa 2 Minuten schmoren. Den Balsamessig zugeben und vollständig einkochen lassen. Mit Salz und Pfeffer abschmecken und beiseitestellen. Die Zwiebel und Knoblauchzehen schälen und hacken, mit der Einweichflüssigkeit, Weißwein, Sherry und Gemüsebrühe aufkochen. Den Thymian zugeben und die Flüssigkeit bis auf 100 ml einkochen. Durchsieben und würzen. Die Eigelb schaumig schlagen, die Reduktion zugeben und alles im heißen Wasserbad etwa 10 Minuten cremig rühren. Die Sabayon würzen, dann die Pilze unterheben.

Pro Portion:
ca. 6 g E, 9 g F, 3 g KH, 143 kcal

TIPP

Dieser cremige Steinpilzschaum passt sehr gut zu Lammkoteletts oder Rinderfilet. Sie können hierbei auch die Pilzart und den Alkohol variieren. Wenn Sie die Menge erhöhen wollen, rechnen Sie pro Eigelb 25 ml Flüssigkeit.

Cassis-Balsamico-Sauce

2 El Balsamessig mit **4 El Johannisbeerlikör** (Cassis) und **200 ml Geflügelbrühe** (FP oder Rezept S. 148) aufkochen und cremig einkochen. **3 El Crème fraîche** und **1 El Holundergelee** einrühren und mit **1/2 Tl Senf**, **Salz** und **Pfeffer** abschmecken. Passt zu Geflügel.

Pro Portion: ca. 3 g E, 4 g F, 2 g KH, 67 kcal

Balsamico-Pflaumen-Jus

1 geschälte und gehackte Zwiebel und **1 Bund geputztes und klein geschnittenes Suppengemüse** in **2 El Öl** anschmoren. **600 ml Rotwein**, **1 Gewürznelke**, **3 Wacholderbeeren**, **2 Pimentkörner**, **3 Lorbeerblätter**, **2 Tl getrockneten Rosmarin** und **1 Tl Chilipulver** zugeben und alles bis auf 200 ml einkochen. Die Sauce durchsieben und mit **50 ml Balsamessig**, **2 El Senf** und **3 El Honig** verrühren. Mit **Salz** und **Pfeffer** abschmecken. **10 gehackte Trockenpflaumen** und **1 El Pflaumenmus** unterheben. Passt zu Rehfleisch.

Pro Portion: ca. 4 g E, 4 g F, 39 g KH, 308 kcal

Spanische Apfel-Zwiebel-Sauce

- **300 g Äpfel**
- **300 g Zwiebeln**
- **2 El Öl**
- **300 ml Gemüsebrühe (FP oder Rezept S. 139)**
- **200 ml Rinderfond (FP oder Rezept S. 156)**
- **3 El Sherry**
- **2 Tl getrockneter Thymian**
- **Salz**
- **Pfeffer**
- **100 ml Sahne**

Die Äpfel schälen, entkernen und würfeln. Die Zwiebeln schälen und würfeln. Äpfel und Zwiebeln im heißen Öl unter Rühren 5 Minuten andünsten. Die Gemüsebrühe angießen und um die Hälfte einkochen. Die Sauce pürieren und Rinderfond, Sherry und Thymian hinzugeben. Weitere 10 Minuten köcheln, dann mit Salz und Pfeffer abschmecken. Mit Sahne verfeinern.

Pro Portion:
ca. 5 g E, 13 g F, 14 g KH, 200 kcal

TIPP

Diese Sauce passt zu Schweinebraten und Bratwürsten. Sie können die Hälfte der Äpfel auch durch Birnen ersetzen.

Pilzrahmsauce

Je **1 geschälte und gehackte Schalotte und Knoblauchzehe** in **3 El Butter** glasig schmoren. **250 g geputzte Champignons in Scheiben** zugeben, mit **1 Tl getrocknetem Thymian** würzen und mitschmoren. **100 ml Weißwein** und **100 ml Gemüsebrühe** (FP oder Rezept S. 139) angießen und etwa 10 Minuten köcheln. **200 g Crème fraîche** und **1 Tl Balsamessig** einrühren und mit **Salz** und **Pfeffer** abschmecken. Passt zu Geschnetzeltem.

Pro Portion: ca. 3 g E, 19 g F, 3 g KH, 209 kcal

Morchelrahm

50 g getrocknete Morcheln in 150 ml kaltem Wasser einweichen. Nach 15 Minuten abgießen und abtropfen lassen. Mit **100 g abgetropften gehackten Esskastanien aus der Dose** in **2 El Öl** andünsten. **400 ml Rinderfond** (FP oder Rezept S. 156) angießen und um 1/3 einkochen. **2 El frisch gehackten Estragon** einrühren. Mit **Salz** und **Pfeffer** abschmecken. **50 ml Sahne** mit **1/2 Tl Speisestärke** glatt rühren und die Sauce damit binden. Passt zu Geflügel.

Pro Portion: ca. 8 g E, 10 g F, 12 g KH, 169 kcal

Pfeffer-Butter-Sauce

400 ml Lammfond (FP oder Rezept S. 161) mit **1 geschälten und gehackten Zwiebel und Möhre** sowie **2 El grob zerstoßenen schwarzen Pfefferkörnern** zur Hälfte einkochen. Durchsieben und **100 g kalte Butter** mit dem Schneebesen unterrühren. Mit **Salz** und **Pfeffer** abschmecken. Passt zu Lammfleisch.

Pro Portion: ca. 6 g E, 24 g F, 3 g KH, 247 kcal

Schnittlauch-Buttermilch-Sauce

Je **1 geschälte und gehackte Zwiebel und Knoblauchzehe** in **2 El heißer Butter** andünsten. **2 El Mehl** zugeben und anschwitzen. **300 ml Gemüsebrühe** (FP oder Rezept S. 16) und **100 ml Buttermilch** angießen und unter Rühren cremig kochen. Vom Herd nehmen und **1 verquirltes Ei** in die Sauce rühren. **1 Bund Schnittlauch in Röllchen** unterheben und mit **Salz**, **Pfeffer** und **Zitronensaft** abschmecken. Passt zu pochiertem Geflügel.

Pro Portion: ca. 4 g E, 5 g F, 5 g KH, 84 kcal

Barbecuesauce

1 geschälte und gehackte Gemüsezwiebel und **4 geschälte und gehackte Knoblauchzehen** in **2 El erhitztem Rapsöl** glasig dünsten. **400 g gewürfelte Tomaten aus der Dose mit Saft** und 200 ml Wasser zugeben, 20 Minuten köcheln. **4 El Ketchup**, **50 ml Rotweinessig**, **4 El Worcestersauce**, **3 El Dijonsenf**, **3 El Zucker** und **2 El Honig** sowie **6 El Chilipulver** und **3 El Chilipaste** zugeben und die Mischung etwa 30 Minuten cremig einkochen. Im Mixer glatt rühren und mit **Salz** und **Pfeffer** abschmecken. Passt zu Grillfleisch.

Pro Portion: ca. 1 g E, 3 g F, 12 g KH, 85 kcal

Paprika-Sahne-Sauce

Je **1 geschälte und gehackte Zwiebel** bzw. **Knoblauchzehe** und **2 geputzte, entkernte und gehackte grüne Paprikaschoten** in **2 El Öl** andünsten. **300 ml Gemüsebrühe** (FP oder Rezept S. 139) und **100 ml Weißwein** zugeben und bis auf 200 ml einkochen. Die Sauce pürieren und mit **Salz**, **Pfeffer** und **1 Tl edelsüßem Paprikapulver** abschmecken. **100 ml Sahne** einrühren. Nach Belieben mit Saucenbinder andicken. Passt zu Schweineschnitzel.

Pro Portion: ca. 2 g E, 12 g F, 5 g KH, 150 kcal

Zwiebel-Karamell-Sauce

- 200 g rote Zwiebeln
- 2 El Öl
- 2 El brauner Zucker
- 100 ml Rote-Bete-Saft
- 200 ml Rotwein
- 200 ml Rinderfond (FP oder Rezept S. 156)
- 2 El Sherryessig
- 1/4 Bund Petersilie
- Salz
- Pfeffer
- 100 g kalte Butter

Die Zwiebeln schälen und in Ringe schneiden. Das Öl erhitzen und den Zucker darin unter Rühren karamellisieren. Die Zwiebeln zugeben und 2 Minuten mitschmoren. Rote-Bete-Saft und Rotwein zugeben und um 1/3 einkochen. Den Rinderfond und Sherryessig zugeben und weitere 10 Minuten köcheln. Die gehackte Petersilie unterheben und mit Salz und Pfeffer abschmecken. Die kalte Butter in Würfeln einrühren, bis die Sauce sämig ist.

Pro Portion:
ca. 4 g E, 28 g F, 12 g KH, 343 kcal

TIPP

Diese pikante süßsaure Zwiebelsauce passt besonders gut zu gebratenem Geflügel wie zum Beispiel Brathähnchen oder panierte Hähnchenflügel.

Holundersauce

1 geschälte und gehackte Schalotte in **2 El heißer Butter** glasig schmoren. Mit je **1 El Cognac und Madeira** ablöschen. **250 ml Wildfond** (FP oder Rezept S. 159) und **100 ml Rotwein** zugeben und etwas einkochen. **2–3 El Holundergelee** unterheben und mit **Salz** und **Pfeffer** abschmecken. Mit **kalter Butter** binden. Passt zu Wildfleisch wie Reh oder Hirsch.

Pro Portion: ca. 5 g E, 6 g F, 2 g KH, 99 kcal

Rhabarber-Mango-Sauce

250 ml Mangosaft mit **2 El Limettensaft** und **150 ml Gemüsebrühe** (FP oder Rezept S. 139) verrühren, erhitzen und **200 g geputzten und in Stücke geschnittenen Rhabarber** sowie **1/2 Bund frisch gehackte Zitronenmelisse** darin aufkochen. 20 Minuten köcheln, dann **1 El Zucker** und **3 El Tomatenmark** einrühren. **2 El Crème fraîche** unterheben und mit **Salz**, **Pfeffer** und **Zucker** abschmecken. Mit Saucenbinder andicken. Passt zu gebratenem Geflügel.

Pro Portion: ca. 1 g E, 2 g F, 11 g KH, 70 kcal

Gemüse-Schoko-Sauce

Je **1 geschälte und gehackte Zwiebel und Möhre** und **1 Stange Staudensellerie** in Würfeln in **3 El heißem Öl** unter Rühren andünsten. 5 Minuten schmoren. Mit **1 El Mehl** andicken. Vom Herd nehmen. **50 ml Weißweinessig** mit **1 Tl Zucker** und **200 ml Fleischbrühe** (FP oder Rezept S. 156, 158 oder 161) verrühren und in einem Topf erhitzen. **100 g gehackte Zartbitterschokolade** darin schmelzen und mit der Gemüsemischung verrühren. Passt zu Schweine- und Kalbsschnitzeln.

Pro Portion: ca. 5 g E, 13 g F, 15 g KH, 204 kcal

Melisse-Limetten-Sauce

2 geschälte und gehackte Zwiebeln in **2 El heißem Öl** glasig schmoren. **2 El Mehl** einrühren und anschwitzen. **400 ml Gemüsebrühe** (FP oder Rezept S. 139) angießen, **3 El Limettensaft** und **abgeriebene Schale von 1/2 Limette** zugeben und alles um 1/3 sämig einkochen. **1/2 Bund frisch in dünne Streifen geschnittene Zitronenmelisse** unterheben und mit **Salz** und **Pfeffer** abschmecken. Passt zu Entenfleisch.

Pro Portion: ca. 1 g E, 6 g F, 6 g KH, 93 kcal

Kapern-Tomaten-Sauce

- **2 Zwiebeln**
- **2 Knoblauchzehen**
- **50 g Parmaschinken**
- **2 El Olivenöl**
- **450 g gehackte Tomaten aus der Dose**
- **2 Lorbeerblätter**
- **1 Tl gehackten Rosmarin**
- **4 El Tomatenmark**
- **1/2 getrocknete Chilischote**
- **2 Anchovisfilets**
- **4 El Kapern aus dem Glas**
- **Salz**
- **Pfeffer**
- **1/2 Bund Kerbel**

Zwiebeln und Knoblauchzehen schälen und hacken. Den Schinken in Würfel schneiden. Das Olivenöl erhitzen und Zwiebeln, Knoblauch und Schinken darin anschmoren. Dann die Tomaten, Lorbeerblätter, den Rosmarin, das Tomatenmark und die zerbröselte Chilischote zugeben und cremig einkochen. Lorbeerblätter entfernen. Die gehackten Anchovis und abgetropften gehackten Kapern unterheben und mit Salz und Pfeffer abschmecken. Zuletzt den gehackten Kerbel zugeben.

Pro Portion:
ca. 5 g E, 4 g F, 6 g KH, 82 kcal

TIPP
Diese Sauce schmeckt vor allem zu Hackklößchen, aber auch zu gebratener Kalbs- oder Rinderleber.

Scharfe Zwiebelsauce

2 geschälte und geviertelte Gemüsezwiebeln in **2 El heißem Rapsöl** unter Rühren weich schmoren. **1 Tl Chilipulver** und **1/2 Tl Zimtpulver** zugeben und 1 Minute mitschmoren. **50 ml Ketchup**, **100 ml Wasser**, **1 Tl Chilisauce** zugeben und etwa 15 Minuten einkochen. Mit **Salz** und **Pfeffer** abschmecken und erkalten lassen. Passt zu gegrillten Würstchen.

Pro Portion: ca. 1 g E, 3 g F, 6 g KH, 52 kcal

Pfeffer-Rahmsauce

1 geschälte und gehackte Zwiebel in **1 El heißem Öl** glasig schmoren. **250 ml Fleischfond** (FP oder Rezept S. 156, 158 oder 161) und **100 ml Weißwein** angießen und **2 El eingelegte grüne Pfefferkörner**, grob zerstoßen, einrühren. Die Sauce um ein Drittel einkochen. Mit **Salz** und **Pfeffer** abschmecken und nach Belieben mit etwas **dunklem Saucenbinder** andicken. Zuletzt **2 El geschlagene Sahne** unterheben. Passt zu Schnitzel und Steaks.

Pro Portion: ca. 4 g E, 4 g F, 2 g KH, 74 kcal

Wacholder-Kräuter-Sauce

2 El Butterschmalz erhitzen und **je 1 Zweig Thymian und Rosmarin** und **7 Wacholderbeeren** darin anschmoren. **350 ml Wildfond** (FP oder Rezept S. 159) und **50 ml Holundersaft** zugeben und 10 Minuten köcheln. Die Sauce durch ein Sieb streichen und mit **Salz** und **Pfeffer** abschmecken. **50 g kalte Butter** in Würfeln unterrühren und die Sauce damit andicken. Passt zu Wildfleisch.

Pro Portion: ca. 8 g E, 18 g F, 3 g KH, 208 kcal

Altbiersauce

4 El gewürfelten Frühstücksspeck auslassen und aus der Pfanne nehmen. **2 El Öl** im Fett erhitzen, **4 geschälte und gehackte Schalotten** und **1/4 geschälte und gehackte Knollensellerie** sowie **2 geschälte, entkernte und gehackte Tomaten** zugeben. 5 Minuten braten. **170 ml Altbier** und **400 ml Rinderfond** (FP oder Rezept S. 156) angießen und um 1/3 einkochen. Durchsieben und **2 Tl Senf**, **1 Tl Tomatenmark** sowie **50 ml Sahne** einrühren. Mit **1 Tl in Wasser angerührter Speisestärke** binden und mit **Salz**, **Pfeffer** und **Zucker** abschmecken. Passt zu Braten und Wildfleisch.

Pro Portion: ca. 8 g E, 10 g F, 11 g KH, 175 kcal

Calvadossauce

500 g Äpfel schälen, entkernen und würfeln, **3 Zwiebeln** schälen und hacken. Beides in **2 El erhitztem Öl** weich schmoren. **400 ml Gemüsebrühe** (FP oder Rezept S. 139) angießen und um 1/3 einkochen. Pürieren und **4 cl Calvados** zugeben. Mit **Salz** und **Pfeffer** abschmecken. **4 El geschlagene Sahne** unterheben. Passt zu Wachtel und Perlhuhn.

Pro Portion: ca. 1 g E, 6 g F, 17 g KH, 159 kcal

Sherry-Orangen-Sauce

2 geschälte und gehackte Schalotten und **1 geschälte und gehackte Knoblauchzehe** in **4 El heißem Olivenöl** glasig schmoren. Die **abgeriebene Schale von 1 unbehandelten Orange**, **400 ml Orangensaft** und **3 El Sherryessig** dazugeben, aufkochen und auf die Hälfte einkochen. **200 ml Hühnerfond** (FP oder Rezept S. 148) und **2 Rosmarinzweige** zugeben und erneut auf die Hälfte einkochen. Vom Herd nehmen, mit **3 El Honig**, **Salz** und **Pfeffer** abschmecken. Passt zu gegrilltem Geflügel.

Pro Portion: ca. 5 g E, 7 g F, 17 g KH, 152 kcal

Meerrettichsauce

Eine Sauce Béchamel wie auf S. 204 beschrieben herstellen. Anstelle **500 ml Milch**, **je 250 ml Gemüsebrühe** (FP oder Rezept S. 139) **und Milch** verwenden. Anschließend **30 g frisch geriebenen Meerrettich** einrühren und mit **4 El geschlagener Sahne** verfeinern. Passt zu gekochtem Rindfleisch.

Pro Portion: ca. 3 g E, 11 g F, 10 g KH, 154 kcal

Wacholderrahm

1 geschälte und gehackte Zwiebel und **100 g gewürfelten Räucherspeck** in **1 El heißem Öl** 5 Minuten schmoren. Etwa **12–14 zerdrückte Wacholderbeeren** zugeben und kurz mitschmoren. Mit **400 ml Wildfond** (FP oder Rezept S. 159) ablöschen und um 1/3 einkochen. Durchsieben, **2 cl Gin** einrühren und mit **Salz** und **Pfeffer** abschmecken. **150 g Crème fraîche** einrühren und sämig kochen. Passt zu Wildhase.

Pro Portion: ca. 14 g E, 21 g F, 5 g KH, 280 kcal

Joghurtsauce mit rotem Pfeffer

- 250 g griechischer Joghurt
- 1–2 rote Chilischoten
- 4 Knoblauchzehen
- 2 Tl abgeriebene unbehandelte Zitronenschale
- 2 Tl Oreganoblättchen
- Salz
- roter Pfeffer

Den Joghurt in einer Schüssel glatt rühren. Die roten Pfefferschoten putzen, entkernen und fein hacken. Die Knoblauchzehen schälen und zerdrücken. Mit der Zitronenschale und den fein gehackten Oreganoblättchen zum Joghurt geben und glatt rühren. Mit Salz und rotem Pfeffer würzen.

Pro Portion:
ca. 2 g E, 2 g F, 4 g KH, 49 kcal

TIPP
Diese Sauce wird kalt serviert. Sie passt sehr gut zu gegrilltem Fleisch und Würstchen, wie zum Beispiel Lammwürstchen.

Kerbel-Senf-Rahm

1 geschälte und gehackte Schalotte in **1 El heißem Öl** glasig schmoren. **250 ml Hühnerfond** (FP oder Rezept S. 148) , **250 ml Weißwein** und **1 Tl grob zerstoßenen Pfeffer** zugeben und um die Hälfte einkochen. **2 El Senf** und **1 Tl Weißweinessig** einrühren und mit **Salz** und **Pfeffer** abschmecken. **150 ml Sahne** einrühren, nach Belieben mit etwas **Saucenbinder** andicken und **1 Bund frisch gehackten Kerbel** unterheben. Passt zu Putenbrust.

Pro Portion: ca. 5 g E, 14 g F, 4 g KH, 204 kcal

Senf-Sahne-Sauce

2 geschälte und gehackte Schalotten in **4 El Butter** glasig schmoren. **100 ml Weißwein** und **300 ml Rinderfond** (FP oder Rezept S. 156) angießen und auf die Hälfte einkochen. Durchsieben und **150 ml Sahne** einrühren und sämig köcheln. **1 El Crème double** und **3 Tl Senf** einrühren und mit **Salz**, **Pfeffer** und **Zitronensaft** abschmecken. Passt zu gekochtem Kalb- und Rindfleisch.

Pro Portion: ca. 6 g E, 18 g F, 4 g KH, 213 kcal

Himbeer-Thymian-Sauce

1 El Mehl in **3 El flüssiger Butter** mit **1 Tl getrocknetem Thymian** und **1 geschälten und zerdrückten Knoblauchzehe** anschwitzen. **400 ml Fleischbrühe** (FP oder Rezept S. 156, 158 oder 161) angießen und aufkochen. **100 ml Sahne** hinzufügen und sämig köcheln. **1 El Sherryessig** und **2 El passierte Himbeermarmelade** einrühren und mit **Salz** und **Pfeffer** abschmecken. Passt zu Geschnetzeltem.

Pro Portion: ca. 6 g E, 6 g F, 2 g KH, 86 kcal

Rosmarinsauce

1 Bund geputztes und zerkleinertes Suppengemüse, je **1 geschälte und gehackte Zwiebel und Knoblauchzehe** in **400 ml Wildfond** (FP oder Rezept S. 159) 20 Minuten köcheln. **400 ml Rotwein** und **5 Stängel Rosmarin** zugeben und alles weitere 30 Minuten auf die Hälfte einkochen. Die Sauce durchsieben, **1 Tl gehackte Rosmarinnadeln** einrühren und mit **Salz**, **Pfeffer** und **1 El Johannisbeergelee** abschmecken. Die Sauce mit **100 g kalter Butter** binden. Passt zu Wildhase.

Pro Portion: ca. 9 g E, 27 g F, 7 g KH, 365 kcal

Erdnuss-Kokos-Sauce

Je **1 geschälte und gehackte Zwiebel und Knoblauchzehe** in **2 El heißem Olivenöl** glasig schmoren. **1 El rote Currypaste** und **1 El Honig** einrühren und 4 Minuten mitschmoren. **100 g Erdnusscreme**, je **200 ml Kokosmilch und Gemüsebrühe** (FP oder Rezept S. 139) hinzufügen, aufkochen und 15 Minuten einkochen. **2 El Kecap manis** einrühren und mit **Salz**, **Pfeffer** und **Limettenensaft** abschmecken. Passt zu Geflügel und Rindfleisch.

Pro Portion: ca. 7 g E, 16 g F, 9 g KH, 204 kcal

Orangen-Zwiebel-Sauce

4 El Zucker in **1 El Butter** in einer Pfanne unter Rühren schmelzen. **4 El Balsamessig** und **500 ml Gemüsebrühe** (FP oder Rezept S. 139) angießen und um 1/3 einkochen. Die **abgeriebene Schale von je 1 unbehandelten Orange und Zitrone** und den **Saft von 3 Orangen und der Zitrone** in die Brühe geben. **500 g geschälte rote Zwiebeln** in dünnen Ringen hinzufügen und alles etwa 30 Minuten köcheln. Die Sauce mit **Salz** und **Pfeffer** abschmecken. **60 g kalte Butter in Würfeln unterschlagen**. Passt zu Kalbfleisch.

Pro Portion: ca. 2 g E, 4 g F, 16 g KH, 108 kcal

Mango-Tomaten-Salsa

1 geschälte Mango, das Fruchtfleisch fein gewürfelt, mit **300 g geschälten, entkernten und gehackten Tomaten**, **1 geschälten und gehackten Schalotte**, **2 geschälten und mit etwas Salz zerriebenen Knoblauchzehen**, **2 entkernten und fein gehackten roten Chilischoten** und **5 El Limettensaft** verrühren. Die **abgeriebene Schale von 1/2 Limette** und **2 El frisch gehackte Minze** unterheben. Die Salsa mit **Salz**, **Pfeffer** und **süßer Chilisauce** abschmecken. Passt zu Geflügel.

Pro Portion: ca. 1 g E, 1 g F, 8 g KH, 55 kcal

Körnige Senfcreme

100 g geschälte und halbierte Perlzwiebeln in **2 El Rapsöl** glasig schmoren. **150 ml Rinderfond** (FP oder Rezept S. 156) und **150 ml Sahne** angießen und etwas einkochen. **3 El körnigen Senf** einrühren und mit **Salz** und **Pfeffer** abschmecken. Nach Belieben mit etwas **hellem Saucenbinder** andicken. Passt zu Hackbällchen.

Pro Portion: ca. 4 g E, 15 g F, 6 g KH, 172 kcal

Weiße Portweinsauce

Je **1 geschälte und gehackte Zwiebel und Knoblauchzehe** sowie **1 geschälte und in Ringe geschnittene Zwiebel** in **2 El heißer Butter** andünsten. **2 El Mehl** hinzufügen und anschwitzen. **150 ml Geflügelfond** (FP oder Rezept S. 148), **250 ml weißen Portwein** und **2 El Cognac** angießen und sämig einkochen. **100 ml Sahne** einrühren und **1/2 Bund frisch gehackte Petersilie** unterheben. Mit **Salz**, **Pfeffer** und **1 Prise Pimentpulver** abschmecken. Passt zu gebratener Ente.

Pro Portion: ca. 8 g E, 24 g F, 42 g KH, 430 kcal

Apfelweinsauce

50 g gewürfelten Räucherspeck in der Pfanne auslassen. **3 geschälte und gewürfelte kleine Zwiebeln** und **1/2 geschälten, entkernten und gewürfelten Apfel** sowie **1 Rosmarinzweig** im Speckfett andünsten. **200 ml Apfelwein** und **200 ml Fleischbrühe** (FP oder Rezept S. 156, 158 oder 161) hinzufügen und etwas einkochen. Durch ein Sieb streichen. **3 geschälte und in Ringe geschnittene Schalotten** in **2 El heißer Butter** andünsten. Unter die Sauce heben und mit **2 El Crème fraîche** und **Salz** abschmecken. Passt zu Wildgeflügel, Wildfleisch und Gans.

Pro Portion: ca. 6 g E, 6 g F, 15 g KH, 155 kcal

Nudel- & Reissaucen

Bolognese-sauce

- **1 Möhre**
- **1/4 Sellerie**
- **1 Zwiebel**
- **3 El Olivenöl**
- **300 g Rinderhackfleisch**
- **2 Lorbeerblätter**
- **100 ml Rotwein**
- **400 g Tomatenwürfel aus der Dose**
- **200 ml Fleischbrühe (FP oder Rezept S. 156)**
- **Salz**
- **Pfeffer**
- **3 El Sahne**
- **1 El Tomatenmark**

Möhre, Sellerie und Zwiebel schälen und hacken. Im erhitzten Olivenöl unter Rühren anschmoren. Nach etwa 7 Minuten das Rinderhackfleisch zugeben und krümelig braten. Lorbeerblätter und Rotwein hinzufügen und die Dosentomaten einrühren. Die Fleischbrühe angießen, aufkochen, mit Salz und Pfeffer abschmecken und etwa 30 Minuten köcheln. Lorbeerblätter entfernen, Sahne unterrühren und mit Tomatenmark, Salz und Pfeffer erneut abschmecken.

Pro Portion:
ca. 20 g E, 17 g F, 7 g KH, 273 kcal

TIPP

Der Klassiker unter den Nudelsaucen. Original werden dazu Makkaroni gegessen, Sie können die Nudelsorte aber auch nach Belieben variieren.

Pesto alla genovese

1 Bund gehacktes Basilikum mit **40 g gehackten Pinienkernen**, **2 geschälten Knoblauchzehen** und **30 g frisch geriebenem Parmesan** im Mixer pürieren. So viel **Olivenöl** zugeben, dass eine dickflüssige Creme entsteht. Mit **Salz** und **Pfeffer** abschmecken.

Pro Portion: ca. 5 g E, 18 g F, 1 g KH, 182 kcal

Tomatenpesto

100 g getrocknete Tomaten 5 Minuten in 300 ml kochendem Wasser garen, abgießen und 150 ml Kochwasser aufbewahren. **50 g Mandeln** und **60 g Pinienkerne** rösten und mit den Tomaten, **80 g frisch geriebenem Parmesan** und dem Kochwasser im Mixer pürieren. **1/2 Bund Petersilie** und **1 Bund Basilikum** hacken, unter das Pesto mischen und mit **Salz**, **Pfeffer**, **Zucker** und **1–2 El Aceto balsamico** abschmecken.

Pro Portion: ca. 16 g E, 22 g F, 10 g KH, 305 kcal

Tomaten-Zucchini-Sauce

150 g geschälte und geviertelte Zwiebeln und **6 geschälte und geviertelte Knoblauchzehen** in **4 El heißem Olivenöl** unter Rühren etwa 8 Minuten anschmoren. **500 g gehäutete, entkernte und gewürfelte Tomaten**, **2 El Tomatenmark** und je **1 Zweig Thymian** und **Rosmarin** zugeben, aufkochen und etwa 30 Minuten köcheln, bis die Flüssigkeit fast verkocht ist. **250 g geputzte Zucchini** in Scheiben mit **2 El Olivenöl** in der Grillpfanne garen und in die Sauce geben. Kräuterstrauß entfernen und die Sauce mit **Salz** und **Pfeffer** abschmecken.

Pro Portion: ca. 3 g E, 6 g F, 8 g KH, 96 kcal

Zucchini-Frischkäse-Sauce

Je **1 geschälte und gewürfelte Zwiebel** und **Knoblauchzehe** in **2 El Öl** andünsten. **500 g geputzte und geriebene Zucchini** zugeben und kurz mitschmoren. **200 g Ricotta**, **125 ml Milch** und **200 ml Weißwein** zugeben. Aufkochen und anschließend 5 Minuten köcheln lassen. Mit **Salz** und **Pfeffer** abschmecken.

Pro Portion: ca. 9 g E, 8 g F, 7 g KH, 172 kcal

Lauch-Zitronen-Sauce

Aus **3 El geschmolzener Butter** und **3 El Mehl** eine Mehlschwitze herstellen und mit **500 ml Gemüsebrühe** (FP oder Rezept S.139) ablöschen. Aufkochen, 10 Minuten köcheln. **1 geschälte Knoblauchzehe** hacken, **1 Lauchstange in Ringe** schneiden, **3 Scheiben Rinderschinken** in dünne Streifen schneiden. Knoblauch, Lauch und Schinken in **2 El heißer Butter** 3 Minuten schmoren, **abgeriebene Schale und 2 El Saft von 1 unbehandelten Zitrone** zugeben. Mit der hellen Sauce aufgießen und mit **2 El Crème fraîche**, **Salz** und **Pfeffer** abschmecken.

Pro Portion: ca. 4 g E, 9 g F, 6 g KH, 121 kcal

Lauch-Speck-Sauce

50 g gewürfelten Schinkenspeck in **1 El heißer Butter** auslassen. **100 g geputzten und in Ringe geschnittenen Lauch** zugeben und 5 Minuten mitschmoren. **350 ml Gemüsebrühe** (FP oder Rezept S. 139) angießen und **1/2 Bund gehackte gemischte Kräuter** unterrühren. **4 El Weinbrand** unterrühren, 2 Minuten köcheln, mit **Salz** und **Pfeffer** abschmecken. **100 ml geschlagene Sahne** unterrühren.

Pro Portion: ca. 4 g E, 11 g F, 3 g KH, 138 kcal

Muschel-sauce

- **24 Venusmuscheln**
- **125 ml trockener Weißwein**
- **4 El Olivenöl**
- **1 Knoblauchzehe**
- **3 El Mehl**
- **100 ml Gemüsebrühe (FP oder Rezept S. 139)**
- **1/4 gehackte rote Chilischote**
- **2 El frisch gehackter Kerbel**
- **100 ml Sahne**
- **Salz**
- **Pfeffer**

Die Venusmuscheln gut waschen, geöffnete Exemplare entfernen und die geschlossenen in dem heißen Weißwein kochen, bis sich die Schalen öffnen. Muscheln die sich nicht geöffnet haben, wegwerfen. Das Muschelfleisch aus den Schalen lösen. Das Olivenöl erhitzen und die geschälte und gehackte Knoblauchzehe darin andünsten. Das Mehl darüberstreuen und unter Rühren anschwitzen. Mit dem durchgesiebten Muschelsud und der Gemüsebrühe ablöschen. Die gehackte Chili und den gehackten Kerbel zugeben und 5 Minuten köcheln. Die Sahne unterrühren und mit Salz und Pfeffer abschmecken. Zuletzt das Muschelfleisch in die Sauce geben und erwärmen.

Pro Portion:
ca. 7 g E, 13 g F, 8 g KH, 195 kcal

TIPP

Sie können die Muschelsauce noch zusätzlich mit 100 g gewürfeltem gekochten Schinken verfeinern und mit etwas geriebenem Parmesan bestreuen.

Carbonarasauce

150 g Frühstücksspeck in Würfeln in **2 El heißem Olivenöl** knusprig braten. **4 Eier** mit **150 g geriebenem Pecorino**, **100 ml Sahne**, **Salz** und **Pfeffer** verrühren. Zum Speck geben und erwärmen, nicht kochen. Diese Sauce über die gegarten Nudeln in der Pfanne geben.

Pro Portion: ca. 27 g E, 33 g F, 2 g KH, 408 kcal

Gorgonzolasauce

1 geschälte und gehackte Schalotte in **1 El heißem Öl** glasig schmoren. **150 ml Gemüsebrühe** (FP oder Rezept S. 139) angießen und 5 Minuten köcheln. **200 ml Sahne** angießen und um die Hälfte einkochen. **100 g zerkrümelten Gorgonzola** unter Rühren darin schmelzen und mit **Salz** und **Pfeffer** abschmecken.

Pro Portion: ca. 6 g E, 25 g F, 2 g KH, 255 kcal

Sauce mit Krebsen und Rucola

- 2 Zucchini
- 1 Möhre
- 2 El Öl
- 200 g Erbsen
- 200 g Rucola
- 300 ml Gemüsebrühe (FP oder Rezept S. 139)
- 300 g gekochte Flusskrebse
- 4 El Sahne
- 2 El Sherry
- Salz
- Pfeffer
- 1/2 Bund Dill

Die geputzten und geriebenen Zucchini und die geschälte und fein gewürfelte Möhre in dem heißen Öl andünsten. Die gegarten Erbsen und den in Streifen geschnittenen Rucola zugeben. Die Gemüsebrühe angießen, die Flusskrebse klein schneiden und in die Sauce geben. 5 Minuten köcheln, dann Sahne und Sherry unterrühren und mit Salz und Pfeffer abschmecken. Den gehackten Dill unterheben.

Pro Portion:
ca. 21 g E, 7 g F, 12 g KH, 198 kcal

TIPP

Die Sauce können Sie leicht variieren: Ersetzen Sie die Erbsen durch Spargel und die Flusskrebse durch Krabben.

Salbeibutter

12 kleine Salbeiblätter in **1 El heißer Butter** 3 Minuten schmoren. **190 ml flüssige Butter** zugeben. **50 g Parmaschinken** in Streifen unter die Butter heben und mit **Salz** abschmecken.

Pro Portion: ca. 3 g E, 42 g F, 2 g KH, 393 kcal

Nussbutter

120 g Butter schmelzen. Aus **2 geschälten und zerdrückten Knoblauchzehen**, **60 g Paniermehl**, **2 El gemahlenen Nüssen**, **1/2 Tl getrockneten Thymian** und **1/4 Tl Chiliflocken** eine Mischung bereiten und unter die Butter rühren. Mit **Salz** und **Pfeffer** abschmecken.

Pro Portion: ca. 2 g E, 27 g F, 12 g KH, 295 kcal

Kräuter-Sahne-Sauce

Je **1/4 Bund Petersilie**, **Kerbel**, **Schnittlauch** und **Dill** mit **1 geschälten Knoblauchzehe** pürieren. **50 ml Weißwein** und **200 ml Sahne** erhitzen und mit **Salz**, **Pfeffer** und **1 Prise Muskat** abschmecken. Die Kräuter unterheben.

Pro Portion: ca. 2 g E, 15 g F, 3 g KH, 163 kcal

Lachscreme mit Rucola

1 geschälte und gehackte Zwiebel in **2 El heißer Butter** glasig schmoren. **150 g Rucola in Streifen** und **1 geschälte und zerdrückte Knoblauchzehe** zugeben und 4 Minuten mitschmoren. Mit je **50 ml Sherry und Weißwein** ablöschen, **100 ml Gemüsebrühe** (FP oder Rezept S. 139) und **75 ml Milch** zugeben und alles um 1/3 einkochen. Mit **Salz** und **Pfeffer** würzen. **200 g Räucherlachs** in dünne Streifen schneiden und unter die Sauce heben. Mit **2 El frisch gehacktem Dill** bestreuen.

Pro Portion: ca. 11 g E, 7 g F, 3 g KH, 140 kcal

Orientalische Nudelsauce

- 1 Zwiebel
- 2 Knoblauchzehen
- 5 Trockenpflaumen
- 1 Aubergine
- 4 El Olivenöl
- 1 Tl gemahlener Kreuzkümmel
- 1 Tl gemahlener Koriander
- 1 Prise Zimt
- 1 Tl frisch gehackte Minze
- 50 ml Rotwein
- 150 ml Hühnerbrühe (FP oder Rezept S. 148)
- 400 g Tomatenpüree aus der Dose
- 250 g Lammhackfleisch
- Salz, Pfeffer, Zucker

Zwiebel und Knoblauchzehen schälen und hacken, die Trockenpflaumen würfeln. Die Aubergine putzen und würfeln. In 3 El heißem Olivenöl unter Rühren etwa 10 Minuten schmoren. Zwiebel, Knoblauch und Pflaumen zugeben und mit Kreuzkümmel, Koriander, Zimt und Minze würzen. 3 Minuten weiterschmoren, dann Rotwein, Hühnerbrühe und Tomatenpüree zugeben und etwa 25 Minuten köcheln. Das Lammhackfleisch im restlichen Olivenöl krümelig braten und mit Salz und Pfeffer würzen. In die Sauce geben und weitere 10 Minuten köcheln. Mit Zucker abschmecken.

Pro Portion:
ca. 23 g E, 9 g F, 25 g KH, 290 kcal

TIPP

Diese würzige Sauce können Sie auch mit Rinderhack zubereiten. Das Tomatenpüree können Sie auch durch frische gehäutete und entkernte Tomaten ersetzen.

Waldpilzsauce

4 geschälte und gehackte Schalotten und **2 geschälte und gehackte Knoblauchzehen** in **3 El heißem Öl** glasig schmoren. **500 g geputzte gemischte Waldpilze** klein schneiden und hinzufügen. 4 Minuten köcheln, dann **30 g Butter**, **4 El geschlagene Sahne** und **1 Tl frisch gehackten Thymian** zugeben. Mit **Salz** und **Pfeffer** abschmecken.

Pro Portion: ca. 4 g E, 12 g F, 3 g KH, 132 kcal

Pfifferlingsauce

1 geschälte und gehackte Zwiebel in **2 El heißem Öl** glasig schmoren. **350 g geputzte Pfifferlinge** zugeben und 5 Minuten unter Rühren mitschmoren. Mit **250 ml Gemüsebrühe** (FP oder Rezept S. 139) ablöschen und 10 Minuten köcheln. **100 ml Sahne** und **3 El Sherry** einrühren, mit **Salz** und **Pfeffer** abschmecken. **2 El frisch gehackte Petersilie** unterheben.

Pro Portion: ca. 3 g E, 12 g F, 3 g KH, 128 kcal

Mangold-Schinken-Sauce

Je **1 geschälte und gehackte Zwiebel und Knoblauchzehe** in **2 El heißem Öl** andünsten. **300 g geputzten und in dünne Streifen geschnittenen Mangold** (zuerst die weißen Stiele) zugeben und unter Rühren etwa 5 Minuten schmoren. Dann die grünen Blätter zugeben und weitere 3 Minuten schmoren. Mit **250 ml Gemüsebrühe** (FP oder Rezept S.139) ablöschen und etwas einkochen. **150 ml Sahne** zugeben und sämig kochen. Mit **Salz**, **Pfeffer**, **1 Prise Muskatnuss** und **1/4 Tl gemahlenem Kardamom** abschmecken. **150 g in Streifen geschnittenen gekochten Schinken** zugeben und erwärmen.

Pro Portion: ca. 10 g E, 17 g F, 5 g KH, 213 kcal

Ricotta-Spinat-Sauce

Je **1 geschälte und gehackte Zwiebel und Knoblauchzehe** in **2 El heißem Öl** andünsten. **500 g geputzten und in dünne Streifen geschnittenen Spinat** zugeben und unter Rühren zusammenfallen lassen. **300 ml Gemüsebrühe** (FP oder Rezept S. 139) angießen und um 1/3 einkochen. **150 g Ricotta** einrühren und mit **Salz**, **Pfeffer**, **Muskat** und **1 Prise Chilipulver** abschmecken.

Pro Portion: ca. 8 g E, 7 g F, 4 g KH, 113 kcal

Thunfisch-Tomaten-Sauce

Je **2 geschälte und gehackte Schalotten und Knoblauchzehen** in **2 El heißem Öl** andünsten. **300 g gehäutete, entkernte und gewürfelte Tomaten** zugeben und etwas einkochen. **325 g abgetropftes Thunfischfleisch aus der Dose** zugeben und mit **Salz** und **Pfeffer** abschmecken. **2 El Frühlingszwiebeln** in Ringen unterheben.

Pro Portion: ca. 15 g E, 12 g F, 2 g KH, 178 kcal

Tomaten-Kräuter-Sauce

Je **1 geschälte und gehackte Zwiebel und Knoblauchzehe** in **2 El heißem Öl** andünsten. **1 El Honig** einrühren und **600 g passierte Tomaten** aus der Packung zugeben. Aufkochen und etwa 20 Minuten köcheln. Je **1 Bund frisch gehackte Petersilie, frisch gehacktes Basilikum und in Streifen geschnittenen Rucola** unterheben und 2 Minuten ziehen lassen. Mit **Salz** und **Pfeffer** abschmecken. **125 g gereiften Ziegenkäse** würfeln und unterheben.

Pro Portion: ca. 3 g E, 4 g F, 7 g KH, 76 kcal

Minz-Sahnesauce mit Erbsen und Schinken

Je **1 geschälte und gehackte rote Zwiebel** und **Knoblauchzehe** in **2 El heißer Butter** andünsten. **100 g gewürfelten Rinderschinken** zugeben und kurz mitschmoren. **200 g TK-Erbsen** unaufgetaut hinzufügen. **70 ml Hühnerbrühe** (FP oder Rezept S. 148), **30 ml Weißwein** und **3 El Zitronensaft** zugeben und alles etwa 3 Minuten köcheln. **2 El frisch gehackte Minze** und **100 ml Sahne** einrühren und mit **Salz** und **Pfeffer** abschmecken.

Pro Portion: ca. 10 g E, 11 g F, 10 g KH, 189 kcal

Roquefort-Birnen-Creme

250 ml Sahne in einem Topf erhitzen. **150 g zerkrümelten Roquefort** zugeben und unter Rühren schmelzen lassen. **100 ml Wein** angießen und einkochen. **1 Birne** schälen, entkernen und in Würfel schneiden. In die Sauce geben, erwärmen und mit **Salz**, **Pfeffer** und **Limettensaft** abschmecken.

Pro Portion: ca. 10 g E, 31 g F, 8 g KH, 360 kcal

Gemüse-sauce mit Fleisch

- 2 El Olivenöl
- 1 Knoblauchzehe
- 1 Tl fein gehackter Ingwer
- 1 Zwiebel
- Salz
- 200 g Steakfleisch
- 200 g Brokkoliröschen
- 150 g Champignons
- 1 El helle Sojasauce
- 4 El Gemüsebrühe (FP oder Rezept S. 139)
- 1 Tl Zucker
- Pfeffer

Olivenöl in einem Wok erhitzen und die geschälte und zerdrückte Knoblauchzehe, den Ingwer, die geschälte, fein gehackte Zwiebel mit 1 Prise Salz unter ständigem Rühren etwa 3 Minuten anschmoren. Das Steakfleisch in Streifen schneiden, zugeben und etwa 3 Minuten mitschmoren. Die Brokkoliröschen zufügen und 2 Minuten schmoren. Die in Scheiben geschnittenen Champignons, die Sojasauce, die Gemüsebrühe und den Zucker zugeben und alles weitere 3–4 Minuten schmoren. Am Schluss mit Pfeffer abschmecken.

Pro Portion:
ca. 14 g E, 6 g F, 4 g KH, 131 kcal

TIPP

Diese Sauce schmeckt besonders gut zu Bandnudeln bzw. Tagliatelle. Das Steakfleisch können Sie auch durch Hühnerbrustfilet ersetzen.

Knoblauch-Chili-Sauce

4 Knoblauchzehen schälen und fein hacken. **2 kleine rote Chilischoten** putzen, entkernen und fein hacken. **300 ml Olivenöl** erhitzen und Knoblauch sowie Chili darin unter Rühren Farbe annehmen lassen. Mit **Salz** und **Pfeffer** abschmecken.

Pro Portion: ca. 1 g E, 75 g F, 1 g KH, 668 kcal

Asiatisches Zitrusöl

5 Kaffir-Limettenblätter, in dünne Streifen geschnitten, **2 Zitronengrasstängel**, geputzt, halbiert und in dünne Ringe geschnitten, und **3 cm frischen Ingwer** in **500 ml Rapsöl** erhitzen und 3 Minuten köcheln. **1 geschälte und gehackte Knoblauchzehe** und **1 entkernte, längs halbierte rote Chilischote** in eine Flasche geben und das erwärmte Rapsöl mit den Zutaten dazugießen. Verschließen und 14 Tage durchziehen lassen. Filtern.

Pro Portion: ca. 1 g E, 124 g F, 1 g KH, 1097 kcal

Steinpilzpesto

25 g getrocknete Mischpilze und Steinpilze, 10 Minuten in 100 ml heißem Wasser eingeweicht, mit Flüssigkeit aufkochen, die Flüssigkeit verkochen lassen. **1 El Balsamessig** zugeben, einkochen, abkühlen lassen. Pilze mit **1 Bund Petersilie**, **1/2 Bund Basilikum**, **1 geschälten Knoblauchzehe**, **50 g Pinienkernen**, **100 ml Olivenöl** und **2 El Limettensaft** pürieren. **75 g geriebenen Parmesan** unterrühren und mit **Salz** und **Pfeffer** abschmecken.

Pro Portion: ca. 12 g E, 38 g F, 3 g KH, 395 kcal

Petersilie-Mandel-Creme

Je **1 Bund gehackte Petersilien- und Basilikumblättchen** mit **2 gehackten Knoblauchzehen** und **50 gehackten Mandeln** im Mixer pürieren. **2 El geriebenen Pecorino**, **2 El Öl**, **1/2 gehackte getrocknete Chilischote** und **125 ml Gemüsebrühe** (FP oder Rezept S.139) untermischen. Die Creme mit **Salz** und **Pfeffer** abschmecken.

Pro Portion: ca. 4 g E, 10 g F, 2 g KH, 115 kcal

Thunfisch-Gemüse-Sauce

2 kleine gewürfelte Auberginen in **3 El heißem Olivenöl** weich schmoren. Aus der Pfanne nehmen. **2 geschälte Schalotten in Ringen** und **2 geschälte und gehackte Knoblauchzehen** in **1 El Öl** schmoren, **2 Stangen Staudensellerie** in Ringen zugeben und 3 Minuten mitschmoren. **6 gehäutete, entkernte und gewürfelte Tomaten** einrühren und 5 Minuten mitköcheln. Auberginen, **2 El Kapern** und **50 g schwarze Oliven ohne Stein** in Scheiben mit dem Gemüse mischen. **200 g Thunfischfilet** in Würfeln in **2 El Öl** 2 Minuten braten. Zugeben und mit **2 El Weinessig**, **Salz**, **Pfeffer** und **Zucker** abschmecken.

Pro Portion: ca. 13 g E, 18 g F, 11 g KH, 260 kcal

Lachs-Sahne-Sauce

2 geschälte und gehackte Knoblauchzehen in **2 El heißem Olivenöl** andünsten. **100 g Lachs** in Würfeln zugeben und 3 Minuten mitschmoren. **60 g gewürfelte schwarze Oliven ohne Stein** unterheben und **200 ml Sahne** angießen und etwas einkochen. **3 El Tomatenmark** einrühren und mit **Salz** und **Pfeffer** abschmecken. **1 El frisch gehackten Dill** darüberstreuen.

Pro Portion: ca. 7 g E, 24 g F, 3 g KH, 258 kcal

Sauce Amatriciana

- 3 Zwiebeln
- 2 Knoblauchzehen
- 200 g durchwachsener Speck
- 6 Tomaten
- 2 El Olivenöl
- 400 g Tomaten aus der Dose
- Salz
- Pfeffer
- 1 El frisch gehacktes Basilikum

Die Zwiebeln und Knoblauchzehen schälen und fein hacken. Den Speck von der Schwarte befreien und in dünne Streifen schneiden. Die Tomaten häuten, entkernen und die Stielansätze entfernen. Die Tomaten in Streifen schneiden. Zwiebeln und Speck im heißen Olivenöl goldbraun schmoren, Knoblauch und Tomaten aus der Dose mit Flüssigkeit zugeben. 15 Minuten köcheln, dann Tomaten in Streifen unterheben und mit Salz und Pfeffer würzen. Das Basilikum darüberstreuen.

Pro Portion:
ca. 11 g E, 7 g F, 7 g KH, 136 kcal

TIPP
Servieren Sie diese Sauce zu kurzen Nudeln, zum Beispiel Penne oder Fussili. Vor dem Servieren können Sie auch noch 2 gehackte hart gekochte Eier und 100 g frisch geriebenen Fontina darüberstreuen.

Rindfleisch-Bohnen-Sauce

2 geschälte und gehackte Zwiebeln in **3 El heißem Öl** glasig schmoren. **3 geschälte und zerdrückte Knoblauchzehen** zugeben, **300 g Rinderhack** unterrühren und krümelig braten. **3 El Tomatenmark**, **500 ml Fleischbrühe** (FP oder Rezept S.156) und 200 ml Wasser zugeben und mit je **1/2 Tl scharfem Paprikapulver**, **Curry** und **Koriander** würzen. **200 g Kidneybohnen aus der Dose** zugeben und alles etwa 30 Minuten köcheln. Mit **Salz** und **Pfeffer** würzen.

Pro Portion: ca. 25 g E, 18 g F, 8 g KH, 290 kcal

Geflügel-Wein-Sauce

2 geschälte und gehackte Zwiebeln in **2 El heißem Öl** glasig schmoren. **250 g Champignons** in Scheiben und **2 zerdrückte Knoblauchzehen** zugeben und 3 Minuten mitschmoren. **250 ml Weißwein** und **200 ml Geflügelfond** (FP oder Rezept S.148) angießen und ca. 15 Minuten köcheln. Inzwischen **300 g Putenbrust** in Streifen in **3 El Olivenöl** braten. Aus der Pfanne nehmen. **4 El Crème fraîche**, **2 El Rosinen** und **2 El geröstete ungesalzene Erdnüsse** in die Sauce rühren und mit **Salz** und **Pfeffer** abschmecken. Die Putenbruststreifen unterheben.

Pro Portion: ca. 21 g E, 23 g F, 6 g KH, 360 kcal

Paprika-Tofu-Sauce

Je **150 g gewürfelte rote und grüne Paprikaschoten** und **2 geschälte und gewürfelte Zwiebeln** in **3 El Olivenöl** etwa 3 Minuten andünsten. **250 g Tomaten aus der Dose mit Flüssigkeit** und **400 ml Gemüsebrühe** (FP oder Rezept S. 139) angießen und etwa 30 Minuten köcheln. **250 g Tofu** in Würfeln in **2 El heißem Öl** knusprig braten. Die Sauce mit **Salz** und **Pfeffer** würzen und **1 Bund gehacktes Basilikum** unterheben. Zuletzt den Tofu und **2 El Sojasauce** zugeben.

Pro Portion: ca. 12 g E, 14 g F, 6 g KH, 197 kcal

Möhrencreme
mit Ingwer

300 g geschälte und gewürfelte Möhren mit **1 gehackten Zwiebel** und **50 g geschältem und gehacktem Ingwer** in **3 El heißem Öl** andünsten. **2 Tl Honig** und **2 El Orangensaft** unterrühren. 10 Minuten schmoren. **500 ml Hühnerbrühe** (FP oder Rezept S.148) angießen und **1 Tl Kurkuma** zugeben. Weitere 10 Minuten köcheln. Dann pürieren, je **50 g Frischkäse** und **saure Sahne** einrühren und mit **Salz**, **Pfeffer** und **Curry** abschmecken. **1/2 Bund Frühlingszwiebeln** in dünnen Ringen, in **Butter** geschmort, unterheben.

Pro Portion: ca. 10 g E, 15 g F, 10 g KH, 213 kcal

Wildsauce

- 450 g Wildschweinschulter
- 1 Möhre
- 1 Knollensellerie
- 1 Lauchstange
- 100 g Bauchspeck
- 1 El Butterschmalz
- 1 Gemüsezwiebel
- 30 g Trockenpflaumen
- 350 ml Rotwein
- 125 ml Wildfond (FP oder Rezept S. 159)
- 1 El Tomatenmark
- 1 El getrockneter Thymian
- Salz
- Pfeffer
- 1 Tl Pimentpulver

Das Wildschweinfleisch in kleine Würfel schneiden. Möhre und Knollensellerie schälen, Möhre in Scheiben schneiden, den Sellerie würfeln, Lauchstange in Ringe schneiden. Den Bauchspeck würfeln und im erhitzten Butterschmalz auslassen. Die grob gewürfelte Gemüsezwiebel darin glasig schmoren. Das Wildschweinfleisch zugeben und von allen Seiten kräftig anbraten. Das Gemüse zugeben und alles gut vermischen. Die gewürfelten Trockenpflaumen mit dem Rotwein und Wildfond zum Fleisch geben. Mit Tomatenmark, Thymian, Salz, Pfeffer und Pimentpulver abschmecken und etwa 15 Minuten bei mittlerer Hitze schmoren.

Pro Portion:
ca. 29 g E, 36 g F, 12 g KH, 538 kcal

TIPP
Die Wildschweinsauce passt zu Bandnudeln oder gemischtem Reis. Statt Wildschwein können Sie auch Streifen vom Hirsch- oder Rehfleisch nehmen.

Brokkoli-Mandel-Creme

200 g Brokkoliröschen 3 Minuten blanchieren und abgießen. **2 Zwiebeln**, **1 Knoblauchzehe**, **2 entkernte rote Chilischoten** und **50 g geröstete Mandeln** pürieren. In **2 El heißem Öl** unter Rühren 5 Minuten anschwitzen, **100 ml Gemüsebrühe** (FP oder Rezept S. 139) angießen und 10 Minuten köcheln. Je **50 g Joghurt und Sahne** verrühren, mit **300 ml Gemüsebrühe** und **50 g geriebenem Pecorino** zu der Würzpaste geben, alles erhitzen und sämig einkochen. Den Brokkoli und **100 g gekochtes Krabbenfleisch** unterheben und 2 Minuten erhitzen. Mit **Salz** und **Pfeffer** abschmecken.

Pro Portion: ca. 13 g E, 14 g F, 6 g KH, 197 kcal

Zitronen-Salbei-Sauce

Die **Schale von 1 unbehandelten Zitrone** in Streifen schneiden. **4–6 Salbeiblätter** in Streifen in **6 El heißem Olivenöl** etwa 3 Minuten frittieren. Herausnehmen und abtropfen lassen. **2 El Mehl** in dem Öl anschwitzen und **4 El frisch gepressten Zitronensaft** sowie die Hälfte Zitronenschale unterrühren. Je **250 ml Milch und Gemüsebrühe** (FP oder Rezept S. 139) angießen und alles etwa 10 Minuten köcheln. **2 Eigelb** mit **125 ml Sahne** verquirlen und in die heiße, durchgesiebte Sauce rühren. Nicht mehr kochen. Mit **Salz** und **Pfeffer** abschmecken. Salbeiblätter und restliche Zitronenschale unterheben.

Pro Portion: ca. 5 g E, 24 g F, 10 g KH, 280 kcal

Radicchio-Fisch-Sauce

1 geschälte und gewürfelte Zwiebel in **2 El heißem Öl** andünsten. **1 gehackte Knoblauchzehe** und **125 g Radicchio** in Streifen zugeben und mitschmoren. **100 ml Weißwein** angießen und fast vollständig einkochen. **175 ml Gemüsebrühe** (FP oder Rezept S.139) und **75 ml Milch** zugeben und **125 g Schmelzkäse** einrühren. Mit **Salz** und **Pfeffer** abschmecken. **200 g Weißfischfleisch** in Würfeln zugeben und 2 Minuten garen. **2 El frisch geschnittene Kresse** unterheben.

Pro Portion: ca. 14 g E, 14 g F, 4 g KH, 213 kcal

Meeresfrüchtesauce

250 g aufgetaute TK-Meeresfrüchte in **4 El Olivenöl** anbraten. **1 gewürfelte Zwiebel** und **2 gehackte Knoblauchzehen** zugeben und 2 Minuten mitschmoren. **200 ml Weißwein** und **400 ml Fischfond** (FP oder Rezept S.142) angießen und um 1/3 einkochen lassen. Mit **Salz**, **Pfeffer**, **1/2 Bund gehackten Estragon** und **etwas abgeriebener Zitronenschale** würzen. **2 El Crème fraîche** unterheben.

Pro Portion: ca. 12 g E, 8 g F, 5 g KH, 170 kcal

Mediterrane Gemüse-sauce

- **1 Zwiebel**
- **2 Knoblauchzehen**
- **2 El Olivenöl**
- **500 g Zucchini**
- **1 Aubergine**
- **1 gelbe und 1 grüne Paprikaschote**
- **500 g Tomaten**
- **1 l Gemüsebrühe (FP oder Rezept S. 139)**
- **1 El Kräuter der Provence**
- **Salz**
- **Pfeffer**
- **50 g grüne Oliven ohne Stein**

Die gehackte Zwiebel und zerdrückte Knoblauchzehe im heißen Olivenöl anschmoren. Die Zucchini in Scheiben, die gewürfelte Aubergine, die entkernten und gewürfelten Paprikaschoten zugeben und 4 Minuten mitschmoren. Die gehäuteten und gehackten Tomaten und die Gemüsebrühe zugeben, die Kräuter der Provence einrühren und bei mittlerer Hitze etwa 30 Minuten unter Rühren garen, bis die Flüssigkeit eingedickt ist. Die Sauce mit Salz und Pfeffer abschmecken. Die Oliven in Scheiben schneiden und unterheben.

Pro Portion:
ca. 6 g E, 7 g F, 13 g KH, 145 kcal

TIPP

Diese köstliche mediterrane Sauce schmeckt zu allen Arten von Nudeln und auch zu Reis oder Polenta. Variieren Sie die Zusammensetzung nach Belieben, geben Sie Pilze oder Fleischstücke dazu.

Thunfisch-Wermut-Sauce

2 gehackte Zwiebeln, **2 gehackte Knoblauchzehen** und **125 g Thunfischfleisch aus der Dose** mit **200 ml Sahne** und **75 ml Weißwein** pürieren. In einem Topf mit **150 ml Gemüsebrühe** (FP oder Rezept S. 139) und **2 El Wermut** (zum Beispiel Noilly Prat) aufkochen, 5 Minuten köcheln. **125 g Thunfischfleisch aus der Dose** (zerpflückt) mit **1 El gehackten Kapern** aus dem Glas, **2 gehackten Sardellenfilets** aus dem Glas, **4 El frisch geriebenem Parmesan** und **10 schwarzen Oliven ohne Stein** zu der Sauce geben und mit **Salz** und **Pfeffer** abschmecken. **2 gehäutete und gewürfelte Tomaten** unterheben.

Pro Portion: ca. 12 g E, 31 g F, 8 g KH, 370 kcal

Trüffelsauce

3 gehackte Knoblauchzehen mit **3 frischen Sardellenfilets** pürieren und in **6 El heißem Olivenöl** unter Rühren andünsten. **120 g schwarze Trüffel** fein reiben und mit **150 ml Sahne** und **100 ml Weißwein** zu der Masse geben. Aufkochen und sämig einkochen. Mit **Salz** und **Pfeffer** abschmecken. **1 Tl frisch gehackte Petersilie** unterheben.

Pro Portion: ca. 10 g E, 20 g F, 5 g KH, 250 kcal

Olivensauce

3 geschälte und gewürfelte Zwiebeln und **2 geschälte und gehackte Knoblauchzehen** in **3 El heißem Olivenöl** andünsten. **2 geschälte und gehackte Möhren**, **50 g gewürfelten Staudensellerie** und **1 gewürfelte grüne Paprikaschote** zugeben und 3 Minuten mitschmoren. **400 g Tomaten aus der Dose** mit Flüssigkeit zugeben und alles etwa 15 Minuten köcheln. Die Sauce pürieren. **100 g schwarze Oliven ohne Stein** und **1 El frisch gehackte Petersilie** unterrühren. Mit **Salz**, **Pfeffer** und **Cayennepfeffer** abschmecken.

Pro Portion: ca. 4 g E, 13 g F, 10 g KH, 177 kcal

Toskanische Tomatensauce

Je **1 geschälte und gehackte Zwiebel und Knoblauchzehe** mit **100 g gewürfeltem Bauchspeck** in **2 El Öl** schmoren. **1 kg frische gewürfelte Tomaten** mit **2 El Tomatenmark**, **1 Lorbeerblatt**, je **1 Zweig Thymian, Rosmarin und Oregano** und **350 ml Rotwein** im geschlossenen Topf etwa 50 Minuten köcheln. Dann durch ein Sieb passieren. Mit **Salz**, **Pfeffer** und **1 El Balsamessig** abschmecken. Mit je **1/2 Tl frisch gehacktem Thymian und Oregano** würzen.

Pro Portion: ca. 4 g E, 26 g F, 12 g KH, 345 kcal

Paprika-Käse-Sauce

500 g rote gehäutete Paprikaschoten halbieren, 100 g davon in Streifen schneiden. Restliche Paprika mit **2 gehackten Knoblauchzehen**, **50 ml Walnussöl** und 3 El Wasser pürieren. **2 El Sherryessig** und **100 g Schafskäse** zugeben und cremig rühren. **150 g gewürfelte Gurke**, **2 Tl getrocknete Kräuter der Provence** und Paprikastreifen unterheben und mit **Salz** und **Pfeffer** abschmecken.

Pro Portion: ca. 6 g E, 18 g F, 5 g KH, 203 kcal

Sauce mit dreierlei Käse

40 g Basilikumblätter in **2 El Butter** schmoren, abgekühlt mit **2 gehackten Knoblauch. zehen**, **2 El Olivenöl** und **2 Tl Zitronensaft** pürieren. **175 ml Milch** erhitzen und **100 g Ricotta**, **50 g frisch geriebenen Gruyère** und **50 g Gorgonzola** einrühren. Unter Rühren schmelzen und mit **Salz** und **Pfeffer** abschmecken. **75 ml Milch** mit **1 Eigelb** verquirlen und einrühren. Vom Herd nehmen, Basilikumpüree unterheben. **40 g Basilikum** in Streifen unterheben.

Pro Portion: ca. 12 g E, 18 g F, 5 g KH, 233 kcal

Spinatsauce mit Mascarpone

- **2 Zwiebeln**
- **2 Knoblauchzehen**
- **2 El Olivenöl**
- **500 g Spinat**
- **1 unbehandelte Zitrone**
- **100 ml trockener Weißwein**
- **400 ml Gemüsebrühe (FP oder Rezept S. 139)**
- **100 ml Sahne**
- **100 g Mascarpone**
- **Salz**
- **Pfeffer**
- **gemahlene Muskatnuss**

Die geschälten und gehackten Zwiebeln und Knoblauchzehen im heißen Olivenöl andünsten. Den geputzten und in Streifen geschnittenen Spinat zugeben und unter Rühren zusammenfallen lassen. Die abgeriebene Zitronenschale, den Weißwein und die Gemüsebrühe zugeben und 5 Minuten köcheln. Sahne und Mascarpone einrühren und weitere 3 Minuten einkochen. Mit Salz, Pfeffer und gemahlener Muskatnuss abschmecken.

Pro Portion:
ca. 7 g E, 20 g F, 9 g KH, 268 kcal

TIPP

Die Sauce schmeckt zu Spaghetti und Bandnudeln, ist aber auch zum Überbacken von Nudeln geeignet. Dann mischen Sie noch 100 g geriebenen Parmesan unter die Sauce.

Basilikum-Linsen-Sauce

150 g rote Linsen nach Packungsanweisung garen, abgießen und abtropfen lassen. **1 Bund gehacktes Basilikum** mit **1 geschälten und gehackten Knoblauchzehe**, **70 ml Olivenöl**, **150 g geschälten und gewürfelten Tomaten**, **50 g Pinienkernen** und **3 El Limettensaft** pürieren. Mit **Salz** und **Pfeffer** abschmecken. **10 halbierte Cocktailtomaten** und die Linsen unterrühren. **40 g frisch geriebenen Parmesan** darüberstreuen.

Pro Portion: ca. 10 g E, 28 g F, 10 g KH, 330 kcal

Chilipesto

100 g abgetropfte getrocknete Tomaten mit **3 geschälten Knoblauchzehen**, **1 entkernten roten Chilischote**, **80 g frisch geriebenem Parmesan** und **1 Bund gehacktem Koriander** pürieren. **1 El Tomatenmark** einrühren und **100 ml Olivenöl** hinzufügen und cremig rühren. Mit **Salz** und **Pfeffer** abschmecken.

Pro Portion: ca. 7 g E, 32 g F, 2 g KH, 318 kcal

Spargel-Lachs-Sauce

- Je 500 g grüner und weißer Spargel
- 40 g Butter
- Salz
- Zucker
- 1 Zwiebel
- 200 ml Weißwein
- 2 El süßer Sherry
- 150 ml Gemüsebrühe (FP oder Rezept S. 139)
- 150 ml Sahne
- 250 g Lachsfilet
- Pfeffer
- Zitronensaft

Den Spargel putzen, schälen und in etwa 3 cm große Stücke schneiden. In zwei Töpfen mit je 1 El Butter, Salz und etwas Zucker bissfest garen (weißen Spargel etwa 15 Minuten, grünen etwa 10 Minuten), abgießen und abtropfen lassen. Die geschälte und gehackte Zwiebel in der restlichen erhitzten Butter glasig schmoren. Weißwein, Sherry, Brühe und Sahne angießen und etwa 10 Minuten einkochen. Den Lachs in Würfel schneiden, mit Salz und Pfeffer würzen und mit Zitronensaft beträufeln. Lachs in der Sauce etwa 3 Minuten gar ziehen lassen. Den Spargel unterheben und erwärmen.

Pro Portion:
ca. 18 g E, 25 g F, 10 g KH, 365 kcal

TIPP

Servieren Sie zu dieser Sauce eine Wildreismischung oder Bandnudeln. Ersetzen Sie das Fischfilet durch Hähnchenbrust. Würfeln und in 2 El Öl braten. Dann unter die Sauce heben.

Sauce mit Schafskäse

100 g Schafskäse mit **100 ml Sahne**, **2 Eiern**, **1 Tl abgeriebener Zitronenschale** und **3 El Gemüsebrühe** pürieren. **3 gehackte rote Zwiebeln** in **3 El Olivenöl** andünsten. **400 g halbierte Cocktailtomaten** und **2 El gehackte schwarze Oliven** kurz mitschmoren, **50 ml Gemüsebrühe** (FP oder Rezept S.139) angießen. Die Schafskäsemasse unterheben und mit **Salz**, **Pfeffer** und **Zitronensaft** abschmecken. **1 Tl frisch gehackten Oregano** unterheben.

Pro Portion: ca. 10 g E, 21 g F, 7 g KH, 258 kcal

Sauce mit Ziegenkäse

200 ml Milch aufkochen und etwas einkochen. **100 g Ziegenfrischkäse** einrühren und **150 g gehackte getrocknete Tomaten** unterheben. **2 El gehackte Walnüsse** zugeben und mit **Salz**, **Pfeffer** und **Honig** abschmecken. **50 ml geschlagene Sahne** unterheben und **2 El frisch gehackten Thymian** darüberstreuen.

Pro Portion: ca. 10 g E, 16 g F, 16 g KH, 255 kcal

Saucen zu Süßspeisen

Zimt-Orangen-Sauce

600 ml Orangensaft mit **2 Tl abgeriebener Schale von 1 unbehandelten Orange** und **4 El braunem Zucker** mischen und in einem Topf bei mittlerer Temperatur auf 200 ml einkochen. Mit **1/2 Tl Zimt** abschmecken. Passt zu gegrillten Bananen.

Pro Portion: ca. 1 g E, 1 g F, 19 g KH, 91 kcal

Vanillesauce

500 ml Milch mit dem **Mark von 1 Vanilleschote** aufkochen. **6 Eigelb** mit **4 El Zucker** schaumig rühren. In die Milch rühren und alles im heißen Wasserbad 10 Minuten cremig rühren. Passt zu Apfelstrudel.

Pro Portion: ca. 9 g E, 15 g F, 11 g KH, 216 kcal

Mangosauce

2 geschälte, entkernte und gewürfelte Mangos mit **2 El Honig** und **2 El Zitronensaft** in einem Topf etwa 5 Minuten köcheln. Die Sauce pürieren und **6 cl Orangenlikör** unterrühren. Passt zu Fruchtsalat.

Pro Portion: ca. 1 g E, 1 g F, 15 g KH, 84 kcal

Aprikosensauce

350 g halbierte, entsteinte und gewürfelte Aprikosen mit **3 El Honig**, **2 El gehackten getrockneten Aprikosen** und 50 ml Wasser in einem Topf aufkochen. Etwa 6 Minuten köcheln. **2 El Amaretto** und **2 El geröstete Mandelstifte** unterheben. Passt zu Waffeln und Pfannkuchen.

Pro Portion: ca. 1 g E, 1 g F, 12 g KH, 69 kcal

Honig-Marzipan-Sauce

- 50 g Marzipanrohmasse
- 250 ml Sahne
- 6 cl Cognac
- 75 g Cashewkerne
- 70 g Honig

Die Marzipanrohmasse grob reiben und mit der Sahne in einen Topf geben. Unter Rühren auflösen. Den Cognac angießen und die Sauce abkühlen lassen. Die Cashewkerne hacken und in einer Pfanne ohne Fett rösten. Unter die Sauce heben. Mit Honig abschmecken.

Pro Portion:
ca. 6 g E, 31 g F, 13 g KH, 385 kcal

TIPP
Diese leckere Sauce passt gut zu Fruchtsalat. Die Süße der Sauce harmoniert mit der Säure der Früchte. Sie können statt 250 ml Sahne auch 150 ml Sahne und 100 g Joghurt nehmen.

Pflaumensauce

500 g halbierte und entsteinte Pflaumen mit 50 ml Wasser und **50 ml Weißwein** zum Kochen bringen und etwa 15 Minuten köcheln. Sauce pürieren und **2 El Zucker** sowie **1 Prise Zimt** einrühren. Passt zu Eis und Waffeln.

Pro Portion: ca. 1 g E, 1 g F, 16 g KH, 82 kcal

Kirschsauce

500 g entsteinte Süßkirschen mit **75 g Zucker**, **250 ml Kirschsaft** und **125 ml Apfelsaft** aufkochen und 3 Minuten köcheln. **1 Tl Speisestärke** in **1 El Kirschwasser** anrühren und die Sauce damit binden. Passt zu Blätterteiggebäck und Waffeln.

Pro Portion: ca. 1 g E, 1 g F, 48 g KH, 215 kcal

Granatapfelsauce

2 Granatäpfel halbieren, die Kerne herauslösen. **4 El Zucker** in einem Topf unter Rühren karamellisieren, **50 ml Grenadine** und **150 ml Orangensaft** unterrühren. Die Granatapfelkerne zugeben und alles etwa 10 Minuten köcheln. Durch ein Sieb streichen und je **4 El steif geschlagene Sahne** und **Joghurt** unterheben. Passt zu Grießauflauf.

Pro Portion: ca. 1 g E, 2 g F, 28 g KH, 136 kcal

Eierschaum

2 Eigelb mit **5 El Puderzucker** und **1 Päckchen Vanillezucker** verquirlen. **1/4 Tl abgeriebene Schale von einer unbehandelten Limette** unterheben. **2 Eiweiß** mit **1 Prise Salz** steif schlagen und unter die Eicreme heben. **1 cl Limoncello** einrühren. Passt zu Parfait.

Pro Portion: ca. 4 g E, 4 g F, 8 g KH, 81 kcal

Rum-Karamell-Sauce

- 2 El Butter
- 125 g brauner Zucker
- 2 El brauner Rum
- 100 ml Sahne

Die Butter schmelzen. Den Zucker zugeben und unter Rühren karamellisieren lassen. Den Rum zugeben und dick einkochen. Zuletzt die Sahne unterrühren.

Pro Portion:
ca. 1 g E, 10 g F, 31 g KH, 220 kcal

TIPP
Diese Karamellsauce passt gut zu gegrilltem Obst, wie zum Beispiel Ananas oder Bananen. Aber auch zu Eis ist sie eine herrliche Ergänzung.

Papayasauce

60 g gehackten kandierten Ingwer 30 Minuten in **2 El Arrak** einlegen. **2 geschälte und entkernte Papayas** würfeln und bis auf 3 El mit **125 g braunem Zucker**, **4 El Weißwein** und dem **Mark von 1 Vanilleschote** aufkochen und etwa 20 Minuten köcheln. Sauce pürieren, etwas einkochen, dann die restlichen Papaya, Ingwer und Arrak zugeben. Passt zu Crêpes.

Pro Portion: ca. 1 g E, 1 g F, 42 g KH, 181 kcal

Kiwisauce

3 geschälte Kiwis pürieren, durch ein Sieb streichen und die Masse mit **1 El Honig**, **1 El Limettensaft** und **2 cl Crème de Menthe** verrühren. **1 El frisch gehackte Pfefferminzblättchen** unterheben. Passt zu Fruchtmousse.

Pro Portion: ca. 1 g E, 2 g F, 5 g KH, 41 kcal

Ananassauce

1 Ananas schälen, den harten Strunk herausschneiden, das Fruchtfleisch würfeln. In einem Topf mit **100 ml Süßwein** und **1 El Zitronensaft** 5 Minuten köcheln. Dann pürieren. **2 El Crème fraîche** unterheben. Mit **Zucker** abschmecken. Passt zu weißem Schokomousse.

Pro Portion: ca. 1 g E, 1 g F, 11 g KH, 70 kcal

Passionsfruchtsauce

Saft von 3 Orangen bis auf 2 El mit **4 El Honig** und **1 Tl abgeriebener Schale von 1 unbehandelten Limette** aufkochen. **6 Passionsfrüchte** halbieren, Fruchtfleisch herauslöffeln, mit den Samen in die Sauce geben und aufkochen. Mit **1 Tl in 2 El Orangensaft angerührter Speisestärke** binden. Passt zu Soufflees und Eis.

Pro Portion: ca. 3 g E, 1 g F, 20 g KH, 122 kcal

Sektsauce

2 Eier mit **2 Eigelb** und **125 g Zucker** verrühren. **500 ml Sekt** angießen und **1 Tl Speisestärke**, in wenig Sekt glatt gerührt, einrühren. Im heißen Wasserbad cremig schlagen. Passt zu Gebäck, Eis und Soufflees.

Pro Portion: ca. 6 g E, 7 g F, 36 g KH, 313 kcal

Cognacsauce

400 ml Sahne mit **100 g braunem Zucker** und dem **Mark von 1 Vanilleschote** aufkochen und den Zucker unter Rühren auflösen. **150 g geriebene Zartbitterschokolade** darin schmelzen. Mit **2 El Cognac** abschmecken. Passt zu Kuchen und Eis.

Pro Portion: ca. 5 g E, 42 g F, 44 g KH, 585 kcal

Whisky-Sahne-Sauce

- 2 Eiweiß
- 1 Prise Salz
- 150 ml Sahne
- 250 g Joghurt
- 8 cl Whisky-Sahne-Likör
- 1 Päckchen Vanillezucker
- 2 El Zucker
- einige Pfefferminzblättchen

Das Eiweiß mit 1 Prise Salz steif schlagen. Die Sahne ebenfalls steif schlagen. Den Joghurt mit der Sahne, dem Whisky-Sahne-Likör, Vanillezucker und Zucker in einer Schüssel verrühren. Zuletzt das Eiweiß unterheben. Mit Pfefferminzblättchen garnieren.

Pro Portion:
ca. 5 g E, 14 g F, 13 g KH, 220 kcal

TIPP
Diese alkoholhaltige Sauce können Sie zu Fruchtkompott servieren, auch zu Apfel- oder Kirschkuchen. Statt des Whisky-Sahne-Likörs können Sie 50 ml Frucht-Lassi nehmen.

Fudgesauce mit Ingwer

300 ml Kondensmilch mit **75 g Puderzucker** und dem **Mark einer Vanilleschote** in einem Topf aufkochen und unter Rühren den Zucker auflösen. **125 g Zartbitterschokolade** in der Sauce schmelzen, **3 El Butter** und **1 Prise Salz** einrühren. Zuletzt **2 El Portwein** und **1/2 Tl gemahlenen Ingwer** unter die Sauce rühren. Passt zu Pudding, Eis oder Kuchen.

Pro Portion: ca. 7 g E, 19 g F, 29 g KH, 318 kcal

Roh gerührte Fruchtsauce

500 g geputzte gemischte Früchte – zum Beispiel Himbeeren, Erdbeeren und Kirschen – mit **50 g Zucker** bestreuen, 30 Minuten ziehen lassen. Dann pürieren und mit **Obstschnaps oder -likör** aromatisieren. Passt zu Eis, Waffeln und Pudding.

Pro Portion: ca. 1 g E, 1 g F, 20 g KH, 98 kcal

Kastanien-sauce

- 4 Eigelb
- 125 g Puderzucker
- 250 ml Sahne
- 4 El Kastanienpüree
- 1 Tl Kaffeelikör
- gehackte Walnüsse

Die Eigelb mit dem Puderzucker in einer Metallschüssel im Wasserbad schaumig schlagen. Die Hälfte der Sahne hinzufügen und cremig rühren. Das Kastanienpüree unterheben und anschließend die Creme abkühlen lassen. Den Kaffeelikör unterrühren. Die restliche Sahne steif schlagen und mit den gehackten Walnüssen unter die Kastaniensauce heben.

Pro Portion:
ca. 6 g E, 28 g F, 23 g KH, 360 kcal

TIPP
Die Kastaniensauce schmeckt besonders gut zu Waffeln oder als Belag für Crêpes. Statt des Kastanienpürees können Sie Haselnusscreme verwenden.

Weiße Schokosauce

50 g Crème double mit **50 g Butter** in Würfeln vermischen und in eine Metallschüssel geben. **3 El Zucker** einrieseln lassen und im heißen Wasserbad cremig rühren. **175 g gehackte weiße Schokolade** in die Creme geben und unter Rühren schmelzen. **2 El Noilly Prat** unterheben und die Sauce etwas abkühlen lassen. Passt zu Obst und Eis.

Pro Portion: ca. 3 g E, 27 g F, 32 g KH, 385 kcal

Schokosauce

150 ml Sahne mit **3 El Zucker** in einem Topf aufkochen. **200 g geriebene Edelbitterschokolade** zugeben und unter Rühren schmelzen. **1 El Rum** unterheben. Passt zu Vanillepudding, Milchreis und Eis.

Pro Portion: ca. 6 g E, 20 g F, 28 g KH, 323 kcal

Frischkäsesauce
mit Ahornsirup

125 g Mascarpone mit **50 g Ziegenfrischkäse**, **2 El Ahornsirup** und **1 El Zitronensaft** verrühren. Wenn die Masse zu dick ist, mit **Milch** verdünnen. Mit wenig **weißem Pfeffer** würzen. Passt zu überbackenem Obst.

Pro Portion: ca. 5 g E, 14 g F, 4 g KH, 157 kcal

Honig-Joghurt-Sauce

250 ml Sahnejoghurt mit **2 El frisch gehackter Minze** verrühren. **3 El Blütenhonig** untermischen. Passt zu Waffeln, Pfannkuchen und Obst.

Pro Portion: ca. 2 g E, 11 g F, 5 g KH, 123 kcal

Litschisauce

4 El braunen Zucker in einer Pfanne unter Rühren karamellisieren. Mit dem Saft aus **1 Dose Litschis** (ca. 850 g) ablöschen und auflösen. **1 El Aceto balsamico** unterrühren. **1 El Speisestärke** in etwas Wasser anrühren und die Sauce damit binden. Zuletzt die Litschis unterheben. Passt zu Pudding, Grießbrei und Milchreis.

Pro Portion: ca. 1 g E, 1 g F, 55 g KH, 230 kcal

Orangen-Rotwein-Sauce

Den **Saft von 4 Blutorangen** mit **250 ml Rotwein**, **4 El Zucker**, **1/2 Zimtstange**, **3 Nelken**, **4 Pimentkörnern** und der abgeschälten und in Streifen geschnittenen **Schale von 1 unbehandelten Orange** aufkochen und um 1/3 einkochen. Die Sauce durchsieben. **1 Tl Reismehl** in etwas Saft glatt rühren und die Sauce damit binden. **3 El Butter** unterheben. Passt zu Biskuit und Eis.

Pro Portion: ca. 2 g E, 4 g F, 27 g KH, 197 kcal

Lebkuchen-sauce

- 200 ml Milch
- 1 Vanilleschote
- 30 g Zucker
- 1 Eigelb
- 100 g Lebkuchen

Die Milch aufkochen. Die Vanilleschote aufschneiden und das Mark herauslösen. Vanillemark mit Zucker und Eigelb vermischen und in die Milch rühren. Aufkochen lassen, vom Herd nehmen und unter ständigem Rühren die geriebenen Lebkuchen untermischen. Die Sauce einige Minuten ziehen lassen, dann pürieren.

Pro Portion:
ca. 4 g E, 7 g F, 26 g KH, 182 kcal

TIPP
Diese Sauce schmeckt in der Winterzeit gut zu Bratäpfeln mit Vanilleeis. Sie kann aber auch zu Fleisch und Geflügel serviert werden.

Weincreme

4 Eigelb mit **150 g Zucker** und dem **Mark von 1 Vanilleschote** schaumig schlagen. **200 ml Weißwein** zugeben und die Masse im heißen Wasserbad cremig rühren. **1/2 Tl abgeriebene Schale von 1 unbehandelten Orange** unterrühren. Passt zu Waffeln und Crêpes.

Pro Portion: ca. 1 g E, 1 g F, 25 g KH, 139 kcal

Zabaione

250 g Zucker mit **6 Eigelb** schaumig schlagen. **1–2 Tl abgeriebene Schale von 1 unbehandelten Zitrone**, **Saft von 1/2 Orange** und **25 ml Marsala** unterrühren. Die Masse im heißen Wasserbad cremig rühren. Lauwarm servieren. Passt zu Eis, Waffeln und trockenem Kuchen.

Pro Portion: ca. 6 g E, 11 g F, 66 g KH, 393 kcal

Amarettosauce

2 El Butter schmelzen und **2 El Zucker** darin unter Rühren karamellisieren. **200 ml Sahne** angießen und 2 Minuten köcheln. **4 El Amaretto** unterrühren. **2 El geriebene Mandeln** unterheben. Passt zu Muffins, Puddings, Soufflees.

Pro Portion: ca. 2 g E, 18 g F, 4 g KH, 198 kcal

Sherryschaum

4 Eigelb und **1 Ei** mit **1/2 Tl Speisestärke**, **1 Prise Salz**, **1 El Zitronensaft** und **75 g Zucker** im heißen Wasserbad verrühren. **200 ml Sherry Amontillado** unterrühren und die Masse schaumig schlagen. Passt zu Gebäck, Waffeln und gebackenem Obst.

Pro Portion: ca. 6 g E, 9 g F, 21 g KH, 239 kcal

Apfel-Minze-Sauce

- **6 Äpfel**
- **160 ml Weißwein**
- **4 El Puderzucker**
- **4 El frisch gehackte Minze**

Die Äpfel schälen, entkernen und fein hacken. Mit dem Weißwein und dem Puderzucker in einen Topf geben und etwa 20 Minuten weich schmoren. Etwas abkühlen lassen und dann pürieren. Die gehackte Minze unterheben.

Pro Portion:
ca. 1 g E, 1 g F, 25 g KH, 139 kcal

TIPP
Apfel-Minze-Sauce passt zu Süßspeisen wie Pfannkuchen oder Soufflees, aber auch zu Fleischgerichten wie Lamm. Nehmen Sie eine nicht zu säuerliche Apfelsorte, zum Beispiel Granny Smith.

Zimt-Karamell-Sauce

100 g braunen Zucker in einer Pfanne unter Rühren karamellisieren. **200 ml Sahne** mit **2 El Honig** und **1 El gemahlenem Zimt** verrühren. Zum Karamell geben und die Masse erhitzen. Abkühlen lassen und nach Belieben mit etwas Milch verdünnen. Passt zu Eis, Gebäck und Pudding.

Pro Portion: ca. 1 g E, 15 g F, 29 g KH, 255 kcal

Bananen-Karamell-Sauce

75 g Zucker unter Rühren karamellisieren. **250 ml Sahne** mit **1 El Honig** und **2 El Orangenlikör** verrühren und mit dem Karamell verrühren. Alles erhitzen. **1 geschälte Banane** mit der Gabel zerdrücken und unterrühren. **2 El geschmolzene Butter** unterheben und die Sauce durch ein Sieb streichen. Passt zu gebackenen Bananen und Obstpfannkuchen.

Pro Portion: ca. 2 g E, 21 g F, 28 g KH, 308 kcal

Traubensauce mit Trester

Je **150 g grüne und blaue Trauben** halbieren, entkernen und mit **4 El Weingelee** und **8 cl Trester** mischen. Mindestens 3 Stunden durchziehen lassen. Passt zu gebackenem Käse.

Pro Portion: ca. 1 g E, 1 g F, 15 g KH, 109 kcal

Joghurt-Pfirsich-Sauce

250 g Joghurt mit **200 g Frischkäse**, **1/2 Tl gemahlener Vanille** und **100 ml Pfirsichsaft** verrühren. Den **Saft und 1/2 Tl abgeriebene Schale von 1 unbehandelten Limette** zugeben. **150 ml Sahne** steif schlagen und unterheben. Passt zu Fruchtsalat und Gebäck.

Pro Portion: ca. 9 g E, 29 g F, 9 g KH, 335 kcal

Zitronenschaum

4 Eigelb mit **100 g Zucker** schaumig schlagen. **Abgeriebene Schale und Saft von 1 unbehandelten Zitrone** und **150 ml Weißwein** zugeben und im heißen Wasserbad cremig schlagen. Vom Herd nehmen und die Creme kaltschlagen. **150 ml Sahne** steif schlagen und unterheben. Passt zu Obst, Eis und Waffeln.

Pro Portion: ca. 5 g E, 18 g F, 30 g KH, 333 kcal

Mascarpone-Kokos-Creme

500 g Mascarpone mit **2 Eigelb** und **50 g Zucker** glatt rühren. Je **50 ml Kokosmilch** und **Ananassaft** unterrühren und mit **2 El weißem Rum** abschmecken.

Pro Portion: ca. 16 g E, 43 g F, 18 g KH, 525 kcal

Marzipan-Vanille-Sauce

- **500 ml Milch**
- **125 g Zucker**
- **25 g Vanillepuddingpulver**
- **75 g Marzipanrohmasse**
- **3 Eigelb**
- **4 El gehackte Mandeln**
- **4 cl Amaretto**

Die Milch aufkochen und vom Herd nehmen. Den Zucker mit Vanillepuddingpulver und der klein geschnittenen Marzipanrohmasse verrühren und in die Milch geben. Unter Rühren aufkochen und auflösen. Vom Herd nehmen und die Eigelbe sowie die Mandeln unterheben. Mit Amaretto verfeinern.

Pro Portion:
ca. 10 g E, 19 g F, 50 g KH, 435 kcal

TIPP

Die Sauce passt zu allen Arten von Süßspeisen und Gebäck. Statt mit Marzipan können Sie die Vanillesauce mit Armagnac, Kaffee oder Nuss-Nougat-Creme verfeinern.

Fruchtsauce

400 g gemischte Früchte oder Beeren mit **100 g Zucker** in 250 ml Wasser etwa 15 Minuten garen. Pürieren, durch ein Sieb streichen und mit dem **Saft von 1 Zitrone** und **8 El Himbeergeist** aromatisieren. Nach Belieben mit **etwas Speisestärke** binden. Passt zu Eis, Waffeln und Hefegebäck.

Pro Portion: ca. 1 g E, 1 g F, 35 g KH, 182 kcal

Nusssauce

2 El Akazienhonig mit **250 ml Sahne** und **1 Tasse Espresso** erhitzen. **100 g Zucker** in einer Pfanne unter Rühren karamellisieren und bis auf 2 El unter die Sahnemischung rühren. **50 g geröstete Haselnüsse** mit dem restlichen Karamell mischen und fest werden lassen. Dann hacken und unter die Nusssauce heben. Passt zu gegrilltem oder gebratenem Obst.

Pro Portion: ca. 3 g E, 27 g F, 30 g KH, 370 kcal

Karamell mit Zitronenlikör

- **75 g brauner Zucker**
- **6 cl Zitronenlikör**
- **6 El Zitronensaft**
- **100 ml Mangosaft**
- **2 El Butter**

Den Zucker in einer Pfanne unter Rühren karamellisieren. Den Zitronenlikör und den Zitronensaft erwärmen und mit dem Mangosaft unter den Karamell rühren. Kurz erwärmen, dann die geschmolzene Butter unterheben.

Pro Portion:
ca. 1 g E, 2 g F, 26 g KH, 146 kcal

TIPP
Bereiten Sie diese Sauce am besten mit echtem italienischen Limoncello zu. Karamell mit Zitronenlikör schmeckt zu Obstgratin, Soufflees und Eis.

Nougat-Sahne-Sauce

250 ml Sahne mit **75 g gehacktem Nougat** und **3 El Kaffee** erhitzen und unter Rühren den Nougat schmelzen. Zuletzt **2 El gehackte Walnüsse** unterheben. Passt zu Grießflammeri.

Pro Portion: ca. 3 g E, 24 g F, 14 g KH, 285 kcal

Erdbeersauce

300 g geputzte und halbierte Erdbeeren mit **3 El Zucker**, **2 El Orangensaft** und **1 El Zitronensaft** in einem Topf aufkochen. Die Sauce pürieren und mit **2 cl Orangenlikör** abschmecken. Zuletzt **2 El grob gehackte grüne Pfefferkörner** unterheben. Passt zu Eis, Quarkspeisen und Joghurtmousse.

Pro Portion: ca. 1 g E, 1 g F, 10 g KH, 57 kcal

Dips & Chutneys

Sauerrahm-Safran-Dip

- 3 El Olivenöl
- 1 Bund Frühlingszwiebeln
- 1/4 Tl Safranfäden
- 125 ml trockener Weißwein
- 250 ml Sauerrahm
- 2 El Limettensaft
- Salz
- Pfeffer

Das Olivenöl in einer Pfanne erhitzen. Die Frühlingszwiebeln in Ringe schneiden. Die weißen Teile im heißen Öl glasig schmoren. Die Safranfäden, in etwas Wasser eingeweicht, mit dem Weißwein dazugeben und aufkochen. Die Flüssigkeit fast vollständig verkochen lassen, dann die Mischung abkühlen lassen und mit Sauerrahm und Limettensaft verrühren. Mit Salz und Pfeffer abschmecken und zum Schluss die grünen Teile der Frühlingszwiebeln unterheben.

Pro Portion:
ca. 2 g E, 10 g F, 5 g KH, 139 kcal

TIPP
Der pikante Dip passt gut zu Meeresfrüchten und Gemüse. Sie können den Safran auch durch Kurkuma ersetzen.

Gurken-Raita

250 g Joghurt mit **150 g geschälter, entkernter und geriebener Gurke**, **1 Prise Kreuzkümmel**, **1/2 Tl Zucker**, **Paprikapulver** und **Salz** abschmecken. **1 El frisch gehackten Koriander** unterheben. Passt zu Currys und gegrilltem Fleisch.

Pro Portion: ca. 3 g E, 3 g F, 7 g KH, 69 kcal

Apfel-Raita

300 g griechischen Joghurt mit **1 geschälten, entkernten und fein geriebenen Apfel**, **1/2 Tl Salz** und je **1 Prise Zimt und Cayennepfeffer** vermischen und pikant abschmecken. Passt zu Burgern.

Pro Portion: ca. 3 g E, 3 g F, 7 g KH, 69 kcal

Tomaten-Relish

500 g gehäutete, entkernte und gewürfelte Tomaten mit dem **Saft von 1/2 Zitrone**, **1 Tl Salz** und **1/4 Tl Cayennepfeffer** pürieren. **1 geschälte und gehackte Zwiebel**, **1 gehackte Stange Staudensellerie** und **4 gehackte gefüllte Oliven**, mit dem Tomatenpüree mischen und mit **Salz** und **Pfeffer** abschmecken. 30 Minuten durchziehen lassen. Passt zu gebratenem Fleisch und Geflügel.

Pro Portion: ca. 1 g E, 1 g F, 5 g KH, 39 kcal

Chili-Mais-Relish

2 grüne Chilischoten und **1 rote Paprikaschote**, jeweils entkernt und gehackt, mit **175 g TK-Maiskörnern** mischen. In einen Topf geben. **2 El Zucker**, **1/2 Tl Salz**, **1/2 Tl Senfpulver** und **450 ml Weißweinessig** verrühren und zugeben. Aufkochen und etwa 15 Minuten köcheln. Abkühlen lassen. Passt zu gebratenem und gegrilltem Fleisch.

Pro Portion: ca. 2 g E, 1 g F, 9 g KH, 67 kcal

Tapenade

- **25 g Anchovisfilets in Öl**
- **1 El Kapern aus dem Glas**
- **125 g schwarze Oliven**
- **3 El Olivenöl**
- **Limettensaft**

Anchovis und Kapern abtropfen lassen und fein hacken. Die entsteinten Oliven ebenfalls fein hacken und unterheben. Das Öl in dünnem Strahl zugießen und alle Zutaten gut verrühren. Mit Limettensaft abschmecken.

Pro Portion:
ca. 2 g E, 17 g F, 2 g KH, 165 kcal

TIPP
Tapenade schmeckt frisch als Brotbelag oder Vorspeise. Sie können die Zutaten auch im Mixer zerkleinern und hinterher das Öl unterrühren.

Frischkäse-Kapern-Dip

1 geschälte und gehackte Zwiebel in **2 El Olivenöl** glasig schmoren. **30 g abgetropfte gehackte Kapern** kurz mitschmoren. **2 El Weißwein, 200 ml Gemüsebrühe** (FP oder Rezept S. 139) und **100 ml Sahne** zugeben und um die Hälfte einkochen. Abkühlen lassen, dann **250 g Frischkäse mit Kräutern** unterrühren. Mit **Salz**, **Pfeffer**, **Zitronensaft**, **Worcestersauce** und **Zucker** abschmecken. Passt zu Gemüse.

Pro Portion: ca. 8 g E, 32 g F, 9 g KH, 358 kcal

Frischkäse-Dip

Das zerdrückte Fruchtfleisch von **2 Avocados** mit dem **Saft von 1/2 Zitrone** und **200 g Frischkäse** verrühren. **1 Bund Schnittlauch in Röllchen**, **1 gewürfelte rote Paprikaschote**, **2 gehackte Frühlingszwiebeln** und **1 zerdrückte Knoblauchzehe** zugeben, mit **Salz**, **Pfeffer** und **Cayennepfeffer** abschmecken. 1 Stunde durchziehen lassen. Passt zu Gemüse und Kartoffeln.

Pro Portion: ca. 9 g E, 43 g F, 5 g KH, 433 kcal

Mango-Chutney

Das gewürfelte Fruchtfleisch von **2 Mangos** mit **1/4 Tl Salz** in eine Schüssel geben und 2 Stunden ziehen lassen. **20 g getrocknete Tamarinde** in 2 El kochendes Wasser geben und 30 Minuten ziehen lassen. **85 g gewaschene Rosinen** mit **250 ml Apfelessig**, Mangos mit Saft, Tamarinde, **1 El frisch geriebenem Ingwer**, **1 fein gehackten, entkernten grünen Chilischote**, **1 zerdrückten Knoblauchzehe** und **350 g braunem Zucker** in einen Topf geben und etwa 1 Stunde dick einkochen. Abkühlen lassen.

Pro Portion: ca. 1 g E, 1 g F, 110 g KH, 473 kcal

Apfel-Minz-Chutney

4 geschälte und entkernte Äpfel mit dem **Saft von 1 Zitrone** beträufeln, mit **4 gehackten Zwiebeln**, **4 gehäuteten und entkernten Tomaten** und **1 Bund Minze** sowie **300 g Sultaninen** pürieren. Püree in einem Topf mit **1 El Salz**, **2 El Senf** und **375 ml Apfelessig** aufkochen und 20 Minuten köcheln lassen. Dann **125 ml Apfelessig** und **450 g Zucker** unterrühren und weitere 5 Minuten köcheln. Abkühlen lassen. Passt zu gegrilltem Fleisch.

Pro Portion: ca. 5 g E, 1 g F, 184 g KH, 808 kcal

Quitten-Sambal

- 400 g Quitten
- 2 Tl Salz
- 5 cm Ingwerwurzel
- 1 grüne Peperoni
- Saft von 2 Limetten
- abgeriebene Schale von 1 unbehandelten Orange

Die Quitten schälen und reiben. In einem Sieb mit dem Salz bestreuen und etwa 1 Stunde durchziehen lassen. Die Flüssigkeit ausdrücken. Die Ingwerwurzel schälen und reiben, die Peperoni putzen, entkernen und fein hacken. Die Zutaten mit dem Quittenfruchtfleisch, dem Limettensaft und der Orangenschale mischen und mit Salz abschmecken.

Pro Portion:
ca. 1 g E, 1 g F, 12 g KH, 64 kcal

TIPP
Das Quitten-Sambal passt zu gegrilltem Fleisch und Currygerichten. Sie können die Quitten durch Kürbis sowie Limettensaft und Orangenschale durch Apfelessig ersetzen.

Ajvar

250 g rote Paprikaschoten und **100 g Auberginen** rösten, häuten, entkernen und fein hacken. Mit je **1 El Olivenöl** und **Zitronensaft** mischen. **1 geschälte und gehackte Zwiebel sowie Knoblauchzehe**, in **1 El Olivenöl** geschmort, unterheben. **1/2 entkernte und fein gehackte Peperoni** unterheben und mit **Salz** und **Pfeffer** abschmecken. Abkühlen lassen. Passt zu gegrilltem Fleisch und Steaks.

Pro Portion: ca. 1 g E, 1 g F, 4 g KH, 37 kcal

Dip aus gegrillten Auberginen

Von **2 Auberginen** die Haut einstechen, mit **3 El Rapsöl** einstreichen und mit **3 Tomaten**, mit **1 El Rapsöl** eingestrichen, unter dem Grill etwa 15 Minuten rösten (Tomaten nur 8 Minuten). Abkühlen lassen, dann Auberginen halbieren, das Fruchtfleisch herauslösen und mit den gehäuteten Tomaten, **2 Knoblauchzehen**, **1 kleinen roten Zwiebel** und **75 g griechischem Joghurt** pürieren. **2 El Rotweinessig**, **2 El Zitronensaft**, **1 El Honig** und **100 ml Olivenöl** zugeben und glatt rühren. Mit **Salz** und **Pfeffer** abschmecken. **2 El frisch gehackten Koriander** und **1/2 Bund gehackte Petersilie** unterheben. Schmeckt zu frischem Brot.

Pro Portion: ca. 3 g E, 31 g F, 9 g KH, 325 kcal

Chutney aus grünen Tomaten

500 g grüne Tomaten blanchieren, dann häuten und würfeln. **4 grüne Chilischoten** entkernen und fein hacken, **2 Zwiebeln** schälen und hacken, **1 Kochapfel** schälen, entkernen und würfeln. Zwiebeln in **4 El erhitztem Öl** weich garen. Restliche Zutaten zugeben und mit **1/4 Tl Pimentpulver**, **1/4 Tl Salz** und **2 El braunem Zucker** etwa 20 Minuten zu einer dicken Masse einkochen. Abkühlen lassen. Passt zu gebratenem Fleisch.

Pro Portion: ca. 2 g E, 6 g F, 11 g KH, 106 kcal

Avocadocreme

3–4 reife Avocados halbieren, entkernen und das Fruchtfleisch aus den Schalen lösen. Mit einer Gabel zerdrücken und mit dem **Saft von 1–2 Zitronen**, **Salz**, **Pfeffer**, **1 geschälten und gehackten Knoblauchzehe**, **1 gehackten roten Chilischote** und **150 g Joghurt** mischen. **2 El frisch gehackte Petersilie** unterheben. Passt zu Nachos, Tacos und Baguette.

Pro Portion: ca. 5 g E, 41 g F, 5 g KH, 413 kcal

Tomaten-Chutney

1 geschälte und gehackte Zwiebel in **3 El heißem Olivenöl** glasig schmoren. **375 g gehäutete, entkernte und gewürfelte Tomaten, 1 getrocknete und gehackte Chili, 3 Nelken, 75 ml Rotweinessig** und **75 g braunen Zucker** zugeben und die Mischung etwa 20 Minuten köcheln. Mit **Salz** und **Pfeffer** würzen. Passt zu Fleisch und Fisch.

Pro Portion: ca. 1 g E, 4 g F, 22 g KH, 136 kcal

Tomaten-Ricotta-Dip

1 geschälte und gehackte rote Zwiebel in **1 El heißem Öl** anschmoren. **6 getrocknete Tomaten in Öl** zugeben und kurz mitschmoren. Aus der Pfanne nehmen, etwas abkühlen lassen, dann mit **150 g Ricotta** pürieren. **1 El italienische Kräuter** unterrühren und mit **Salz** und **Pfeffer** abschmecken. Passt zu frischem Brot.

Pro Portion: ca. 5 g E, 5 g F, 4 g KH, 78 kcal

Granatapfel-Relish

- **1 Granatapfel**
- **1 kleine rote Zwiebel**
- **1 Jalapeno-Chili**
- **1/4 Bund Petersilie**
- **Salz**

Den Granatapfel halbieren, die Kerne mit einem Löffel herauslösen. Die Zwiebel schälen und fein hacken. Die Chili putzen, entkernen und ebenfalls fein hacken. Die Petersilie waschen, trocken schütteln und hacken. Alle Zutaten miteinander mischen und mit Salz würzen. 30 Minuten ziehen lassen.

Pro Portion:
ca. 1 g E, 1 g F, 6 g KH, 32 kcal

TIPP
Das Relish passt gut zu gegrilltem Lammfleisch. Sie können es bis zu 2 Stunden vorher zubereiten und kühl stellen.

Koriander-Minze-Dip

1/2 Bund Korianderblätter mit **1 entkernten und gehackten roten Chilischote**, **2 El Limettensaft** und **2 El Gemüsebrühe** (FP oder Rezept Seite 139) pürieren. **30 g Minzeblättchen**, **2 Tl grob gehackten geschälten Ingwer** und **1/2 Tl Salz** zugeben und die Masse cremig pürieren. Zuletzt **6 El Joghurt** unterrühren.

Pro Portion: ca. 1 g E, 1 g F, 2 g KH, 18 kcal

Bärlauch-Dip

200 g Frischkäse mit **2 El Sahne** verrühren und mit **Salz**, **Pfeffer** und **edelsüßem Paprikapulver** würzen. **1/2 rote Paprikaschote** entkernen, fein würfeln und unterheben. **1 Bund Bärlauch (ca. 100 g)** in dünne Streifen schneiden und in den Dip rühren. Passt als Brotaufstrich oder zu Crackern.

Pro Portion: ca. 7 g E, 17 g F, 3 g KH, 190 kcal

Kichererbsen-Dip

200 g abgetropfte Kichererbsen aus der Dose mit **2 geschälten Knoblauchzehen** und **4 geputzten Frühlingszwiebeln** im Mixer pürieren. Das Püree mit **2 El Olivenöl** und **4 El Crème fraîche** verrühren. **1 entkernte und fein gehackte rote Chilischote**, **2 El frisch gehackten Koriander** und **2 El Zitronensaft** unterrühren und mit **Salz** und **Pfeffer** abschmecken. Schmeckt als Brotaufstrich, zu Lamm und Geflügel.

Pro Portion: ca. 3 g E, 5 g F, 11 g KH, 102 kcal

Frischkäse-Kurkuma-Dip

Das **Fruchtfleisch von 2 Avocados** zerdrücken und dann mit **2 El Zitronensaft** mischen. **1 Bund gehackten Koriander**, **1 fein gewürfelte rote Paprikaschote** und **2 gewürfelte Frühlingszwiebeln** unterheben. **1 zerdrückte Knoblauchzehe** unterheben und den Dip mit **Salz**, **Pfeffer** und **1/2 Tl Kurkuma** abschmecken. Schmeckt als Brotaufstrich.

Pro Portion: ca. 3 g E, 27 g F, 4 g KH, 267 kcal

Scharfes Kürbis-Relish

700 g geschältes und entkerntes Kürbisfleisch und **250 geschälte Zwiebeln** in Ringen mit **350 g braunem Zucker**, dem **Saft und der abgeriebenen Schale von 1 unbehandelten Zitrone**, **1 entkernten roten Chilischote** in Ringen, **1 El gemahlenem Koriander**, **je 1/4 Tl gemahlenem Kreuzkümmel, Cayennepfeffer**, **1 Tl Salz** und **350 ml Weißweinessig** in einem Topf aufkochen und etwa 3 Stunden köcheln, bis eine dickliche Masse entstanden ist. Abkühlen lassen. Passt zu gebratenem Fleisch.

Pro Portion: ca. 4 g E, 1 g F, 98 g KH, 440 kcal

Gurken-Relish

1 geschälte und fein gehackte Zwiebel in **2 El Öl** glasig schmoren. **1 heiß abgespülte Bio-Gurke** mit Schale in Würfeln und eine Mischung aus **2 Tl Maisstärke, 1 Tl fein geriebenem Ingwer** und **150 ml Weißweinessig** zugeben. Aufkochen, **1 El Sojasauce** und **1 El Honig** einrühren und die Mischung dick einkochen. Abkühlen lassen.

Passt zu Fisch.

Pro Portion: ca. 1 g E, 2 g F,5 g KH, 51 kcal

Relish aus gegrillter Paprika

3 gegrillte rote Paprikaschoten, gehäutet und fein gehackt, mit **3 gegrillten Knoblauchzehen**, gehäutet und fein gehackt, **2 El Rotweinessig**, **3 El Olivenöl**, **2 El frisch gehackter Petersilie** und **2 El frisch gehacktem Basilikum** vermischen und mit **Salz** und **Pfeffer** abschmecken. 30 Minuten durchziehen lassen. Passt zu gegrillten Spareribs.

Pro Portion: ca. 1 g E, 4 g F, 4 g KH, 62 kcal

Rotes Zwiebel-Relish

250 g geschälte rote Zwiebeln in Ringen mit **1/2 El Salz** bestreuen, 30 Minuten stehen lassen. Zwiebeln mit kochendem Wasser übergießen, abtropfen und abkühlen lassen. Mit **1/2 Tl getrocknetem Oregano**, **250 ml Weißweinessig**, 3 El Wasser und dem **Saft von 1/4 Zitrone** mischen. Passt zu gebratenem Fleisch.

Pro Portion: ca. 1 g E, 1 g F, 6 g KH, 48 kcal

Zaziki

1 Schlangengurke schälen, reiben und mit **1 Tl Salz** 15 Minuten ziehen lassen. Den Saft abgießen. Gurke mit **500 g griechischem Joghurt**, **3 geschälten und gehackten Knoblauchzehen**, **1 El Zitronensaft** und **2 El Olivenöl** mischen. Mit Salz abschmecken. Passt zu gegrilltem Fleisch und Würsten.

Pro Portion: ca. 4 g E, 7 g F, 6 g KH, 112 kcal

Joghurt-Zitronen-Dip

300 g Joghurt mit **1 fein gehackten Salz-Zitrone**, **1 geschälten und fein gehackten Knoblauchzehe**, **2 El Olivenöl**, **1 entkernten und fein gehackten roten Chilischote**, **1 Tl edelsüßem Paprikapulver** und **2 El fein gehacktem Zitronenthymian** mischen und mit **Salz** abschmecken. Passt zu Fisch und Meeresfrüchten.

Pro Portion: ca. 3 g E, 6 g F, 6 g KH, 93 kcal

Quitten-Apfel-Chutney

- 2 Quitten
- 250 g Kochäpfel
- 400 g Zwiebeln
- 130 g Rosinen
- 1/2 Tl gemahlene Muskatblüte
- 1/2 Tl gemahlene Nelken
- 150 ml Apfelessig
- 175 g brauner Zucker

Die Quitten und Kochäpfel schälen, entkernen und in Würfel schneiden. Die Zwiebeln schälen und fein hacken. Die Zutaten mit den heiß gewaschenen Rosinen, den Gewürzen, Apfelessig und Zucker in einen Topf geben, aufkochen und etwa 1 Stunde 30 Minuten köcheln, bis die Masse andickt.

Pro Portion:
ca. 3 g E, 1 g F, 82 g KH, 368 kcal

TIPP
Das fertige Chutney können Sie noch heiß in ausgespülte Gläser füllen und verschlossen bis zu 2 Jahre aufbewahren. Es schmeckt aber auch frisch zu Fleisch und Geflügel.

Pistou

400 g Frischkäse mit Kräutern mit **2 El Sahne**, **1 Bund gehacktem Basilikum** und **4 El fein gehackten Pinienkernen** mischen und mit **Salz** und **Pfeffer** abschmecken. **1 Spritzer Tabasco** unterrühren und pikant mit **Curry** abschmecken.

Pro Portion: ca. 13 g E, 35 g F, 4 g KH, 375 kcal

Knoblauch-Aioli

2 Eigelb mit **1 Tl Senf** und **1 El Zitronensaft** cremig rühren. **300 ml Sonnenblumenöl** tropfenweise, dann in dünnem Strahl zugießen, bis eine cremige Mayonnaise entstanden ist. Mit **Salz** und **Pfeffer** würzen. **6 geschälte und fein pürierte Knoblauchzehen** unterheben.

Pro Portion: ca. 2 g E, 79 g F, 1 g KH, 708 kcal

Taramacreme

150 g Weißbrot in etwas Wasser einweichen und ausdrücken. Mit **200 g abgezogenem frischen Dorsch-Rogen** (ersatzweise 125 g Taramapaste), dem **Saft von 1 Zitrone**, **1 geschälten Knoblauchzehe** und **100 g Frischkäse** pürieren. **250 ml Olivenöl** langsam zugießen und cremig rühren. Mit **Salz** und **Pfeffer** abschmecken. Passt zu frischem Brot, Fisch und Meeresfrüchten.

Pro Portion: ca. 19 g E, 72 g F, 21 g KH, 800 kcal

Skordalia

300 g gekochte abgekühlte Kartoffeln schälen und würfeln. Mit **10 geschälten Knoblauchzehen** und **1 El Zitronensaft** pürieren. **200 ml Olivenöl** in dünnem Strahl zugießen und unterrühren. Mit **Salz** und **Pfeffer** abschmecken. Passt zu gebratenem Fleisch und Fisch.

Pro Portion: ca. 2 g E, 50 g F, 13 g KH, 503 kcal

Petersilien-Minze-Dip

2 Bund Petersilienblätter mit **1 Bund Minzeblätter**, **3 geschälten und gehackten Knoblauchzehen** sowie **2 entkernten und gehackten Serrano-Chilischoten** im Mixer zerkleinern. **2 El Honig** und **2 El Senf** unterrühren. Bei laufendem Motor **175 ml Olivenöl** einfließen lassen und cremig rühren. Mit **Salz** und **Pfeffer** abschmecken. Passt zu gegrilltem Geflügel.

Pro Portion: ca. 1 g E, 44 g F, 4 g KH, 406 kcal

Gemüse-Dip

1 geschälte Möhre und **1 geputzte Zucchini** fein würfeln und mit **1 geschälten und gehackten Knoblauchzehe** in **2 El heißem Olivenöl** 3 Minuten andünsten. Anschließend abkühlen lassen. **2 El frisch gehacktes Basilikum** und **100 g Ricotta** unterheben und mit **Salz** und **Pfeffer** abschmecken. Schmeckt als Brotaufstrich und zu gegarten Kartoffeln.

Pro Portion: ca. 4 g E, 5 g F, 3 g KH, 72 kcal

Erdnuss-Dip

- 1 Zwiebel
- 2 Zitronengrasstängel
- 3 cm Ingwerwurzel
- 3 cm Galgantwurzel
- 3 rote Chilischoten
- 4 El Erdnussöl
- 250 ml Tamarindenwasser
- 250 g gemahlene Erdnüsse
- 3 El brauner Zucker
- 2 El Sojasauce

Die geschälte Zwiebel, die geschälten Zitronengrasstängel, die geschälte Ingwerwurzel, die Galgantwurzel und die entkernten roten Chilischoten pürieren und im heißen Erdnussöl etwa 10 Minuten schmoren. Das Tamarindenwasser zugeben, aufkochen und weitere 10 Minuten köcheln. Die gemahlenen, gerösteten Erdnüsse, den braunen Zucker und die Sojasauce zugeben und erneut 10 Minuten köcheln, bis die Mischung cremig ist. Schmeckt zu asiatisch gebratenem Fleisch.

Pro Portion:
ca. 18 g E, 36 g F, 34 g KH, 550 kcal

TIPP

Um Tamarindenwasser herzustellen, übergießen Sie 75 g Tamarindenfruchtfleisch mit 250 ml kochendem Wasser, lassen es 20 Minuten ziehen und zerdrücken es während des Einweichens mit der Gabel. Anschließend durch ein Sieb passieren und die Flüssigkeit auffangen.

Knoblauch-Walnuss-Dip

125 g geröstete Walnusskerne mit **2 geschälten Knoblauchzehen**, **100 g eingeweichten und ausgedrückten Weißbrotscheiben** und dem **Saft von 1/2 Limette** pürieren. Bei laufendem Motor **100 ml Olivenöl** einfließen lassen und die Mischung cremig rühren. Mit **Salz** und **Kreuzkümmel** abschmecken. Passt zu gebratenem Fisch und Fleisch.

Pro Portion: ca. 6 g E, 45 g F, 16 g KH, 490 kcal

Anchoiade

125 g abgetropfte Anchovis in Öl zu einer glatten Paste pürieren. Mit **2 El Olivenöl**, **50 g geschälten und fein gehackten Schalotten**, **1 1/2 El Limettensaft** und **1/2 Bund frisch gehackter Petersilie** verrühren. Mit **Salz** abschmecken. Schmeckt als Brotaufstrich oder zu Pasta.

Pro Portion: ca. 7 g E, 3 g F, 1 g KH, 60 kcal

Heidelbeer-Thymian-Chutney

200 g geschälte und gehackte Schalotten in **2 El Olivenöl** glasig schmoren. Je **3 grob zerstoßene schwarze Pfefferkörner und Pimentkörner**, **500 g geputzte Heidelbeeren** und **3 El Thymianblättchen** mitschmoren. **50 ml Aceto Balsamico** und **100 ml Ahornsirup** ablöschen und auf die Hälfte einkochen. Chutney mit **Salz** und **Pfeffer** würzen. Passt zu Wildfleisch und Geflügel.

Pro Portion: ca. 2 g E, 4 g F, 34 g KH, 188 kcal

Pflaumen-Chutney

500 g entsteinte und gehackte Pflaumen mit **1 geschälten, entkernten und gehackten Kochapfel**, **2 geschälten und gehackten roten Zwiebeln**, **250 g Sultaninen**, **125 g braunem Zucker**, je **1/2 Tl Ingwer- und Pimentpulver**, je **1/4 Tl Nelken- und Muskatnusspulver** und **1/4 Tl Cayennepfeffer** sowie **300 ml Weißweinessig** in einem Topf aufkochen und etwa 1 Stunde köcheln, bis die Masse dickflüssig ist. Schmeckt zu Bratenfleisch und Wild.

Pro Portion: ca. 3 g E, 1 g F, 94 g KH, 425 kcal

Kürbis-Aprikosen-Chutney

1 geschälte und gehackte Schalotte in **1 El heißem Olivenöl** glasig dünsten. **200 gewürfeltes Kürbisfruchtfleisch**, **200 g gehäutete, entsteinte und gehackte Aprikosen** sowie **100 g getrocknete gewürfelte Aprikosen**, **1/2 entkernte und gehackte rote Chilischote** zugeben und kurz mitschmoren. **1/2 Tl frisch geriebenen Ingwer** und **2 El Noilly Prat** zugeben, mit **1 Tl Currypulver** abschmecken. **200 ml Weißwein** und **150 ml Gemüsebrühe** (FP oder Rezept S. 139) angießen, **1 El braunen Zucker** zugeben und cremig einkochen. Mit **Salz** und **Pfeffer** abschmecken. Passt zu Hähnchenbrust.

Pro Portion: ca. 3 g E, 3 g F, 24 g KH, 168 kcal

Indisches Rhabarber-Chutney

Die Schale von **1 1/2 unbehandelten Orangen** in dünnen Streifen mit den gewürfelten Orangenfilets und dem aufgefangenen Saft in einem Topf mit **500 g geschältem und gewürfeltem Rhabarber**, **2 fein gehackten Schalotten**, **150 g Rosinen** und **300 ml Apfelessig** aufkochen. **250 g braunen Zucker** unterrühren und alles mit **1/2 Tl gemahlener Muskatblüte** und **je 1/4 Tl Zimt- und Pimentpulver** würzen. Etwa 2 Stunden 30 Minuten köcheln, bis die Masse dickflüssig ist. Passt zu kaltem Braten.

Pro Portion: ca. 1 g E, 1 g F, 8 g KH, 51 kcal

Curry-Aprikosen-Dip

- 150 g getrocknete Aprikosen
- 250 ml Aprikosensaft
- 3 El Limettensaft
- 3 El Orangensaft
- 1/2 Tl frisch geriebener Ingwer
- 150 g Crème fraiche
- 150 g Joghurt
- 4 El gehackte Pinienkerne
- 1 Tl Currypulver
- Salz
- Cayennepfeffer
- 1 El gehackte Minze

Die getrockneten Aprikosen im heißen Saft etwa 15 Minuten ziehen lassen, abgießen und abtropfen lassen. Den Aprikosensaft dabei auffangen. Die Aprikosen in kleine Würfel schneiden und mit Limetten-, Orangensaft, Ingwer, Crème fraîche, Joghurt und den Pinienkernen verrühren. Nach Belieben mit Saft verdünnen. Mit Currypulver, Salz und Cayennepfeffer abschmecken. 1 El frisch gehackte Minze unterheben.

Pro Portion:
ca. 6 g E, 16 g F, 29 g KH, 295 kcal

TIPP

Dieser pikante Dip passt besonders gut zu Geflügelgerichten. Die getrockneten Aprikosen können Sie auch durch getrocknete Feigen oder Datteln ersetzen.

Feigen-Chutney

225 ml Weißweinessig mit **1 Tl schwarzen Pfefferkörnern**, **1/2 El Pimentkörnern** und **1/2 El Nelken** aufkochen und 5 Minuten köcheln. Durch ein Sieb gießen und **500 g getrocknete Feigen** darin etwa 2 Stunden einlegen. Feigen abtropfen lassen (Flüssigkeit auffangen), hacken und mit **225 ml Weißweinessig**, dem **aufgefangenen Essigsud**, **250 g braunem Zucker**, **1/2 Tl Cayennepfeffer**, **1 Tl gemahlenem Zimt** und **1 Tl gemahlenen Nelken** aufkochen und etwa 1 Stunde 15 Minuten dickflüssig einkochen. Passt zu gegrilltem und gebratenem Fleisch.

Pro Portion: ca. 8 g E, 3 g F, 136 g KH, 635 kcal

Zitronen-Grapefruit-Chutney

4 unbehandelte Zitronen und **1 unbehandelte Grapefruit mit Schale** in Stücke schneiden. Mit **500 g geschälten und fein gehackten Zwiebeln** und **1 El Salz** mischen und 24 Stunden stehen lassen. In einem Topf mit **125 g Rosinen**, **375 g braunem Zucker**, **1 El Senfkörnern** und **450 ml Weißweinessig** aufkochen und etwa 2 Stunden köcheln. Schmeckt zu Fisch und Meeresfrüchten.

Pro Portion: ca. 4 g E, 1 g F, 134 g KH, 622 kcal

Ananas-Ingwer-Chutney

- 1 große Ananas
- 1 El Salz
- 65 g frische Ingwerwurzel
- 5 Knoblauchzehen
- 125 g brauner Zucker
- 1/2 Tl Zimt
- 1/2 Tl gemahlene Muskatnuss
- 300 ml Apfelessig
- 200 g Rosinen
- 2 El Cognac

Die Ananas schälen, den Strunk entfernen und das Fruchtfleisch hacken. Mit Salz bestreut etwa 1 Stunde ziehen lassen. Abtropfen lassen. Ingwer und Knoblauch schälen und in der Küchenmaschine fein hacken. Zucker, Zimt, Muskatnuss und den Apfelessig in einem Topf aufkochen. Ananas, Ingwer, Knoblauch und Rosinen zugeben und die Mischung etwa 2 Stunden einkochen. Mit Cognac abschmecken. Schmeckt zu asiatischen Fleisch- und Gemüsegerichten.

Pro Portion:
ca. 2 g E, 1 g F, 71 g KH, 315 kcal

TIPP

Nach dem Kochen ist das Chutney noch flüssig, wird aber beim Abkühlen fester. Vor dem Servieren mindestens 2 Wochen stehen lassen.

Mango-Chili-Relish

1 geschälte und vom Stein getrennte Mango klein schneiden. Mit **2 entkernten roten Chilischoten**, **1 Tl frisch geriebenem Ingwer**, **2 El Limettensaft** und **2 El Minzeblättern** im Mixer pürieren. Mit **Salz**, **Pfeffer** und **Honig** pikant abschmecken. Passt zu indischen Gerichten.

Pro Portion: ca. 1 g E, 1 g F, 5 g KH, 27 kcal

Johannisbeer-Relish

2 geschälte und fein gehackte Schalotten in **4 El heißem Olivenöl** glasig schmoren. Je **4 zerstoßene Wacholderbeeren und Pimentkörner**, mit **2 Tl Honig** vermischt, zugeben. **250 g geputzte rote Johannisbeeren** hinzufügen und mit **4 El Rotweinessig** aufkochen. Abkühlen lassen. Passt zu Wild, Lamm und Geflügel.

Pro Portion: ca. 1 g E, 5 g F, 8 g KH, 89 kcal

Orangen-Paprika-Relish

- 4 Orangen
- 500 g Zwiebeln
- 1 rote und 1 grüne Paprikaschote
- 250 ml Weißweinessig
- 250 ml Blutorangensaft
- 3 El abgeriebene Schale von 1 unbehandelten Orange
- 3 El Senf
- 150 g brauner Zucker
- Salz
- Pfeffer
- 1 Prise Cayennepfeffer
- 150 ml süßer Sherry
- 1 Bund Zitronenmelisse

Die Orangen und Zwiebeln schälen, das Fruchtfleisch der Orangen würfeln, die Zwiebeln fein hacken. Die Paprikaschoten putzen, entkernen und in Würfel schneiden. Diese Zutaten mit Weißweinessig und Blutorangensaft in einen Topf geben, Orangenschale, Senf und Zucker zugeben und alles etwa 8 Minuten kochen. Mit den Gewürzen und Sherry abschmecken. Die Zitronenmelisse fein hacken und unterheben.

Pro Portion:
ca. 5 g E, 1 g F, 75 g KH, 418 kcal

TIPP

Dieses pikante Relish schmeckt kalt und warm zu Fischgerichten und Geflügel. Sie können statt der Orangen auch 2 rosa Grapefruits nehmen. Probieren Sie statt Sherry Orangenlikör aus.

Orangen-Grapefruit-Relish

2 Orangen und **1 Grapefruit**, jeweils geschält, filetiert, das Fruchtfleisch in Würfel geschnitten, mit **1/2 geschälten roten Zwiebel**, dem **Saft von 1/2 Orange**, **2 El altem Sherryessig**, **2 El Orangenblütenhonig** und **1 El Olivenöl** in einer Schüssel mischen. **3 El frisch gehackte Petersilie** unterheben. Die Mischung mit **Salz** und **Pfeffer** abschmecken und etwa 8 Stunden durchziehen lassen. Schmeckt zu gegrilltem Fisch.

Pro Portion: ca. 1 g E, 1 g F, 15 g KH, 93 kcal

Cranberry-Chutney

400 g geputzte Cranberrys mit **300 g geschälten, entkernten und gewürfelten Äpfeln**, **abgeriebener Schale und Saft von 1 unbehandelten Limette** und **200 g braunem Zucker** mischen und 30 Minuten durchziehen lassen. **1 Tl gemahlenen Kardamom**, **1/2 Tl Nelkenpulver**, **2 Zimtstangen** und **1 Tl Chiliflocken** zugeben, aufkochen und etwa 15 Minuten köcheln. **3 Tl Rum** unterrühren. Passt zu Wild, Geflügel und Schweinebraten.

Pro Portion: ca. 2 g E, 2 g F, 67 g KH, 310 kcal

Granatapfel-Paprika-Dip

150 g geröstete Haselnüsse mit **2 El Olivenöl** pürieren. Mit **4 gehäuteten, entkernten und gehackten roten Chilischoten** und **5 gehäuteten, entkernten und fein gehackten roten Paprikaschoten**, **3 El Paniermehl**, **4 El Granatapfelsirup**, **1 Tl gemahlenem Kreuzkümmel**, **1 Tl Pimentpulver**, **100 ml Olivenöl** und **Salz** zu einem Dip verrühren. Passt zu Fleisch, als Brotaufstrich und zu gefüllten Teigtaschen.

Pro Portion: ca. 7 g E, 27 g F, 17 g KH, 338 kcal

Apfel-Dattel-Chutney

300 g getrocknete Datteln und **250 g geschälte Zwiebeln** fein hacken. Mit **2 geschälten, entkernten und fein geriebenen Äpfeln**, **40 g braunem Zucker**, **60 g Melasse**, **200 ml Apfelessig**, je **1/4 Tl Salz**, **Cayennepfeffer** und **Pimentpulver** in einen Topf geben, aufkochen und etwa 1 Stunde 15 Minuten köcheln. Passt zu gebratenem Fleisch und Fisch.

Pro Portion: ca. 3 g E, 1 g F, 80 g KH, 355 kcal

Paprikacreme mit Frischkäse

3 gehäutete, entkernte und fein gehackte rote und gelbe Paprikaschoten, **2 entkernte und fein gehackte rote Chilischoten** und **5 gehackte Frühlingszwiebeln** pürieren und mit **125 g Frischkäse** und **125 g Joghurt** verrühren. Mit **1 Tl gemahlenem Kreuzkümmel**, **3 El frisch gehackter Petersilie**, **Salz** und **Pfeffer** würzen.

Pro Portion: ca. 7 g E, 12 g F, 9 g KH, 170 kcal

Chilicreme

Je **100 g Crème fraîche und Joghurt** mit **2 Tl Chilipaste oder 2 entkernten und fein pürierten Chilis** verrühren und mit **Salz** abschmecken. Vor dem Servieren 15 Minuten kalt stellen.

Pro Portion: ca. 2 g E, 9 g F, 2 g KH, 94 kcal

Steckrüben-Chutney mit Aprikosen

- 150 g getrocknete Aprikosen
- 450 ml Weißweinessig
- 250 g Möhren
- 250 g Steckrüben
- 250 g Zwiebeln
- 125 g brauner Zucker
- 1 Tl gemahlene Muskatblüte
- 1 Tl Cayennepfeffer
- Salz

Die getrockneten Aprikosen in der Hälfte des Weißweinessigs über Nacht einweichen. Abgießen, abtropfen lassen und den Essig auffangen. Die Möhren, Steckrüben und Zwiebeln schälen und fein hacken. Die Aprikosen ebenfalls fein hacken. Alle Zutaten mit den Gewürzen in einen Topf geben, restlichen Weißweinessig zufügen und langsam zum Kochen bringen. Die Mischung etwa 1 Stunde köcheln, bis sie dickflüssig ist. Passt zu Schweinebraten.

Pro Portion:
ca. 5 g E, 1 g F, 60 g KH, 293 kcal

TIPP

Noch besser schmeckt das Chutney, wenn Sie es vor dem Servieren 2 Wochen in geschlossenen Gläsern stehen lassen. Ungeöffnet hält es bis zu 1 Jahr. Probieren Sie statt der Steckrüben weiße Rüben oder Schwarzwurzeln.

Relish aus schwarzen Oliven

200 g schwarze Oliven, entsteint und fein gehackt, mit **2 geschälten und fein gehackten Knoblauchzehen**, **2 Tl abgeriebener Schale von 1 unbehandelten Zitrone**, **2 El Olivenöl**, **2 Tl frisch gehacktem Thymian** und **3 El frisch gehackter Petersilie** mischen und mit **Salz** und **Pfeffer** würzen. 30 Minuten durchziehen lassen. Passt zu gegrilltem Fisch.

Pro Portion: ca. 1 g E, 21 g F, 6 g KH, 217 kcal

Curry-Dip

3 gewürfelte hart gekochte Eier mit **200 g saurer Sahne**, **3 El Salatmayonnaise**, **1 Tl Senf** und **1 El Zitronensaft** verrühren und mit **1 Tl Curry**, **Paprikapulver**, **Salz** und **Pfeffer** abschmecken. **3 El frisch gehackten Dill** unterheben. Passt zu gegrilltem und gebratenem Geflügel.

Pro Portion: ca. 8 g E, 12 g F, 4 g KH, 157 kcal

Tomaten-Chili-Salsa

3 El Rotweinessig mit **2 Tl Honig**, **1 El Rapsöl** und **2 Tl Chilipaste** verrühren. Mit **3 entkernten und gewürfelten Tomaten**, **2 geschälten und fein gehackten roten Zwiebeln** und **2 El frisch gehacktem Koriander** verrühren. Mit **Salz** abschmecken. Passt zu Burgern und Hackfleischklopsen.

Pro Portion: ca. 1 g E, 1 g F, 6 g KH, 45 kcal

Pikantes Pfirsich-Relish

2 gehäutete und entsteinte Pfirsiche fein würfeln und mit **1 geschälten und fein gehackten Zwiebel**, in **2 El heißem Olivenöl** weich geschmort, mischen. Mit **1 Tl Paprikapulver**, **1/4 Tl Cayennepfeffer** und **4 El Weißweinessig** aufkochen. Vom Herd nehmen und abkühlen lassen. Passt zu indischen Currys und Fleischgerichten.

Pro Portion: ca. 1 g E, 3 g F, 7 g KH, 58 kcal

Limetten-Basilikum-Dip

200 g Joghurtsalatcreme mit **1/2 Bund frisch gehacktem Basilikum**, der **abgeriebenen Schale und dem Saft von 1 unbehandelten Zitrone** und **2 Anchovisfilets** pürieren. Mit **Salz** und **Pfeffer** abschmecken. Passt zu gegrillten Shrimps und Meeresfrüchten.

Pro Portion: ca. 5 g E, 23 g F, 6 g KH, 245 kcal

Auberginen-Dip

3 gegrillte, etwas abgekühlte Auberginen (die Haut kann schwarz sein) unter fließendem Wasser häuten, das Fruchtfleisch hacken. In einem Sieb mit **1 Tl Salz** bestreuen, 1 Stunde stehen und abtropfen lassen. Mit **2 gehackten Knoblauchzehen**, **5 El Olivenöl**, dem **Saft von 1–2 Zitronen**, **2 entkernten und fein gehackten roten Chilischoten** und **5 El frisch gehackter Petersilie** zu einem cremigen Dip verrühren. Mit **Salz** und **Pfeffer** pikant abschmecken. Passt als Brotaufstrich, zu Kartoffeln und Gemüse.

Pro Portion: ca. 3 g E, 15 g F, 7 g KH, 177 kcal

Ananas-Zwiebel-Chutney

- 1 Ananas
- 300 g Zwiebeln
- 200 g brauner Zucker
- 200 ml Weißweinessig
- 4 Tl Currypulver
- 2 Tl geriebener Ingwer
- 1/4 getrocknete Chilischote
- Salz
- Pfeffer

Die Ananas schälen, in Scheiben schneiden und würfeln. Dabei den harten Strunk herausschneiden. Die Zwiebeln schälen und würfeln. Mit den Ananaswürfeln in einem Topf mischen. Zucker, Weißweinessig, Currypulver, geriebenen Ingwer und die zerkrümelte Chilischote hinzufügen und alles aufkochen. Etwa 30 Minuten köcheln, bis die Flüssigkeit eingekocht ist. Mit Salz und Pfeffer abschmecken.

Pro Portion:
ca. 2 g E, 1 g F, 60 g KH, 267 kcal

TIPP
Dieses Chutney schmeckt besonders gut zu Currygerichten mit Fleisch, Fisch oder Gemüse. Die Ananas können Sie durch Mango oder Papaya ersetzen.

Apfel-Meerrettich-Dip

1 geschälte und gehackte Zwiebel in **2 El heißem Olivenöl** glasig schmoren. **2 geschälte, entkernte und gewürfelte Äpfel**, mit **2 El Zitronensaft** beträufelt, zugeben und 2 Minuten mitschmoren. **2 El Apfelessig** unterrühren. **250 g Frischkäse**, mit **2 El Sahnemeerrettich** verrührt, unter die Masse heben und mit **Salz**, **Pfeffer** und **Zucker** abschmecken. **2 El frisch gehackte Zitronenmelisse** unterheben. Passt als Brotaufstrich und zu Folienkartoffeln.

Pro Portion: ca. 7 g E, 23 g F, 11 g KH, 275 kcal

Bohnen-Dip

200 g über Nacht eingeweichte weiße Bohnen in **500 ml Gemüsebrühe** (FP oder Rezept S. 139) etwa 1 Stunde garen, abtropfen lassen, die Brühe aufbewahren. Bohnen mit etwas Brühe pürieren und mit **Zitronensaft**, **Salz** und **Pfeffer** abschmecken. **1 gewürfelte Zwiebel** in **2 El heißem Öl** knusprig rösten und unter den Dip rühren. **2 El frisch gehackte Petersilie** unterheben. Nach Belieben mit der Kochbrühe verdünnen. Passt zu Gemüse, als Brotaufstrich und als Dip zu Chips und Nachos.

Pro Portion: ca. 11 g E, 6 g F, 22 g KH, 187 kcal

Saucenverzeichnis

Register